# Leo Tolstoi

# Worin besteht mein Glaube?

LIWI

LITERATUR- UND WISSENSCHAFTSVERLAG

**Bibliografische Information der Deutschen Nationalbibliothek**

Die Deutsche Nationalbibliothek verzeichnet diese Publikation in der Deutschen Nationalbibliografie; detaillierte bibliografische Daten sind im Internet über http://dnb.dnb.de abrufbar.

### Leo Tolstoi

Worin besteht mein Glaube?

Übersetzt von Sophie Behr.

Original: russisch „В чём моя́ вѣра?" 1884.

Durchgesehener Neusatz, der Text dieser Ausgabe folgt:

Leo Tolstoi: Worin besteht mein Glaube? Aus dem russischen Manuskript übersetzt von Sophie Behr.

Duncker & Humblot, 1885.

Vollständige Neuausgabe, Göttingen 2024.

Umschlaggestaltung und Buchsatz: LIWI Verlag

LIWI Literatur- und Wissenschaftsverlag

Thomas Löding, Bergenstr. 3, 37075 Göttingen

Internet: liwi-verlag.de | Instagram: instagram.com/liwiverlag | Facebook: facebook.com/liwiverlag

Druck: Libri Plureos GmbH, Friedensallee 273, 22763 Hamburg

ISBN Taschenbuch: 978-3-96542-863-8

ISBN Gebundene Ausgabe: 978-3-96542-864-5

# [Einführung]

Ich habe 55 Jahre in der Welt gelebt, und von diesen habe ich, mit Ausnahme der ersten 14–15 Jugendjahre, 35 Jahre als Nihilist gelebt und zwar in der wahren Bedeutung des Wortes, d. h. nicht als Sozialist und Revolutionär, wie dieses Wort gewöhnlich verstanden wird, sondern als Nihilist in dem Sinne einer vollständigen Abwesenheit jeglichen Glaubens.

Vor 5 Jahren kam mir der Glaube an die Lehre Christi – und mein Leben ward plötzlich ein anderes: ich wünschte nicht mehr, was ich bisher gewünscht, und was ich bisher nicht gewünscht, das wünschte ich jetzt. Was ich früher für gut gehalten, erschien mir schlecht, und was ich früher für schlecht gehalten, erschien mir gut. Es ging mir wie einem Menschen, der ausgeht um eine wichtige Sache zu erledigen und plötzlich unterwegs zu der Ueberzeugung kommt, die Sache sei ganz unnütz, und – umkehrt. Und alles, was rechts war – ward links, und alles, was links war – ward rechts. Das frühere Verlangen möglichst fern vom Hause zu sein ward zum Wunsche ihm möglichst nahe zu bleiben. Die Richtung meines Lebens, meine Wünsche wurden andere, und das Böse und das Gute wechselten ihre Plätze. Alles dies geschah, weil ich Christi Lehre anders verstand, als ich sie bisher aufgefasst hatte.

Nicht erläutern will ich Christi Lehre: ich will nur erzählen, wie ich das, was in ihr einfach, klar, verständlich, unzweifelhaft und an alle Menschen gerichtet ist, verstanden habe, und wie das, was ich verstanden, meine Seele umgewandelt und mir Ruhe und Glück gegeben hat.

Nicht erläutern will ich Christi Lehre. Eins aber möchte ich: die Erläuterung derselben verbieten.

Alle christlichen Kirchen haben stets anerkannt, dass alle Menschen, die unter einander ungleich an Gelehrsamkeit und Verstand – kluge und dumme – vor Gott gleich sind; dass Gottes Wahrheit allen zugänglich ist. Christus hat sogar gesagt, es läge in Gottes Willen, dass den Einfaltigen das offenbart werde, was den Verständigen verborgen bleibt.

Nicht alle können in die tiefsten Geheimnisse der Dogmatik, Homiletik, Patristik, Liturgik, Hermeneutik, Apologetik u. a. eingeweiht sein; alle aber können und müssen das verstehn, was Christus allen Millionen einfacher, unbedeutender, jetzt und einst lebender Menschen gesagt hat. Das alles also, was Christus allen diesen einfachen Leuten gesagt hat, denen noch nicht die Möglichkeit geboten war sich nach Erläuterungen seiner Lehre an Paulus, Clemens, Johannes Chrysostomus zu wenden, dasselbe hatte ich bisher nicht verstanden, jetzt aber verstehe ich es, und das ist es, was ich allen mittheilen will.

Der Räuber am Kreuze glaubte an Christus und ward erlöst. Wäre es wirklich schlecht und für irgend jemand schädlich gewesen, wenn der Missethäter nicht am Kreuze gestorben, sondern herabgestiegen wäre und den Menschen erzählt hätte, auf welche Weise er zu dem Glauben an Christus gelangt sei?

Auch ich habe, gleich dem Räuber am Kreuze, an Christi Lehre geglaubt und bin gleich ihm gerettet worden.

Und dieser Vergleich liegt nicht fern; er ist im Gegentheil der am nächsten liegende Ausdruck jenes Seelenzustandes der Verzweiflung und des Grauens vor dem Leben und vor dem Tode, in dem ich mich einst befand, und des Zustandes der Ruhe und des Glückes, in dem ich mich jetzt befinde.

Wie jener Missethäter, so war auch ich mir bewusst, dass ich schlecht gelebt und noch schlecht lebte, und ich sah, dass die Mehrzahl der Menschen um mich her ebenso lebte. Wie jener Räuber wusste auch ich, dass ich unglücklich sei und leide, und dass die Menschen um mich her auch unglücklich seien und litten; und ich sah keinen andern Ausweg in meiner Lage als den Tod. Wie jener Räuber an das Kreuz, so war auch ich durch eine gewisse Macht angenagelt an dies Leben des Leidens und des Bösen. Und wie nach allen sinnlosen Qualen und nach allem Bösen dieses Lebens die entsetzliche Finsterniss des Todes jenes Räubers harrte, so harrte dieselbe auch meiner.

In alledem war ich dem Missethäter vollkommen gleich; der Unterschied jedoch zwischen ihm und mir bestand darin, dass er starb, ich aber noch lebte.

Der Missethäter konnte glauben, dass er dort, jenseits des Grabes, erlöst werde; ich aber konnte solches nicht glauben, da mir ausser dem Leben jenseits des Grabes noch das Leben hier bevorstand. Ich aber verstand dieses Leben nicht – mir graute davor. Da plötzlich vernahm ich das Wort Christi: ich begriff es, und Leben und Tod hörten auf mir als ein Böses zu erscheinen, und anstatt der Verzweiflung empfand ich die Freude und das Glück des Lebens, die der Tod nicht vernichten kann.

Könnte es wirklich jemand zum Schaden gereichen, wenn ich erzähle, wie solches in mir vor sich gegangen?

# I.



Darüber, weshalb ich früher Christi Lehre nicht verstanden und wie und warum ich sie später begriffen, habe ich zwei grosse Abhandlungen geschrieben: eine Kritik der dogmatischen Theologie und eine neue Uebersetzung nebst einer Harmonie der 4 Evangelien mit Erläuterungen. In diesen Schriften bemühe ich mich, methodisch, Schritt vor Schritt, alles zu untersuchen, was den Menschen die Wahrheit verhüllt, und übersetze von neuem die 4 Evangelien, Vers für Vers vergleiche ich sie mit einander und vereinige sie zu einem Ganzen.

Diese Arbeit dauert bereits das sechste Jahr. Jedes Jahr, jeden Monat finde ich neue und immer neue Erklärungen und Bestätigungen des Grundgedankens; ich verbessere die theils durch Eile, theils durch ein Michhinreissenlassen in meine Arbeit eingeschlichenen Fehler, und indem ich sie verbessere, vervollständige ich das, was bereits gemacht ist. Wahrscheinlich wird mein Leben, dessen Dauer nur noch beschränkt ist, früher zu Ende gehen als diese Arbeit. Doch bin ich überzeugt, dass diese Arbeit eine nothwendige ist, und thue deshalb, so lange ich lebe, was ich zu thun im Stande bin.

Solcherart ist meine langwierige äussere Arbeit an der Theologie und den Evangelien. Meine innere Arbeit jedoch, über die ich hier sprechen will, war eine ganz andere. Es war nicht ein methodisches Ergründen der Theologie und der Texte der Evangelien, – nein, es war ein momentanes Ausschliessen alles dessen, was den Sinn der Lehre verbarg, und eine plötzliche Erleuchtung der Wahrheit. Es war ein Ereigniss, ähnlich dem, das einem Menschen widerfahren wäre, der nach der Bedeutung einer Masse kleiner, untereinandergeworfener Marmorstücke durch mühsames Zusammensetzen nach einer falschen Zeichnung suchen würde, wenn er dann plötzlich aus einem grösseren Stücke errathen würde, dass es eine ganz andere Bildsäule sei und, ein neues Bildwerk zusammenzustellen beginnend, anstatt der früheren Unzusammenhängigkeit der einzelnen Theile, an jedem Stücke, das durch alle Krümmungen seiner Brüche sich an andere Stücke schliessen und ein Ganzes bilden würde, die Bestätigung seines Gedankens sehen würde. Solches geschah mit mir. Und das ist es, was ich erzählen will.

Ich will erzählen, auf welche Weise ich zu der Erkenntniss der Lehre Christi den Schlüssel gefunden, der mir die Wahrheit eröffnet hat, so klar und einleuchtend, dass jeder Zweifel ausgeschlossen blieb.

Diese Entdeckung geschah folgendermaassen: Seit der frühesten Zeit, seit meiner Kindheit fast, als ich anfing das Evangelium allein zu lesen, hat mich in dem ganzen Evangelium am meisten jene Lehre Christi bewegt und gerührt, in welcher er Liebe, Demuth, Erniedrigung seiner Selbst, Selbstaufopferung und Vergeltung des Bösen mit Gutem predigt – Dies blieb auch für mich stets der Inbegriff des christlichen Glaubens, das, was ich in ihm von Herzen liebte, das, um deswillen ich, nach Verzweiflung und Unglauben, jene Bedeutung als wahr erkannte, die das christliche Arbeitsvolk dem Leben giebt, und um deswillen ich mich demselben Glauben unterwarf, zu dem jenes Volk sich bekennt, d. h. der sogenannten orthodoxen Kirche. – Doch nachdem ich mich der Kirche unterworfen, erkannte ich bald, dass ich in den Lehren derselben nicht die Bestätigung der Erklärung jener Grundsätze des Christenthums finden würde, die mir als das Wichtigste erschien; ich erkannte, dass dieses mir theure Wesen des Christenthums in der Lehre der Kirche nicht die Hauptsache sei. Ich erkannte, dass das, was mir in Christi Lehre als das Wichtigste erschien, von der Kirche nicht als solches anerkannt wird. Die Kirche erkennt etwas anderes als das Wichtigste an. Anfangs legte ich dieser Eigentümlichkeit der kirchlichen Lehre keine Bedeutung bei. – »Was ist's weiter? – dachte ich – die Kirche erkennt einfach, ausser dem Sinne der Liebe, der Demuth und Selbstaufopferung, noch einen anderen, dogmatischen, äusseren Sinn an. Mir ist dieser Sinn fremd; er stösst mich sogar ab; doch thut er weiter keinen Schaden.«

Jedoch, je länger ich lebte, mich der Lehre der Kirche unterwerfend, um so bemerkbarer ward es mir, dass diese Eigentümlichkeit der kirchlichen Lehre nicht so gleichgültig sei, wie sie mir anfangs erschien. Mich stiess die Kirche auch durch die Sonderbarkeiten ihrer Glaubenslehren ab, auch durch ihr Anerkennen und Gutheissen der Verfolgungen, der Verurtheilungen und Kriege und auch durch das gegenseitige Verleugnen der Anhänger der verschiedenen Glaubenslehren; am meisten aber ward mein Zutrauen zu ihr erschüttert gerade durch ihre Gleichgültigkeit gegen das, was mir als der Kern der christlichen Lehre erschien, und dagegen ihre Vorliebe für das, was ich für Nebensache hielt. Ich fühlte, dass hier etwas nicht richtig sei. Was aber nicht richtig war, konnte ich durchaus nicht finden; ich konnte es nicht finden, weil die kirchliche Lehre nicht nur das nicht leugnete, was mir die Hauptsache in der Lehre Christi schien, sondern es vielmehr vollkommen anerkannte, jedoch so, dass diese »Hauptsache« in der Lehre Christi nicht mehr Hauptsache blieb. Ich konnte der Kirche nicht den Vorwurf machen, dass sie das Wichtigste verleugne; ihre Anerkennung jedoch dieses Wichtigsten war für mich eine unbefriedigende. Die Kirche gab mir nicht das, was ich von ihr erwartete.

Ich bin vom Nihilismus zur Kirche nur deshalb übergegangen, weil ich die Unmöglichkeit eines Lebens ohne Glauben und ohne Erkenntniss dessen, was, ausserhalb, meiner thierischen Instinkte, gut oder böse sei, einsah. Diese Erkenntniss glaubte ich im christlichen Glauben zu finden. Der christliche Glaube aber, wie er mir damals erschien, war nur eine gewisse, sehr unklare Stimmung, aus der keine bestimmten Pflichten und Regeln des Lebens entsprossen. Nach diesen Regeln also wandte ich mich an die Kirche. Die Kirche jedoch gab mir Regeln, die mich nicht im geringsten jener mir theuren christlichen Stimmung näher brachten, ja mich vielmehr von derselben entfernten. Und ich konnte ihnen nicht folgen. Ich bedurfte eines Lebens, das auf christliche Wahrheiten gegründet war, und nur ein solches war mir werth; die Kirche aber gab mir Lebensregeln, die den mir theuren Wahrheiten vollständig fremd waren. Die Regeln, die mir die Kirche gab: über den Glauben an die Dogmen, über die Erfüllung ihrer Gesetze, das Einhalten der Fasten und Gebete – die brauchte ich nicht; Regeln aber, die auf christliche Wahrheit gegründet gewesen wären, die gab sie mir nicht. Mehr als das: die kirchlichen Regeln schwächten, ja vernichteten sogar manchmal geradezu jene christliche Stimmung, die allein meinem Leben Werth verlieh. Am meisten verwirrte es mich, dass alles Böse der Menschen – die Verdammung des Einzelnen, die Verdammung ganzer Völker, die Verdammung anderer Glaubenslehren und die aus solchen Verdammungen entstehenden Verfolgungen und Kriege – alles das von der Kirche gerechtfertigt wurde. Christi Lehre von der Demuth, der Nachsicht, der Vergebung aller Kränkungen, der Selbstverleugnung und Liebe wurde von der Kirche in Worten hochgepriesen und zugleich wurde in der That das gutgeheissen, was mit dieser Lehre nicht im Einklange stehen konnte.

War denn Christi Lehre eine solche, dass dergleichen Widersprüche bestehen mussten? Ich konnte das nicht glauben. Ueberdies war es mir stets sonderbar erschienen, dass die Kirche mit ihren Regeln über die Lehre Christi sich gerade auf solche Stellen stützte, die die undeutlichsten des Evangeliums waren, soweit mir dasselbe bekannt. Während die Dogmen und die aus denselben entstehenden Pflichten der Christen in einer vollkommen klaren und bestimmten Weise in dem Evangelium ausgesprochen waren, äusserte sich die Kirche in unklaren, mystischen, nebelhaften Ausdrücken über die Anwendung der Lehre. War es wirklich das, was Christus gewollt, als er uns seine Lehre predigte? Die Lösung meiner Zweifel konnte ich nur in den Evangelien finden. Und ich las sie und las sie immer wieder. Aus allen Evangelien trat mir stets als etwas Besonderes die Bergpredigt entgegen. Und sie war es, die ich am häufigsten las. Nirgends spricht Christus mit solcher Feierlichkeit wie hier, nirgends giebt er so viele sittliche, klare, verständliche, jedem gerade zum Herzen redende Regeln, nirgends spricht er zu einer grösseren Masse allerhand gewöhnlicher Leute. Wenn es überhaupt klare, bestimmte christliche Gesetze giebt, so müssen sie hier ausgesprochen worden sein. In diesen drei Kapiteln Matthäi habe ich die Lösung meiner Zweifel gesucht.

Viele, viele Male habe ich die Bergpredigt durchgelesen und jedesmal dasselbe dabei empfunden: Bewunderung und Rührung beim Lesen jener Verse – über das Hinhalten des Backens, das Weggeben des Hemdes, die Friedfertigkeit gegen alle, die Liebe zum Feinde – und stets dasselbe Gefühl der Unbefriedigung. Die an alle gerichteten Worte Gottes waren unbegreiflich. Es wurde eine geradezu unmögliche Entsagung verlangt, die das Leben selbst, wie ich es auffasste, zerstörte, und deshalb schien es mir, als könne ein vollständiges Entsagen nicht eine unumgängliche Bedingung zur Rettung sein. Sobald es aber eine notwendige Bedingung zur Rettung war, so gab es wiederum nichts Bestimmtes und Klares. Ich habe nicht allein die Bergpredigt gelesen, sondern auch alle Evangelien und alle theologischen Kommentare zu denselben. Die theologischen Erläuterungen des Inhalts, dass die Aussprüche der Bergpredigt Hinweise seien auf jene Vollkommenheit, nach welcher der Mensch streben solle, dass aber der gefallene Mensch durchaus sündhaft sei und nicht durch eigne Kraft jene Vollkommenheit zu erreichen vermöge, dass des Menschen Rettung im Glauben, im Gebete und in der Gnade läge – diese Erläuterungen befriedigten mich nicht.

Ich war damit nicht einverstanden, weil es mir immer sonderbar erschienen war, weshalb Christus, im voraus wissend, dass die Erfüllung seiner Lehre durch des Menschen eigene Kraft unmöglich sei, so klare und schöne Regeln aufgestellt habe, die sich geradezu auf jeden einzelnen Menschen bezogen? Wenn ich diese Regeln las, hat es mir stets geschienen, sie bezögen sich direkt auf mich und von mir allein werde deren Befolgung verlangt.

Wenn ich diese Regeln las, überkam mich stets eine freudige Gewissheit, ich könne sogleich, von dieser Stunde an, alles das thun, was verlangt wird. Und ich wollte es thun und versuchte es; kaum aber fühlte ich einen Kampf bei der Ausführung, so erinnerte ich mich unwillkürlich der kirchlichen Lehre darüber, dass der Mensch schwach sei und das nicht aus eignen Kräften vollbringen könne – und ich wurde schwach.

Man sagte mir, ich müsse glauben und beten. Ich aber fühlte, dass mein Glaube gering sei und dass ich deshalb nicht beten könne. Man sagte mir, ich müsse beten, Gott möge mir den Glauben geben, den Glauben, der das Beten lehrt, welches jenen Glauben giebt, welcher jenes Beten lehrt u. s. w. ohne Ende.

Aber Vernunft und Erfahrung zeigten mir die Unzulänglichkeit dieses Mittels. Mir schien stets, dass nur meine Bemühungen die Lehre Christi zu befolgen wirklich von Nutzen sein könnten.

Und nun, nach vielem, vielem vergeblichen Suchen und Erforschen dessen, was darüber geschrieben worden war zum Beweise der Göttlichkeit dieser Lehre und zum Beweise ihrer Nichtgöttlichkeit, nach vielen Zweifeln und Leiden war ich wieder allein geblieben mit meinem Herzen und mit dem geheimnissvollen Buche vor mir. Ich konnte diesem Buche nicht die Bedeutung geben, die andere ihm gaben, und vermochte ihm weder eine andere beizulegen noch mich von ihm loszusagen. Und erst nachdem ich alles Zutrauen verloren in alle Erklärungen der gelehrten Kritik sowohl wie in alle Erläuterungen der gelehrten Theologie, und sie alle von mir geworfen nach dem Ausspruche Christi: so Ihr mich nicht aufnehmet wie die Kinder, kommt ihr nicht ins Himmelreich ..., da erst begriff ich plötzlich das, was ich bisher nicht begreifen konnte. Und ich begriff es nicht durch künstliches, scharfsinniges Zersetzen, Vergleichen, Erklären; im Gegenteil, es wurde mir alles offenbar dadurch, dass ich alle Erklärungen vergass. Die Stelle, die für mich zum Schlüssel des Ganzen wurde, war die Stelle aus dem 5. Kapitel Matthäi, Vers 38, 89: »Ihr habt gehöret, dass da gesagt ist: Auge um Auge, Zahn um Zahn. – Ich aber sage euch, dass ihr nicht widerstreben sollt dem Uebel« ... Plötzlich, zum erstenmal verstand ich diesen Vers gerade und einfach. Ich verstand, dass Christus gerade das sagt, was er sagt. Und sofort war es mir, nicht als sei etwas Neues entstanden, sondern als sei alles abgefallen, was die Wahrheit verdunkelt, und die Wahrheit erstand vor mir in ihrer ganzen Bedeutung. »Ihr habt gehöret, dass da gesagt ist: Auge um Auge, Zahn um Zahn. Ich aber sage euch, dass ihr nicht widerstreben sollt dem Uebel.« Diese Worte erschienen mir plötzlich ganz neu, als hätte ich sie nie vorher gelesen.

Wenn ich früher diese Worte las, liess ich stets, wie in einer eigentümlichen Befangenheit, die Worte: »Ich aber sage euch, dass ihr nicht widerstreben sollt dem Uebel«, unbeachtet Ganz als ob diese Worte gar nicht da wären, oder als hätten sie gar keine bestimmte Bedeutung.

Später, in meinen Gesprächen mit vielen, vielen Christen, denen das Evangelium bekannt war, habe ich oft Gelegenheit gehabt bezüglich dieser Worte dieselbe Bemerkung zu machen. Dieser Worte erinnerte sich niemand, und oft geschah es, wenn die Rede auf diese Stelle kam, dass die Christen das Evangelium zur Hand nahmen um nachzuschlagen, ob auch diese Worte darin ständen. So hatte auch ich diese Worte übersehen und erst von den folgenden Worten zu begreifen begonnen: »So dir jemand einen Streich giebt auf deinen rechten Backen, dem biete den andern auch dar«... u.s.w.

Und immer sah ich in diesen Worten eine Forderung, zu leiden und zu entsagen, wie es der menschlichen Natur gar nicht eigen ist. Dennoch rührten mich diese Worte. Ich fühlte, es müsse herrlich sein sie zu befolgen. Ich fühlte aber auch, dass ich nie im Stande sein würde sie zu befolgen nur um sie zu befolgen, d.h. um zu leiden. Ich sagte mir: Gut, ich biete den Backen, – man wird mich ein zweites Mal schlagen; ich werde alles weggeben, – man wird alles von mir nehmen. Ich werde kein Leben haben. Mir ist aber das Leben gegeben; warum soll ich es denn verlieren? Das kann Christus nicht gewollt haben. Früher sagte ich mir das, weil ich voraussetzte, dass Christus mit diesen Worten die Leiden und Entbehrungen preist und sie preisend übertreibt und deshalb nicht genau und klar spricht; jetzt aber, nachdem ich die Worte »widerstrebet nicht dem Uebel« verstanden, ist es mir klar geworden, dass Christus nichts übertreibt und keine Leiden fordert um der Leiden willen; dass er das, was er sagt, nur sehr bestimmt und klar ausspricht. Er sagt: Widerstrebet nicht dem Uebel; und indem ihr so thut, wisset im voraus, dass sich Menschen finden können, die, nachdem sie euch einen Streich auf den rechten Backen gegeben, euch, wenn sie auf keinen Widerstand stossen, auch auf den linken schlagen werden; die nachdem sie euch das Hemd genommen, euch auch den Mantel nehmen werden; die, nachdem sie eure Arbeit ausgenützt, euch zwingen werden noch mehr zu arbeiten; die immer nehmen werden ohne je zurückzugeben ... Und nun, wenn das so sein wird, selbst dann sollt ihr nicht widerstreben dem Uebel. Denen, die euch schlagen und beleidigen werden, sollt ihr dennoch Gutes erweisen. – Und nachdem ich diese Worte so verstanden hatte wie sie gesagt waren, ward mir sofort alles klar, was mir bis dahin dunkel gewesen, und was mir übertrieben erschienen, erschien mir jetzt vollkommen genau. Ich begriff zum erstenmal, dass der Schwerpunkt des ganzen Gedankens in den Worten liegt: »widerstrebet nicht dem Uebel«, und dass das Nachfolgende nur eine Erklärung des ersten Satzes ist. Ich begriff, dass Christus durchaus nicht verlangt, dass man den Backen biete und den Mantel hergäbe nur um des Leidens willen; dass er aber verlangt, dass wir dem Uebel nicht widerstreben, und sagt, dass wir dabei vielleicht auch zu leiden haben werden. Gleichwie ein Vater, der seinen Sohn auf eine weite Reise schickt, ihm nicht befiehlt die Nächte zu wachen, zu hungern, zu frieren, durchnässt zu werden, wenn er zu ihm sagt: »Geh' deines Weges, und wenn du auch Kälte und Nässe ertragen solltest, so gehe dennoch.« – Christus sagt nicht: bietet den Backen, leidet; sondern er sagt: widerstrebet nicht dem Uebel und was euch auch zustossen möge, widerstrebet nicht dem Uebel. Diese Worte: widerstrebet nicht dem Uebel – oder dem Bösen –, in ihrem geraden Sinne aufgefasst, wurden für mich zum wirklichen Schlüssel, der mir alles erschloss. Und ich wunderte mich, wie ich so einfache, bestimmte Worte so verkehrt hatte auffassen können. Euch ist gesagt: Zahn um Zahn; ich aber sage: widerstrebe nicht dem Uebel oder dem Bösen, und was dir auch die Bösen anthun sollten, ertrage, gieb, aber widerstrebe nicht dem Uebel oder dem Bösen. Was kann klarer, verständlicher und unzweifelhafter sein als dies? Und ich brauchte diese Worte nur einfach und gerade aufzufassen wie sie gesagt waren, und sofort wurde mir in der ganzen Lehre Christi, nicht nur in der Bergpredigt, sondern auch in allen Evangelien, alles verständlich, was verworren gewesen, und alles einig, was bisher widersprechend war; und die Hauptsache, die unnütz erschienen, ward zur Notwendigkeit. Alles verschmolz in ein Ganzes und das eine bestätigte unzweifelhaft das andere, wie die Stücke einer zerschlagenen Bildsäule, die so zusammengefügt worden, wie sie es sein mussten.

In dieser Predigt und in allen Evangelien, von allen Seiten wird dieselbe Lehre bestätigt: widerstrebet nicht dem Uebel.

In dieser Predigt, wie an allen andern Stellen, überall stellt sich Christus seine Jünger, d. h. diejenigen Menschen, die seine Lehre über das Nichtwiderstreben dem Uebel befolgen, als solche vor, die den Backen hinhalten und den Mantel hergeben: als Verfolgte, Geschlagene und Arme.

Ueberall sagt Christus wiederholt, dass, wer nicht sein Kreuz auf sich nimmt, wer nicht allem entsagt, d. h. wer nicht bereit ist alle Folgen der Erfüllung seiner Lehre über das Nichtwiderstreben dem Uebel auf sich zu nehmen, – der könne nicht sein Jünger sein. Christus spricht zu seinen Jüngern: seid arm, seid bereit, indem ihr dem Uebel nicht widerstrebt, Verfolgung, Leiden und Tod zu ertragen. Er selbst bereitet sich auf Leiden und Tod vor, ohne dem Uebel zu widerstreben, und stirbt selbst, indem er verbietet dem Uebel zu widerstreben, und seiner Lehre treu bleibend.

Alle seine ersten Jünger erfüllen dies Gesetz des Nichtwiderstrebens dem Uebel und verbringen ihr ganzes Leben in Armuth und Verfolgung und vergelten nie Böses mit Bösem.

Also sagte Christus das, was er sagte. Man kann behaupten, dass die fortwährende Erfüllung dieser Regel sehr schwer sei; man kann sich nicht einverstanden erklären damit, dass jeder Mensch durch die Befolgung dieser Regel selig werde; man kann, gleich den Ungläubigen, sagen, dass es thöricht sei, dass Christus ein Schwärmer, ein Idealist gewesen, der unausführbare Regeln aufgestellt, die seine Jünger nur aus Thorheit befolgt; aber keineswegs kann man ableugnen, dass Christus sehr klar und bestimmt genau das ausgesprochen hat, was er sagen wollte, nämlich: dass der Mensch, seiner Lehre nach, dem Uebel nicht widerstreben solle, und dass folglich derjenige, der sich zu seiner Lehre bekehrt, dem Uebel nicht widerstreben könne. Und dennoch verstehen weder die Gläubigen noch die Ungläubigen eine so einfache, klare Bedeutung der Worte Christi.

## II.

[Fortsetzung. Von kirchlichen Lehren unbeeinflusste Würdigung der Bergpredigt zeigt als Grundlehre derselben das Gebot: »Widerstrebe nicht dem Uebel!«. Widerspruch der Lebenseinrichtungen gegen diese Grundlehre Christi.]

Nachdem ich begriffen, dass die Worte: widerstrebe nicht dem Uebel, sagen wollen: widerstrebe nicht dem Uebel, ward plötzlich meine bisherige Vorstellung von dem Sinne der Lehre Christi eine ganz andere und ich erschrak vor jenem, nicht gerade Nichtverstehen, aber doch ganz eigentümlichen Auffassung der Lehre, in der ich mich bisher befunden. Ich wusste, wir alle wissen, dass der Sinn der christlichen Lehre in der Liebe zu den Menschen besteht Die Worte: biete den Backen, liebe deine Feinde, sind der Ausdruck des innern Wesens des Christenthums. Ich wusste das von Kindheit an; weshalb aber fasste ich diese einfachen Worte nicht einfach auf, sondern forschte in ihnen nach einer andern Bedeutung? Widerstrebe nicht dem Uebel will heissen: widerstrebe niemals dem Bösen, d. h. thue nie einem anderen Gewalt an, d. h. begehe nie eine Handlung, die der Liebe entgegengesetzt wäre. Und wenn du dabei gekränkt wirst, so ertrage die Kränkung und thue dennoch nichts Gewaltsames gegen jenen. Er hat es so einfach und deutlich gesagt, wie es deutlicher nicht gesagt werden kann. Wie konnte denn ich, der ich glaube oder zu glauben mich bemühe, dass der solches gesagt – Gott sei; wie konnte denn ich sagen, dass es unmöglich sei aus eigenen Kräften danach zu handeln? Mein Herr wird mir sagen: geh', schlage Holz! und ich werde antworten: ich kann das aus eigenen Kräften nicht thun. Indem ich dies ausspreche, sage ich eines von beiden: entweder, dass ich den Worten meines Herrn keinen Glauben schenke oder dass ich nicht thun will, was mein Herr von mir fordert. Ueber das Gebot Gottes, das er uns zur Befolgung gegeben, von welchem er gesagt: »wer so thut und lehret, wird gross heissen im Himmelreich« u. s. w., von welchem er gesagt, dass nur die, so es erfüllen, das ewige Leben haben werden, über das Gebot, das er selbst befolgt und so klar und einfach ausgesprochen, dass an dessen Bedeutung kein Zweifel aufkommen kann – über dieses Gebot hatte ich, der ich nie versucht es zu befolgen, gesagt: dessen Erfüllung ist mir aus eigener Kraft unmöglich und es bedarf einer übernatürlichen Hilfe.

Gott ist zur Erde niedergestiegen um die Menschen zu erlösen. Die Erlösung besteht darin, dass die zweite Person der Dreieinigkeit, Gottes Sohn, für die Menschen gelitten, ihre Sünden vor Gott dem Vater abgebüsst und ihnen eine Kirche gegeben hat, in der jene Seligkeit ruht, die den Gläubigen zu theil wird; aber, ausser alledem, hat dieser Sohn Gottes den Menschen auch die Lehre und das Beispiel eines Lebens gegeben, das zur Rettung führt. Wie konnte ich denn sagen, die Lebensregel, die er so einfach und klar für alle ausgesprochen, sei so schwer zu befolgen, ja unmöglich zu erfüllen ohne übernatürliche Hilfe? – Er hat nicht nur das nicht gesagt, er hat ganz entschieden ausgesprochen: befolget das bestimmt und wer solches thut, der kommt ins Himmelreich. Und er hat nie geäussert, dass die Erfüllung schwer sei, er hat im Gegentheil gesagt: »mein Joch ist sanft und meine Last ist leicht«. Johannes, sein Evangelist, hat gesagt: »seine Gebote sind nicht schwer«. Wie konnte ich denn sagen, dass das, was Gott zu vollführen befohlen, das, dessen Erfüllung er so genau bestimmt und wovon er gesagt, es sei leicht zu erfüllen, das, was er selbst als Mensch erfüllt und was seine ersten Jünger befolgt haben; wie konnte ich denn sagen, dass es so schwer sei, solches zu erfüllen, dass es sogar ohne übernatürliche Hilfe unmöglich sei? Wenn ein Mensch alle Kräfte seines Geistes anwenden würde um ein gegebenes Gesetz zu vernichten, was könnte dieser Mensch Wirksameres zur Vernichtung jenes Gesetzes sagen als das, dass dies Gesetz seinem Wesen nach unausführbar sei und dass die Ansicht des Gesetzgebers selbst über sein Gesetz die sei, dass dies Gesetz nicht erfüllt werden könne und dass zu dessen Erfüllung eine übernatürliche Hilfe erforderlich sei? – Diesesselbe aber dachte ich in Bezug auf das Gesetz: widerstrebet nicht dem Uebel. Und ich begann mich zu entsinnen, wie und wann mir der sonderbare Gedanke gekommen, dass Christi Gebot zwar göttlich, dass es aber unmöglich sei es zu befolgen. Und nachdem ich meine Vergangenheit durchforscht, erkannte ich, dass dieser Gedanke nie in seiner ganzen Nacktheit vor mir erstanden sei (er hätte mich abgestossen), sondern dass ich, unbemerkt von mir selbst, ihn seit meiner frühesten Kindheit eingesogen und dass mein ganzes nachheriges Leben diese sonderbare Verirrung in mir nur bestärkt hatte. Von Kindheit an lehrte man mich, dass Christus und seine Lehre göttlich seien: zu gleicher Zeit aber lehrte man mich jene Einrichtungen achten, die durch Gewalt mich vor dem Bösen schützten; man lehrte mich diese Einrichtungen heilig halten. Man lehrte mich dem Bösen widerstreben und flösste mir die Meinung ein, es sei erniedrigend und beschämend sich dem Bösen zu unterwerfen und dadurch zu leiden; lobenswerth aber sei es ihm zu widerstreben. Man lehrte mich zu richten und zu verdammen. Danach lehrte man mich den Krieg, d. h. man lehrte mich dem Bösen durch Tödtung entgegenwirken, und das Kriegsheer, dessen Glied ich war, nannte man ein christlichgesinntes und seine Thätigkeit wurde durch christlichen Segen geheiligt Ausserdem lehrte man mich von Kindheit an bis zu meinem Mannesalter das achten, was dem Gesetze Christi geradezu entgegen ist. Dem Beleidiger wehren, mit Gewalt persönliche Kränkung, sowie Kränkung der Familie oder des Volkes rächen; dies alles wurde nicht nur nicht verworfen, sondern es wurde nur im Gegentheil eingeprägt, dass alles das gut und durchaus nicht gegen Christi Gesetz sei.

Alles was mich umgab: die Ruhe, die Sicherheit meiner Person und meiner Familie, mein Eigenthum, alles beruhte auf dem Gesetz, das Christus verworfen, dem Gesetze: Zahn um Zahn.

Die Kirchenlehrer lehrten, dass Christi Lehre eine göttliche, dass aber deren Erfüllung der menschlichen Schwäche wegen unmöglich sei, und dass nur die Gnade Christi zu deren Erfüllung verhelfen könne. Die weltlichen Lehrer und die ganze Einrichtung des Lebens bekannten schon geradezu die Unausführbarkeit, die Schwärmerei der Lehre Christi und lehrten mit Wort und That das, was dieser Lehre entgegen war. – Dieses Anerkennen der Unausführbarkeit der Lehre Gottes hatte sich derart, nach und nach, unbemerkt, in mich eingesogen und war mir zur Gewohnheit geworden und stimmte so vollständig mit meinen Begierden überein, dass ich früher nie den Widerspruch bemerkte, in dem ich mich befand. Ich sah nicht, dass es unmöglich sei zu einer und derselben Zeit sich zu Christus zu bekennen, dessen Grundlehre das Nichtwiderstreben dem Uebel ist, und dabei ruhig und bewusst auf die Einrichtungen des Eigenthums, der Gerichte, des Staates, des Kriegsheeres hinzuarbeiten – ein Leben herzustellen, das Christi Lehre entgegengesetzt ist, und zugleich zu diesem Christus zu beten, dass sein Gesetz vom Nichtwiderstreben dem Uebel und von der Vergebung unter uns erfüllt werde. Mir kam noch nicht der Gedanke, der mir jetzt so klar ist, dass es viel einfacher wäre das Leben nach dem Gesetze Christi einzurichten und dagegen zu beten, es möchten Gerichte, Todesstrafen und Kriege bestehen, wenn sie für unser Wohl so unumgänglich nothwendig seien.

Und ich ward inne, woher meine Verirrung entstanden. Sie entstand aus meinem Bekennen Christi in Werten und dem Verleugnen seiner in der That.

Der Grundsatz des Nichtwiderstrebens dem Uebel ist ein Grundsatz, der die gesammte Lehre zu einem Ganzen verbindet, aber nur dann, wenn er kein blosser Ausspruch, sondern eine zwingende Regel, ein Gesetz ist. Dieser Grundsatz ist wirklich der Schlüssel, der alles erschliesst, aber nur dann, wenn er in das Innere des Schlosses eindringt. Das Bekennen dieses Grundsatzes als eines Ausspruchs, dessen Erfüllung ohne übermenschliche Hilfe nicht möglich sei, ist eine Vernichtung der ganzen Lehre. – Wie kann eine Lehre, aus der die alles verbindende Grundidee ausgeschlossen wird, den Menschen anders als unmöglich erscheinen? Den Ungläubigen erscheint sie geradezu thöricht und muss ihnen also scheinen.

Eine Maschine aufstellen, den Dampfkessel anheizen, sie in Gang setzen ohne den Treibriemen anzubringen: das ist es, was man mit Christi Lehre gethan, als man anfing zu lehren, dass man ein guter Christ sein könne ohne das Gesetz über das Nichtwiderstreben dem Uebel zu erfüllen.

Ich habe unlängst mit einem jüdischen Rabbiner das 5. Kapitel Matthäi gelesen. Fast bei jedem Satze sagte der Rabbiner: dies steht in der Bibel, dies steht im Talmud, und zeigte mir in der Bibel und im Talmud sehr ähnliche Aussprüche, wie wir sie in der Bergpredigt besitzen.

Als wir jedoch zu dem Verse gelangten: widerstrebet nicht dem Uebel, sagte er nicht: auch das steht im Talmud, sondern fragte mich nur spöttisch: »Und die Christen erfüllen dies? bieten sie den andern Backen?« – Ich konnte nichts darauf erwidern, umsomehr als ich wusste, dass die Christen um dieselbe Zeit nicht nur ihren Backen nicht darboten, sondern die Juden auf beide Backen schlugen. Es war mir aber interessant zu wissen ob etwas Aehnliches sich in der Bibel oder im Talmud befinde, und ich fragte ihn danach. – Er sagte: »Nein, das steht nicht drin; sagt mir aber, ob die Christen dieses Gesetz erfüllen?« – Mit dieser Frage sagte er mir, dass das Bestehen einer Regel im christlichen Gesetze, die nicht nur von niemand befolgt, sondern von den Christen selbst als unausführbar anerkannt wird, ein Eingestehen der Unvernunft und Nutzlosigkeit dieser Regel ist. Und ich konnte ihm nichts darauf erwidern.

Nachdem ich jetzt den wahren Sinn des Gesetzes verstanden, sehe ich klar jenen sonderbaren Widerspruch, in dem ich mich mit mir selbst befand, indem ich Christus als Gott und seine Lehre als eine göttliche anerkannte und dennoch mein Leben ganz im Gegensatz zu dieser Lehre eingerichtet hatte. Was blieb anderes zu thun übrig, als seine Lehre für unausführbar zu erklären? In Worten erkannte ich die Heiligkeit der Lehre Christi an, in der That aber bekannte ich eine durchaus nicht christliche Lehre; ich erkannte Grundsätze an und unterwarf mich Einrichtungen, die mein Leben von allen Seiten umringten und durchaus unchristlich waren.

In dem ganzen alten Testament heisst es, dass alles Unglück des jüdischen Volks dadurch entstanden sei, dass das Volk an falsche Götter und nicht an den wahren Gott geglaubt. Samuel beschuldigt das Volk im ersten Buch, Kap. 8 und 12, dass es zu allen seinen früheren Abtrünnigkeiten gegen Gott noch eine neue hinzugefügt: an Stelle Gottes, der sein König gewesen, habe es den Menschen zum Könige erkoren, der, seiner Meinung nach, es erretten werde. »Und gebet nicht dem Eitlen nach – spricht Samuel zum Volk 12, 21 – denn es nützet nicht und kann euch nicht erretten, weil es ein (tohu) eitel Ding ist.« Um nicht mit eurem König unterzugehen, haltet euch an Gott allein.

Dieser Glaube an das »Eitle«, das »tohu«, an leere Götzenbilder, war es, der mir die Wahrheit verhüllte. Auf dem Wege zur Wahrheit, ihr Licht vor mir verbergend, stand vor mir das »tohu«, von dem mich loszusagen ich nicht die Kraft hatte.

In diesen Tagen ging ich durch die Borowitzky-Pforte; in derselben sass ein Greis, ein bis an die Ohren in Lumpen gehüllter, verkrüppelter Bettler. Ich zog meine Börse um ihm ein Almosen zu geben. In diesem Augenblicke kam vom Berge, aus dem Kreml, ein flotter, junger, rothwangiger Bursche gelaufen, ein Grenadier im Krons-Schafpelz. Als der Bettler den Soldaten gewahrte, sprang er erschreckt auf und lief hinkend hinunter zum Alexandergarten. Der Grenadier wollte ihm anfangs nacheilen, holte ihn jedoch nicht sofort ein, blieb stehen und ergoss sich in Scheltworten über den Bettler, weil dieser gegen das Verbot in der Pforte gesessen. Ich erwartete den Grenadier in der Pforte. Als er in meine Nähe kam, fragte ich ihn, ob er lesen könne? – Jawohl; weshalb? – Hast du das Evangelium gelesen? – Jawohl. – Hast du auch gelesen: »und wer den Hungrigen sättigt« – ich sagte die Stelle her. Er kannte sie und hörte mich an. Und ich sah, dass er stutzte. Zwei Vorübergehende blieben horchend stehen. Dem Grenadier that es augenscheinlich weh zu fühlen, dass er, gewissenhaft seine Pflicht erfüllend, indem er das Volk von einem Orte jagte, von dem es fortzujagen befohlen war – plötzlich sich im Unrecht sah. Er war verwirrt und suchte augenscheinlich nach einer Ausrede. Plötzlich leuchteten seine klugen schwarzen Augen auf; er wandte sich zur Seite, als wolle er gehen. – »Und das Kriegsreglement, hast du's gelesen?« fragte er mich. – Ich verneinte es. – »Dann sprich auch nicht«, sagte der Grenadier, den Kopf selbstbewusst aufwerfend, hüllte sich in seinen Schafpelz und ging mit kühnen Sehritten auf seinen Platz zurück.

Dies war der einzige Mensch in meinem ganzen Leben, der streng logisch jene ewige Frage gelöst, die bei den Einrichtungen unseres Gemeinwohls mir stets vor Augen stand und die jedem Menschen vorschwebt, der sich einen Christen nennt.

# III.



[Zwang der Gesammtheit gegen
den Einzelnen zur Theilnahme an Krieg und Gericht.
Christus verwirft Krieg und Gericht.
Stellung der Apostel und Kirchenlehrer zum Gericht.
Erklärung des »Richtet nicht und verdammet nicht«
seitens der Kirche. – Textkritik. – Ergebniss.]

Man sagt mit Unrecht, dass die christliche Lehre nur die Erlösung des einzelnen im Auge habe und sich nicht auf allgemeine Fragen und Staatsangelegenheiten beziehe. Dies ist nur eine kühne und unbegründete Behauptung einer ganz augenscheinlichen Unwahrheit, die bei dem ersten ernsten Nachdenken darüber zu nichte wird. Gut, sagte ich zu mir: ich werde nicht widerstreben dem Uebel, ich werde, als einzelner Mensch, meinen Backen hinhalten; es kommt aber der Feind, oder die Völker werden verfolgt und ich werde berufen am Kampfe gegen die Bösen teilzunehmen, um sie zu tödten. Und ich muss unvermeidlich die Frage lösen: worin besteht der Dienst Gottes und worin der Dienst des »tohu«? – Soll ich mich am Kriege betheiligen oder nicht? – Ich bin Bauer; man wählt mich zum Aeltesten, zum Richter, zum Geschworenen; man zwingt mich zu schwören, zu richten, zu strafen – was soll ich thun? Wieder habe ich zu wählen zwischen dem Gesetze Gottes und dem Gesetze der Menschen. – Ich bin Mönch, lebe im Kloster; die Bauern haben unsern Heuschlag genommen; man schickt mich um am Kampfe gegen die Bösen teilzunehmen – um das Gericht gegen die Bauern anzurufen. Wieder habe ich zu wählen. Kein einziger Mensch kann der Entscheidung dieser Frage entgehen. Ich spreche schon gar nicht von unserem Stande, dessen ganze Thätigkeit fast nur im Widerstreben den Bösen besteht: Militär- und Gerichtspersonen, Administratoren; aber es giebt auch nicht den einfachsten Privatmann, dem nicht die Entscheidung zwischen dem Dienste Gottes und der Erfüllung seiner Gebote und dem Dienste des »tohu«, d. i. den Staatseinrichtungen bevorstände. Mein persönliches Leben ist mit dem allgemeinen Staatsleben verflochten und dieses fordert von mir eine nichtchristliche Thätigkeit, die dem Gebote Christi ganz entgegengesetzt ist. Jetzt, bei der allgemeinen Wehrpflicht und der Betheiligung aller am Gerichte als Geschworene, tritt dieses Dilemma mit auffallender Schärfe einem jeden entgegen. Jeder Mensch muss tödtliche Waffen zur Hand nehmen, eine Flinte, ein Messer, und wenn auch nicht tödten, so muss er doch die Flinte laden und das Messer schärfen, d. h. er soll zum Tödten bereit sein. Jeder Bürger soll im Gerichte erscheinen und sich am Richten und Strafen betheiligen, d. h. jeder soll sich von der Lehre Christi des Nichtwiderstrebens dem Uebel lossagen, und das nicht nur in Worten, sondern auch in der That.

Die Frage des Grenadiers: das Evangelium oder das Kriegsreglement? das Gesetz Gottes oder das Gesetz der Menschen? steht jetzt und stand zu Samuelis Zeiten vor der Menschheit. Sie stand auch vor Christus und vor seinen Jüngern. Sie steht auch vor denen, die jetzt Christen sein wollen, und stand auch vor mir.

Das Gesetz Gottes mit seiner Lehre von der Liebe, der Demuth, der Selbstaufopferung hatte stets auch früher mein Herz gerührt und mich angezogen. Jedoch von allen Seiten, in der Geschichte, in den vergangenen sowohl wie in den gegenwärtig mich umgebenden Ereignissen und in meinem eignen Leben sah ich ein meinem Herzen, meinem Gewissen, meiner Vernunft widersprechendes Gesetz, das aber meinen thierischen Instinkten schmeichelte. Ich fühlte, dass wenn ich Christi Gesetz folgen würde, ich allein dastände und es mir schlecht ergehen könne: ich könnte verfolgt und betrübt werden – das, was Christus gesagt hat. Wenn ich aber dem menschlichen Gesetze folgte, würde ich ruhig und gesichert sein und aller Scharfsinn des menschlichen Geistes stände mir zu Gebote um mein Gewissen zu beruhigen. Ich würde lachen und mich freuen – dasselbe, was Christus sagt. Ich fühlte das alles und deshalb vermied ich es mich in die Bedeutung des Gesetzes Christi zu vertiefen und bemühte mich vielmehr es so aufzufassen, dass es mich nicht verhindern sollte mein thierisches Leben weiter zu führen. In solchem Sinne jedoch konnte es nicht aufgefasst werden, und deshalb verstand ich es gar nicht.

In diesem Nichtverstehen ging ich bis zu einer mir jetzt unbegreiflichen Verfinsterung. Als Beispiel dafür will ich meine frühere Auffassung der Worte: richtet nicht, auf dass ihr nicht gerichtet werdet (Matth. 7, 1), anführen. Richtet nicht, so werdet ihr auch nicht verdammt (Luk. 6, 37). Das Bestehen der Gerichte, an denen ich theilnahm und die mein Eigenthum und meine persönliche Sicherheit schützten, erschien mir als etwas so zweifellos Heiliges, Gottes Gesetze nicht Beeinträchtigendes, dass mir nie der Gedanke kam, dieser Satz könne etwas anderes bedeuten als das, dass man seinen Nächsten nicht mit Worten verdammen solle. Es kam mir gar nicht in den Sinn, dass Christus diese Worte auf die Gerichte beziehen könne: auf das Landgericht, das Kriminalgericht, das Kreis- und Friedensgericht und auf die verschiedenen Senate und Departements. Erst nachdem ich die Worte: widerstrebet nicht dem Uebel, im geraden Sinne begriffen hatte, erst dann entstand in mir die Frage darüber, wie Christus sich zu allen diesen Gerichten und Departements verhalten möge. Und einsehend, dass er sie verwerfen müsse, fragte ich mich: sollten jene Worte nicht nur heissen: richtet euren Nächsten nicht in Worten, sondern auch: verurteilet ihn nicht durch die That, richtet euren Nächsten nicht nach euren menschlichen Gesetzen, durch eure Gerichte –?

Im Evangelium Luk. Kap. 6 Vers 37–49 stehen diese Worte unmittelbar nach der Lehre über das Nichtwiderstreben dem Uebel und über das Vergelten des Bösen mit Gutem. Unmittelbar nach den Worten: seid barmherzig, gleichwie euer Vater im Himmel, – heisst es: richtet nicht, so werdet ihr auch nicht gerichtet; verdammet nicht, so werdet ihr auch nicht verdammt. Heisst das nicht, ausser der Verdammung des Nächsten, dass wir keine Gerichte bilden und nicht durch solche unseren Nächsten verurtheilen sollen? – fragte ich mich jetzt. Und ich brauchte mir nur diese Frage zu stellen, damit mein Herz und meine Vernunft mir sofort eine bejahende Antwort ertheilten.

Ich weiss wie eine solche Auffassung dieser Worte anfangs betroffen macht. Auch auf mich machte sie diesen Eindruck. Um zu zeigen wie weit entfernt ich von einer solchen Auffassung war, will ich eine beschämende Thorheit eingestehen. Lange nachher – nachdem ich bereits gläubig geworden und das Evangelium als ein göttliches Buch las, sprach ich bei Begegnungen mit meinen Freunden, Prokuroren, Richtern, scherzend: und ihr richtet noch immer und es ist doch gesagt: richtet nicht, so werdet ihr auch nicht gerichtet Ich war so überzeugt, dass diese Worte nichts anderes bedeuten könnten, als das Verbot des Verleumdens, dass ich mir gar nicht bewusst war welch' eine Heiligthumsspötterei ich beging, indem ich solches sagte. Ich war so weit gekommen, dass ich, in der Ueberzeugung, diese klaren Worte hätten eine andere als ihre wahre Bedeutung sie *scherzend* in dieser ihrer wahren Bedeutung aussprach.

Ich will ausführlich erzählen, wie in mir jeder Zweifel vernichtet ward darüber, dass diese Worte nicht anders aufgefasst werden könnten, als in dem Sinne, dass Christus die Errichtung aller menschlichen Gerichte verbiete, und dass er mit diesen Worten nichts anderes habe sagen können.

Das, was mich wunderte, nachdem ich das Gesetz über das Nichtwiderstreben dem Uebel in seiner geraden Bedeutung aufgefasst, war, dass die menschlichen Gerichte nicht nur mit demselben nicht übereinstimmen, sondern ihm gerade entgegengesetzt sind, gleichwie sie mit der ganzen Lehre im Widerspruch stehen, und dass deshalb Christus, wenn er an diese Gerichte gedacht hätte, sie hätte verwerfen müssen.

Christus sagt: widerstrebet nicht dem Uebel. Der Zweck der Gerichte ist: das Widerstreben dem Uebel. Christus schreibt vor, man solle Böses mit Gutem vergelten. Die Gerichte vergelten Böses mit Bösem. Christus sagt, man solle keinen Unterschied machen zwischen Bösen und Guten. Die Gerichte haben keine andere Bestimmung, als den Unterschied zwischen Bösen und Guten aufzustellen. Christus sagt, man solle allen vergeben; vergeben, nicht einmal, nicht siebenmal, sondern vergeben ohne Ende; die Feinde lieben, Gutes thun denen, die uns hassen. – Die Gerichte vergeben nicht, sondern sie strafen; sie thun nicht Gutes, sondern Böses denen, die sie Feinde der Gesellschaft nennen. So dass es dem Sinne nach sich herausstellte, dass Christus die Gerichte hätte verbieten müssen. Vielleicht aber, dachte ich, hatte Christus nichts mit den weltlichen Gerichten zu thun und dachte nicht an sie. Ich sehe jedoch, dass dies nicht anzunehmen ist: Christus ist von dem Tage seiner Geburt an bis zu seinem Tode mit den Gerichten zusammengestossen: des Herodes, der Hohenpriester, des Synedrions. Und ich sehe in der That, dass Christus oft von den Gerichten geradezu als von einem Uebel spricht. Seinen Jüngern sagt er, sie würden gerichtet werden, und sagt ihnen, wie sie sich bei dem Gerichte zu verhalten haben. Von sich selbst sagt er, man würde Gericht über ihn halten, und zeigt selbst, wie man sich zu den menschlichen Gerichten zu verhalten habe. Also dachte Christus an jene menschlichen Gerichte, die ihn und seine Jünger verurtheilen sollten und die Millionen von Menschen verurtheilten und stets verurtheilen. Christus sah dies Uebel und wies gerade darauf hin. Bei der Vollziehung des gerichtlichen Ausspruchs an der Ehebrecherin verwirft er geradezu das Gericht und zeigt, dass der Mensch nicht richten könne, weil er selbst schuldig sei. Und denselben Gedanken spricht er wiederholt aus, indem er sagt, dass man mit dem Balken im eigenen Auge nicht den Splitter im Auge des andern sehen dürfe – dass der Blinde den Blinden nicht sehen könne. Er erklärt sogar was aus einer solchen Verirrung entstehen würde: der Schüler würde werden wie der Meister.

Es könnte jedoch sein, dass Christus, indem er solches in Bezug auf die Verurtheilung der Ehebrecherin ausspricht und durch das Gleichniss mit dem Splitter auf die allgemeine menschliche Schwachheit hinweist, dennoch es nicht verbietet sich an die menschliche Gerechtigkeitspflege zu wenden, um Schutz gegen die Bösen zu suchen; ich sehe jedoch, dass eine solche Annahme durchaus unhaltbar ist.

In der Bergpredigt wendet sich Christus an alle und spricht: und so jemand mit dir rechten will und deinen Rock nehmen, dem lasse auch den Mantel. Folglich verbietet er allen das Rechten.

Vielleicht aber spricht Christus blos von der persönlichen Beziehung jedes einzelnen zum Gerichte, ohne die Gerechtigkeitspflege selbst zu verwerfen, und lässt in der christlichen Gemeinde Leute zu, die andere in eigens dazu gegründeten Verfassungen richten? Ich sehe jedoch, dass auch dies nicht anzunehmen ist. Christus befiehlt in seinem Gebete allen Menschen ohne Ausnahme den andern zu vergeben, auf dass auch ihnen ihre Schuld vergeben werde. Und er wiederholt diesen Gedanken viele Male.

Folglich muss jeder Mensch im Gebete und bevor er eine Gabe bringt, allen vergeben. – Wie kann also ein Mensch, der seinem Glauben nach allen stets vergeben muss, andere richten und verdammen? Und daraus erkenne ich, dass, Christi Lehre nach, es keinen christlichen strafenden Richter geben kann.

Vielleicht aber erkennt man aus dem Zusammenhange, in welchem die Worte: richtet nicht und verdammet nicht, mit andern Worten stehen, dass Christus, wenn er an dieser Stelle sagt: richtet nicht, nicht an die menschlichen Gerichte gedacht hat? Dies ist jedoch auch nicht der Fall, im Gegentheil, es ist dem Zusammenhange der Rede nach klar, dass Christus, wenn er sagt: richtet nicht, gerade von den Gerichten und Verfassungen spricht. Nach Matth. und Luk., bevor er ausspricht: richtet nicht und verdammet nicht, sagt er: widerstrebet nicht dem Uebel, ertraget das Böse, thut Gutes allen. Und vor diesen Worten wiederholt er, nach Matth., die Worte des jüdischen Kriminalgesetzes: Aug' um Auge, Zahn um Zahn. Und nachdem er sich also auf das Kriminalgesetz berufen, sagt er: Ihr aber thuet nicht so, sondern widerstrebet nicht dem Uebel, und dann erst sagt er: richtet nicht. Christus spricht also gerade vom menschlichen Kriminalgesetz und gerade dieses ist es, das er mit den Worten: richtet nicht, verwirft.

Ausserdem sagt er, nach Lukas, nicht nur: richtet nicht, sondern: richtet nicht und verdammet nicht. Die Hinzufügung dieses Worts, das beinahe denselben Sinn hat, muss doch etwas bedeuten. Die Hinzufügung dieses Wortes kann nur einen Zweck haben: die Erläuterung des Sinnes, in dem jenes erste Wort zu verstehen ist.

Wenn er hätte sagen wollen: richtet nicht euren Nächsten, dann hätte er letzteres Wort hinzugefügt Er aber fügt ein Wort hinzu, welches heisst: verdammet nicht. Und nach diesem spricht er: so werdet ihr nicht verdammt werden; vergebet allen, so wird auch euch vergeben werden.

Vielleicht aber hat Christus dennoch nicht an die Gerichte gedacht, indem er das sagte, und ich finde meinen eigenen Gedanken in seinen Worten, die eine ganz andere Bedeutung haben? –

Ich forsche danach, wie die ersten Jünger Christi, die Apostel, auf die menschlichen Gerichte sahen, ob sie dieselben anerkannt und gutgeheissen haben?

Im Kap. 4, 11–12, spricht der Apostel Jakobus: Afterredet nicht unter einander, lieben Brüder. Wer seinem Bruder afterredet und urtheilet seinen Bruder, der afterredet dem Gesetz und urtheilet das Gesetz. Urtheilest du aber das Gesetz, so bist du nicht ein Thäter des Gesetzes, sondern ein Richter. – Es ist ein einiger Gesetzgeber, der kann selig machen und verdammen. Wer bist du, der du einen anderen urtheilest?

Das Wort, das mit dem Worte afterreden wiedergegeben ist, heisst καταλαλέω. Ohne im Lexikon nachzuschlagen kann man sehen, dass dieses Wort beschuldigen bedeutet. Und das bedeutet es auch, wovon jeder sich überzeugen kann, indem er im Wörterbuch nachschlägt. Es ist übersetzt: wer seinem Bruder afterredet, der afterredet dem Gesetz. Und unwillkürlich entsteht die Frage: weshalb? – Wenn ich noch so sehr meinem Bruder afterrede, so afterrede ich doch nicht dem Gesetz; wenn ich aber meinen Bruder durch das Gericht beschuldige und richte, so ist es augenscheinlich, dass ich dadurch das Gesetz Christi beschuldige, καταλαλέω ich erachte Christi Gesetz für unzulänglich und beschuldige und richte das Gesetz. Dann ist es klar, dass ich sein Gesetz nicht erfülle und mich selbst zum Richter aufwerfe. Der Richter aber, sagt der Apostel, ist derjenige, der erretten kann. Wie kann denn ich, der ich nicht im Stande bin zu erretten, Richter sein und strafen?

Diese ganze Stelle spricht vom menschlichen Gerichte und verwirft es. Die ganze Epistel ist von diesem Gedanken durchdrungen. In derselben Epistel Jakobi (Kap. 2, 1–13) heisst es: 1. Lieben Brüder, haltet nicht dafür, dass der Glaube an Jesum Christum, unsern Herrn der Herrlichkeit, Ansehen der Person leide. 2. Denn so in eure Versammlung käme ein Mann mit einem goldenen Ringe und mit einem herrlichen Kleide, es käme aber auch ein Armer in einem unsauberen Kleide; 3. Und ihr sähet auf den, der das herrliche Kleid trägt, und sprächet zu ihm: setze du dich her aufs beste; und sprächet zu dem Armen: stehe du dort oder setze dich her zu meinen Füssen; 4. Und bedenket es nicht recht, sondern ihr werdet Richter, und machet bösen Unterschied. 5. Höret zu, meine lieben Brüder, hat nicht Gott erwählet die Armen auf dieser Welt, die am Glauben reich sind und Erben des Reichs, welches er verheissen hat denen, die ihn lieb haben? 6. Ihr aber habt dem Armen Unehre gethan. Sind nicht die Reichen die, die Gewalt an euch üben und ziehen euch vor Gericht? 7. Verlästern sie nicht den guten Namen, davon ihr genennet seid? 8. So ihr das königliche Gesetz vollendet nach der Schrift: liebe deinen Nächsten als dich selbst, so thut ihr wohl. (Lev. 19, 18.) 9. So ihr aber die Person ansehet, thut ihr Sünde und werdet gestraft vom Gesetz, als die Uebertreter. 10. Denn so jemand das ganze Gesetz hält und sündiget an Einem, der ist es ganz schuldig. 11. Denn der da gesagt hat: du sollst nicht ehebrechen, der hat auch gesagt: du sollst nicht tödten. So du nun nicht ehebrichst, tödtest aber, bist du ein Uebertreter des Gesetzes. (Levit. 28, 17–25). 12. Also redet und also thut, als die da sollen durch das Gesetz der Freiheit gerichtet werden. 13. Es wird aber ein unbarmherziges Gericht über den gehen, der nicht Barmherzigkeit gethan hat; und die Barmherzigkeit rühmet sich wider das Gericht. (Die letzten Worte: die Barmherzigkeit rühmet sich wider das Gericht, sind oft auch folgendermaassen übersetzt worden: die Barmherzigkeit wird im Gerichte verkündigt, und wurden in dem Sinne angeführt, dass ein christliches Gericht bestehen könne, dass es aber barmherzig sein müsse.)

Jakobus ermahnt die Brüder keinerlei Unterschied zwischen den Menschen zu machen. Wenn ihr einen Unterschied macht, so διακρίνετε, so werdet ihr Richter und machet bösen Unterschied. Ihr habt entschieden, der Arme sei schlechter als der Reiche. Der Reiche aber ist im Gegentheil der Schlechtere. »Sind nicht die Reichen die, die Gewalt an euch üben und ziehen euch vor Gericht?« So ihr nach dem Gesetze der Nächstenliebe, nach dem Gesetze der Barmherzigkeit lebt (welches Jakobus zum Unterschiede von dem andern das »königliche« nennt), so thut ihr wohl. So ihr aber die Person ansehet und Unterschiede macht, so werdet ihr zu Verbrechern an dem Gesetze der Barmherzigkeit. Und im Hinblick wahrscheinlich auf das Beispiel der Ehebrecherin, die zu Christus gebracht ward, auf dass sie nach dem Gesetze gesteinigt werde, oder auf das Verbrechen des Ehebruchs überhaupt, sagt Jakobus, dass derjenige der die Ehebrecherin mit dem Tode strafen würde, sich des Todtschlages schuldig machen und das ewige Gesetz übertreten würde. Denn dieses ewige Gesetz verbietet den Ehebruch und verbietet den Todtschlag. Er sagt: und also redet und also thut als die da sollen durch das Gesetz der Freiheit gerichtet werden. Denn es giebt keine Barmherzigkeit für den, der nicht selbst barmherzig ist und deshalb hebt die Barmherzigkeit das Gericht auf.

Wie könnte das noch klarer, noch bestimmter ausgedrückt werden; jeder Unterschied zwischen den Menschen, jedes Richten dessen, dass dieser gut und jener schlecht sei, wird verboten; es wird gerade auf das menschliche Gericht hingewiesen, welches unzweifelhaft schlecht ist, es wird gezeigt, dass dieses Gericht selbst verbrecherisch sei, indem es Verbrechen strafe, und dass folglich das Gericht von selbst zu nichte werde durch das Gesetz Gottes – die Barmherzigkeit.

Ich lese die Epistel des Apostels Paulus, der durch die Gerichte gelitten, und gleich im 1. Kap. an die Römer lese ich seine Ermahnung an die Römer über alle ihre Laster und Verirrungen; darunter auch über ihre Gerichte: 32. Die Gottes Gerechtigkeit wissen (dass, die solches thun, des Todes würdig sind) thun sie es nicht allein, sondern haben auch Gefallen an denen, die es thun.

Kap. 2, 1–11. 1. Darum, o Mensch, kannst du dich nicht entschuldigen, wer du bist, der da richtet; denn worinnen du einen andern richtest, verdammest du dich selbst; sintemal du eben dasselbige thust, das du richtest. 2. Denn wir wissen, dass Gottes Urtheil ist recht über die, so solches thun. 3. Denkest du aber, o Mensch, der du richtest die, so solches thun, und thust auch dasselbige, dass du dem Urtheil Gottes entrinnen werdest? 4. Oder verachtest du den Reichthum seiner Güte, Geduld und Langmüthigkeit? Weisst du nicht, dass dich Gottes Güte zur Busse leitet?

Der Apostel Paulus sagt: sie kennen das gerechte Gericht Gottes und handeln selber ungerecht und lehren die anderen desgleichen thun, und deshalb kann man den Menschen, der da richtet, nicht rechtfertigen.

Solche Beziehungen zu den Gerichten finde ich in den Episteln der Apostel; in ihrem Leben jedoch, wie wir alle wissen, erschienen ihnen die menschlichen Gerichte als jenes Böse und jenes Uebel, das man mit Festigkeit und mit Ergebenheit in Gottes Willen ertragen müsse.

Wenn man in seinen Gedanken die Vorstellung von der Lage der ersten Christen inmitten der Heiden wachruft, wird jeder leicht begreifen, dass es den Christen nicht in den Sinn kommen konnte die Gerichte der durch menschliche Gesetze Verfolgten zu verbieten. Nur gelegentlich konnten sie dieses Uebel berühren, indem sie dessen Grundlage verwarfen, wie sie es auch noch thun.

Ich wende mich an die Kirchenlehrer der ersten Jahrhunderte und sehe, dass sie alle stets ihre Lehre, die sich von allen anderen Lehren unterschied, dadurch feststellen, dass sie keinen zu etwas zwangen, keinen richteten (Athenagoras, Origenes), keinen tödteten, sondern nur die Martern ertrugen, die ihnen von den menschlichen Gerichten auferlegt wurden. Alle Märtyrer haben dasselbe durch die That bekannt.

Ich sehe, dass die ganze Christenheit bis Konstantin nie anders auf die Gerichte gesehen hat, als auf ein Uebel, das man geduldig ertragen müsse, dass es aber keinem einzigen Christen aus jener Zeit in den Sinn kommen konnte, ein Christ könne sich am Gerichte betheiligen.

Ich sehe, dass Christi Worte: richtet nicht und verdammet nicht, von seinen ersten Jüngern ebenso aufgefasst worden sind, wie ich sie jetzt, in ihrer geraden Bedeutung auffasste: richtet nicht in den Gerichten – nehmet nicht theil an Gerichten.

Alles bestätigte unzweifelhaft meine Ueberzeugung, dass die Worte »richtet nicht und verdammet nicht« heissen sollen: richtet nicht in Gerichten; die Erklärung jedoch, dass sie bedeuten sollen: verleumdet nicht euren Nächsten, ist eine so allgemein angenommene und die Gerichte gedeihen mit solcher Kühnheit und solchem Selbstbewußtsein in allen christlichen Staaten, sich sogar auf die Kirche stützend, dass ich lange an der Richtigkeit meiner Auffassung zweifelte. Wenn alle Menschen so urtheilen und dennoch christliche Gerichte einsetzen konnten, so mussten sie doch irgend eine Begründung dafür haben, und da muss etwas sein, was du nicht verstehst – sagte ich zu mir. Es muss Gründe geben, nach denen diese Worte in dem Sinne der

Verleumdung aufgefasst werden, und es muss Gründe geben, auf die sich die Errichtung der christlichen Gerichte stützt.

Und ich wandte mich an die Erklärungen der Kirche. In allen diesen Erklärungen fand ich, vom 5. Jahrhundert an, dass es angenommen ist diese Worte in dem Sinne der Verdammung des Nächsten in Worten aufzufassen, d. h. als Verleumdung. Und da es angenommen ist diese Worte nur als Verdammung seines Nächsten in Worten zu verstehen, so entsteht die Schwierigkeit: wie soll man nicht verdammen? Es ist nicht möglich das Böse nicht zu verdammen. Und deshalb drehen sich alle Erklärungen um das, was man verdammen und um das, was man nicht verdammen soll. Es heisst, die Diener der Kirche können das nicht als Verbot des Richtens auffassen, da selbst die Apostel gerichtet haben (Johannes Ev., Chrysostomus und Theophylax). Es heisst, dass Christus mit diesen Worten wahrscheinlich auf die Juden hindeuten wollte, die ihren Nächsten der geringen Sünden beschuldigten und selbst grosse Sünden begingen.

Nirgends aber ist die Rede von menschlichen Einrichtungen, von Gerichten oder von den Beziehungen dieser Gerichte zu dem Verbote des Richtens. Verbietet Christus diese Gerichte oder gestattet er sie? – Auf diese natürliche Frage giebt es keine Antwort, als wäre es bereits zu augenscheinlich, dass, sobald ein Christ einen Platz im Gerichte eingenommen, er nicht nur seinen Nächsten nicht verdammen, sondern ihn auch nicht richten dürfe.

Ich wende mich an griechische, katholische, protestantische Schriftsteller, an die Schriftsteller der tübinger und historischen Schule. Von allen, selbst von den am freiesten denkenden Erläuterern werden diese Worte als Verbot des Verleumdens aufgefasst. Weshalb aber werden diese Worte, im Gegensatz zu der ganzen Lehre Christi, in so engem Sinne aufgefasst, dass das Verbot des Richtens das Verbot der Gerichte ausschliesst? Warum wird angenommen, dass Christus, indem er das Verdammen des Nächsten, das einem unwillkürlich entschlüpft, als eine schlechte That verbietet, ein eben solches Verdammen, das bewusst und mit Gewaltthätigkeit gegen den Beschuldigten ausgeführt wird, nicht als eine schlechte That ansieht und es nicht verbietet? Darauf giebt es keine Antwort und nicht die geringste Andeutung darüber, dass man unter diesem Verdammen auch dasjenige Verdammen verstehen könne, welches in den Gerichten stattfindet und worunter Millionen von Menschen zu leiden haben. Mehr als das – um dieser Worte willen: richtet nicht und verdammet nicht, wird dieses grausamste Verfahren der gerichtlichen Verdammung sorgfältig umgangen und sogar entschuldigt. Die Ausleger, Theologen, sprechen davon, dass Gerichte in christlichen Staaten bestehen müssen und dass sie dem Gesetze Christi nicht entgegen sind.

Als ich dies bemerkte, zweifelte ich bereits an der Aufrichtigkeit dieser Auslegungen und machte mich an die Uebersetzung selbst der Worte »richtet« und »verdammet«; ich that also das, womit ich hätte beginnen sollen.

Im Original sind dies die Worte κρίνω und καταδικάζω. Die falsche Uebersetzung des Wortes καταλαλέω in der Epistel Jakobi, wo es durch das Wort afterreden wiedergegeben ist, bestätigte meinen Zweifel an der Richtigkeit des Ausdrucks. Ich forsche danach, wie im Evangelium die Worte κρίνω und καταδικάζω in verschiedenen Sprachen übersetzt sind, und finde, dass in der Vulgata das Wort verdammen durch condemnare wiedergegeben ist, ebenso heisst es im Französischen und im Slavischen heisst es ossuchdaite. Bei Luther steht das Wort »verdammen«, weiches einen andern Sinn hat.

Die Verschiedenheit dieser Uebersetzungen verstärkt noch meine Zweifel und ich steile mir die Frage: was bedeutet und was kann das griechische Wort κρίνω und das Wort καταδικάζω bedeuten, das der Evangelist Lukas gebraucht, der, nach dem Urtheile der Kenner, ein ziemlich gutes Griechisch geschrieben hat. Wie würde jemand, der nichts von der Lehre des Evangeliums und dessen Erläuterungen weiss und der nur dies eine Wort vor sich hätte, dieses Wort übersetzen?

Ich forsche im allgemeinen Wörterbuch und finde, dass das Wort κρίνω viele verschiedene Bedeutungen hat und darunter die ausserordentlich gebräuchliche Bedeutung gerichtlich verurtheilen, tödten sogar, nie aber die Bedeutung verleumden. Im Lexikon des neuen Testaments nachschlagend, finde ich, dass dieses Wort im neuen Testament oft in dem Sinne gerichtlich verurtheilen gebraucht wird. Zuweilen hat es die Bedeutung auslosen, nie aber die Bedeutung verleumden. Und so sehe ich, dass das Wort κρίνω verschieden übersetzt werden kann, dass aber eine Uebersetzung, die ihm die Bedeutung verleumden beilegt, die entfernteste und unerwartetste ist. Ich forsche nach dem Worte καταδικάζω, das sich an das Wort κρίνω anschliesst, welches so viele Bedeutungen hat, augenscheinlich um die Bedeutung festzustellen, in welcher das erste Wort vom Schreibenden gebraucht wird. Ich forsche nach dem Worte καταδικάζω im allgemeinen Wörterbuch und finde, dass dieses Wort nie eine andere Bedeutung hat, als die: gerichtlich zu Strafe verurtheilen oder tödten. Ich forsche im Wörterbuch des neuen Testaments und finde, dass dies Wort im neuen Testament viermal angewendet ist und jedesmal in dem Sinne verurtheilen, tödten. Ich forsche in den Kontexten und finde, dass dieses Wort in der Epistel Jakobi Kap. 5, 6 angewendet ist, wo es heisst: ihr habt verurtheilet den Gerechten und getödtet. Das Wort verurtheilen, dasselbe Wort καταδικάζω ist auf Christus angewandt, den man gerichtet hat.

– Anders, in einem anderen Sinne, wird dies Wort nie, weder im neuen Testament noch in irgend einer griechischen Sprache gebraucht.

Was war denn das? So weit war ich zum Narren geworden? – Mir, so gut wie jedem von uns, der in unserer Gesellschaft lebte, musste, sobald wir über das Schicksal der Menschen nachdachten, grauen vor jenen Qualen und jenem Bösen, das die menschlichen Kriminalgerichte in das Leben des Menschen bringen: Böses für die Gerichteten und Böses für die Richtenden – von den Hinrichtungen des Tschingis-Chan und der französischen Revolution bis zu den Todesstrafen unserer Tage.

Keinem Menschen von Gemüth ist jener Eindruck des Grauens und des Zweifels am Guten fremd geblieben beim Erzählen allein – ich spreche schon gar nicht vom Anblick der Strafen, die ein Mensch an einem andern Menschen vollzieht: das Spiessruthenlaufen bis zum Tode, die Guillotine, der Galgen.

Im Evangelium, von dem wir jegliches Wort heilig halten, heisst es offen und klar: ihr hattet ein Kriminalgesetz: Zahn um Zahn; ich aber gebe euch ein neues Gesetz: widerstrebet nicht dem Uebel; erfüllet alle dies Gebot: vergeltet nicht Böses mit Bösem, sondern thut stets und allen Gutes und vergebet allen.

Und weiter heisst es geradezu: richtet nicht. Und auf dass ein Missverständniss über die Bedeutung dieser Worte unmöglich sei, ist hinzugefügt: verurtheilet nicht durch die Gerichte zu Strafen.

Mein Herz sagt klar und vernehmlich: strafet nicht; je mehr ihr strafet, umsomehr Böses geschieht. Die Vernunft sagt: strafet nicht; durch Böses kann man nicht Böses verhüten. Gottes Wort, an das ich glaube, sagt dasselbe. Und ich lese die ganze Lehre, lese diese Worte: richtet nicht und ihr werdet nicht gerichtet werden; verdammet nicht und ihr werdet nicht verdammt werden; vergebt und euch wird vergeben werden; ich bekenne, dass es Gottes Worte sind, und sage, dass sie bedeuten, man solle nicht klatschen und verleumden, und fahre fort die Gerichte für christliche Institutionen zu halten und mich selbst als Richter und Christen anzusehen. – Und ich erschrak vor dem groben Irrthum, in dem ich mich befand. –

# IV.

[Christi Lehre von den Gläubigen als unerreichbares Ideal,
als Wahn von den Ungläubigen aufgefasst.]

Ich begriff jetzt was Christus sagt, wenn er spricht: ihr habt gehöret, dass da gesagt ist: Aug' um Auge, Zahn um Zahn. Ich aber sage euch: widerstrebet nicht dem Uebel, sondern ertraget es. – Christus sagt: es ist euch eingeprägt und ihr seid gewohnt das für gut und vernünftig anzuerkennen, dass man sich mit Gewalt gegen das Uebel wehre und Aug' um Auge ausreisse, dass man Kriminalgerichte, Polizei und Armeen einsetze um sich gegen den Feind zu schützen. Ich aber sage euch: brauchet keine Gewalt, nehmet nicht theil an Gewaltthaten, thut niemandem Böses, selbst denen nicht, die ihr eure Feinde nennt.

Ich begriff jetzt, dass Christus im Gesetze des Nichtwiderstrebens dem Uebel nicht nur darüber spricht was für jeden unmittelbar aus dem Nichtwiderstreben dem Uebel entstehen würde, sondern dass er, im Gegensatz zu jenem Gesetze, welchem sich, nach Moses und nach dem römischen Rechte, das Volk zu seiner Zeit unterwarf und nach welchem, verschiedenen Gesetzbüchern nach, auch jetzt die Menschheit lebt, den Grundsatz des Nichtwiderstrebens dem Uebel aufstellt, einen Grundsatz, der, seiner Lehre nach, die Basis des Lebens der Menschen miteinander sein und die Menschheit von dem Uebel befreien soll, das sie sich selbst bereitet. Er sagt: ihr glaubt dass eure Gesetze das Uebel verbessern; sie aber vergrössern es blos. Es giebt nur einen Weg das Uebel zu verhindern, – das ist: Böses mit Gutem zu vergelten, Gutes zu thun allen, ohne jeglichen Unterschied. Ihr habt tausende von Jahren nach jenem Gesetze zu leben versucht, – versuchet nun das meinige, das entgegengesetzte zu befolgen.

Es ist merkwürdig! In der letzten Zeit habe ich oft Gelegenheit gehabt mit den verschiedenartigsten Menschen über dieses Gesetz Christi von dem Nichtwiderstreben dem Uebel zu sprechen. Und wenn auch selten, so habe ich dennoch Leute gefunden, die mit mir übereinstimmten. Zwei Arten Leute aber sind es, welche selbst nicht im Prinzip eine einfache, gerade Auffassung dieses Gesetzes zugeben und die Gerechtigkeit des Widerstrebens dem Uebel lebhaft vertheidigen. Das sind jene Leute der zwei äussersten Pole: die patriotisch-konservativen Christen, die ihre Kirche als die einzig wahre ansehen, und die revolutionären Atheisten. Weder die einen noch die andern wollen dem Rechte entsagen mit Gewalt dem zu widerstreben, was sie für das Uebel halten. Und selbst die klügsten und gelehrtesten unter ihnen wollen durchaus nicht jene einfache, augenscheinliche Wahrheit einsehen, dass, sobald man zugiebt, ein

Mensch dürfe sich mit Gewalt dem widersetzen, was er für ein Uebel ansieht, ein anderer gleichfalls sich mit Gewalt dem widersetzen darf, was er seinerseits für ein Uebel hält. Unlängst hatte ich einen in dieser Hinsicht belehrenden Briefwechsel zwischen einem orthodoxen Slavophilen und einem christlichen Revolutionär in Händen. Der eine vertheidigt die Gewaltthätigkeit des Krieges im Namen der unterdrückten Brüder, der Slaven, der andere die Gewaltthätigkeit der Revolution im Namen der unterdrückten Brüder, der russischen Bauern. Beide verlangen Gewaltthaten und beide stützen sich auf die Lehre Christi.

Alle fassen die Lehre Christi im verschiedenartigsten Sinne auf, nur nicht in dem geraden, einfachen Sinne, der unverkennbar seinen Worten entströmt

Wir haben unser ganzes Leben auf den Grundsätzen erbaut, die er verwirft, wir wollen seine Lehre nicht in ihrem einfachen, geraden Sinne verstehen und behaupten vor uns und vor den andern, entweder, dass wir uns zu seiner Lehre bekennen, oder dass diese seine Lehre für uns nicht taugt. Die sogenannten »Gläubigen« glauben, dass Gott-Christus, die zweite Person der Dreieinigkeit, zur Erde niedergestiegen ist um den Menschen ein Beispiel des Lebens zu geben, und erfüllen die komplizirtesten Handlungen, die zur Innehaltung der heiligen Sakramente, zur Errichtung von Kirchen, zur Sendung von Missionären, Einsetzung der Priester, Seelsorge der Gemeinde und Verbesserung des Glaubens erforderlich sind, – nur vergessen sie bei alledem einen geringen Umstand, sie vergessen das zu thun, was er gesagt hat. Die Nichtgläubigen dagegen versuchen auf allerhand Weise ihr Leben einzurichten, aber nicht nach dem Gesetze Christi, indem sie die Untauglichkeit desselben voraussetzen. Das aber zu thun, was er sagt, das will niemand versuchen. Abgesehen davon: bevor sie überhaupt versuchen danach zu handeln, nehmen die Gläubigen sowohl wie die Nichtgläubigen im voraus als entschieden an, dass solches unmöglich ist.

Christus sagt einfach und klar: jenes Gesetz des Widerstrebens dem Uebel mit Gewalt, das ihr als Grundsatz eures Lebens aufstellt, ist falsch und unnatürlich; und er giebt ein anderes Gesetz des Nichtwiderstrebens dem Uebel, welches seiner Lehre nach allein die Menschheit vom Uebel befreien kann. Er sagt: ihr glaubt, dass eure Gesetze der Gewalttätigkeit das Uebel vermindern: nein, sie vergrössern es. Ihr habt tausende von Jahren euch bemüht das Uebel durch das Uebel zu vernichten und habt es nicht vernichtet, sondern ihr habt es vergrößert. Thuet das was ich sage und thue und ihr werdet erkennen ob das wahr ist. – Und er sagt es nicht blos, sondern er erfüllt durch sein ganzes Leben und durch seinen Tod seine Lehre über das Nichtwiderstreben dem Uebel.

Die »Gläubigen« hören das alles an, lesen es; man liest es auch in den Kirchen und nennt es göttliche Worte; man nennt ihn Gott, sagt aber: das alles ist sehr schön, bei unseren Lebenseinrichtungen aber ist es unmöglich auszuführen; es würde unser ganzes Leben zerstören, wir aber sind an dasselbe gewöhnt und lieben es. Und deshalb glauben wir an alles das nur in dem Sinne, dass es ein Ideal ist, nach welchem die Menschheit streben soll, – ein Ideal, welches durch das Gebet und durch den Glauben an die Sakramente, an die Erlösung und die Auferstehung von den Todten erreicht wird. Die andern hingegen, die »Nichtgläubigen«, die freien Erläuterer der Lehre Christi, die Historiker der Religionen – Strauss, Renan u. a. – nachdem sie sich die kirchliche Erläuterung dessen vollständig zu eigen gemacht, dass die Lehre Christi gar keine direkte Anwendung auf das Leben hat, sondern eine schwärmerische Lehre ist, die schwachsinnigen Menschen zum Troste gereicht, sagen mit dem grössten Ernste, dass die Lehre Christi allerdings gut war um den wilden Bewohnern der Einöden von Galiläa gepredigt zu werden, uns aber erscheine sie, bei unserer Kultur, nur als ein lieblicher Wahn des »charmant docteur«, wie Renan sagt. Ihrer Meinung nach konnte Christus sich nicht zu der Höhe des Verständnisses all' der Weisheit unserer Zivilisation und Kultur emporschwingen. Stände er auf derselben hohen Stufe der Bildung, wie diese Gelehrten, so spräche er nicht jene lieblichen, unnützen Dinge über die Vögel des Himmels, über das Hinhalten des Backens und die Sorge blos um den heutigen Tag. Die gelehrten Historiker urtheilen über das Christenthum nach *dem* Christenthum, das sie in unserer Gesellschaft sehen. Nach dem Christenthum aber unserer Gesellschaft und unserer Zeit wird unser Leben mit seinen Einrichtungen, als da sind: Gefängnisse, Einzelhaft, Alkazare, Fabriken, Zeitungen, Bordelle und Parlamente, – als das wahre und heilige anerkannt und aus der Lehre Christi wird nur das genommen, was dieses Leben nicht stört. Da nun aber die Lehre Christi dieses ganze Leben verwirft, so wird aus der Lehre Christi nichts genommen als Worte. Die gelehrten Historiker sehen dies, und da sie nicht genöthigt sind es zu verheimlichen, wie die Scheingläubigen es thun, so unterwerfen sie gerade diese, jeglichen Inhalts baare Lehre Christi einer scharfsinnigen Kritik, verwerfen sie und bringen höchst wohlbegründete Beweise dafür an, dass das Christenthum nie etwas anderes gewesen ist als eine schwärmerische Idee.

Man sollte annehmen, dass es nothwendig wäre, bevor man die Lehre Christi beurtheilt, zu verstehen worin diese Lehre besteht. Und um zu entscheiden ob diese Lehre vernünftig sei oder nicht, müsste man zu allererst anerkennen, dass Christus das, was er gesagt hat, *wirklich* gesagt hat. Dieses aber thun wir eben nicht: die kirchlichen ebensowenig wie die freidenkenden Erläuterer. Und wir wissen sehr gut weshalb wir das nicht thun.

Wir wissen sehr wohl, dass die Lehre Christi immer wie auch jetzt jene menschlichen Irrthümer in ihre Verwerfung mit einbegriffen hat, jene »tohu«, jene Götzen, die wir unter dem Namen der Kirche, des Staates, der Kultur, der Wissenschaft, der Kunst, der Zivilisation aus der Reihe der Irrthümer zu retten vermeinen. Christus aber spricht gerade gegen diese, indem er gar keine »tohu« ausschliesst.

Nicht nur Christus, sondern auch alle hebräischen Propheten, Johannes der Täufer, alle wahren Weisen der Welt sprechen gerade über dieselbe Kirche, über denselben Staat, über dieselbe Kultur und dieselbe Zivilisation und nennen sie das Uebel und das Verderben der Menschen.

Nehmen wir an: der Baumeister sagt zum Hausbesitzer, Ihr Haus ist schlecht, Sie müssen es vollständig umbauen. Und dann wird er über die Einzelheiten sprechen, was für Balken dazu nothwendig sind, wie sie behauen und wohin sie gelegt werden müssen. Der Hausbesitzer wird die Erklärung, dass das Haus schlecht sei und umgebaut werden müsse, überhören und wird mit erheuchelter Achtung den Worten des Baumeisters über die weiteren Anordnungen und Einrichtungen im Hause lauschen. Augenscheinlich werden alle Rathschläge des Baumeisters untauglich erscheinen und der den Baumeister Missachtende wird diese Rathschläge geradezu einfältig nennen. Genau dasselbe geschieht in Beziehung auf die Lehre Christi.

Da ich keinen besseren Vergleich fand, habe ich diesen angewendet und erinnere dabei noch, dass Christus beim Predigen seiner Lehre eben denselben Vergleich aufgestellt hat. Er hat gesagt: ich werde euren Tempel zerstören und in drei Tagen einen neuen Tempel aufbauen. Und dafür ward er gekreuzigt. Und dafür kreuzigt man jetzt seine Lehre.

Das Geringste was man von Menschen verlangen kann, die irgend jemandes Lehre beurtheilen, ist, dass sie diese Lehre so verstehen, wie der Verkündiger derselben sie selbst aufgefasst hat. Und Christus fasste seine Lehre nicht als irgend ein entferntes Ideal der Menschheit auf, das zu erreichen eine Unmöglichkeit wäre, nicht als schwärmerische, poetische Phantasie, mit der er die einfältigen Einwohner von Galiläi bezaubern wollte, nein, er fasste seine Lehre auf als ein Werk, das die Menschheit erlöst, und er schwärmte nicht am Kreuze, sondern er schrie und starb für seine Lehre. Und so starben und sterben noch heute viele Menschen. Eine solche Lehre kann man nicht einen »Wahn« nennen.

Jede Lehre der Wahrheit ist ein Trugbild für den Verirrten. Wir sind dahin gelangt, dass es viele Menschen giebt (auch ich gehöre zu ihnen), die da sagen, diese Lehre sei eine schwärmerische, weil sie der menschlichen Natur nicht entspreche. Es ist, sagen sie, dem Menschen nicht eigen den andern Backen zu bieten, wenn man ihn auf den einen geschlagen hat; es ist ihm nicht eigen sein Eigenthum an Fremde wegzugeben; es ist ihm nicht eigen für andere und nicht für sich zu arbeiten. Es ist dem Menschen eigen, sagen sie, sich zu vertheidigen, die Sicherheit seiner Person und seiner Familie und sein Eigenthum zu schützen; mit andern Worten: es ist dem Menschen eigen für sein Dasein zu kämpfen. Der gelehrte Jurist beweist rechtskundig, dass die heiligste Pflicht des Menschen die Vertheidigung seines Rechtes ist, folglich der Kampf.

Jedoch man braucht sich nur auf einen Moment von dem Gedanken loszusagen, dass die bestehende, von den Menschen getroffene Einrichtung die allerbeste, die heiligste Einrichtung des Lebens sei, – und sofort kehrt sich der Ausspruch dessen, dass die Lehre Christi der menschlichen Natur nicht entspreche, gegen diejenigen, die solchen Ausspruch thun. Wer wird darüber streiten, dass nicht nur das Quälen und Tödten eines Hundes, eines Huhnes oder Kalbes der menschlichen Natur zuwider und qualvoll ist? (Ich kenne Leute, die von der Landwirthschaft leben und aufgehört haben Fleisch zu essen, weil sie gezwungen waren ihr Vieh selbst zu schlachten.) Und bei alledem ist unsere ganze Lebenseinrichtung eine derartige, dass jedes persönliche Glück eines Menschen durch das Leiden anderer Menschen erkauft wird, was doch der menschlichen Natur entgegen ist. Die ganze Einrichtung unseres Lebens, der ganze komplizirte Mechanismus unserer Einrichtungen, welche die Gewaltthätigkeit zum Zweck haben, zeugt davon, bis zu welchem Grade die Gewaltthätigkeit der menschlichen Natur zuwider ist. Kein Richter wird sich dazu entschliessen denjenigen, den er seinem Rechte nach, zum Tode verurtheilt hat, selbst mit dem Stricke zu erdrosseln. Kein Vorgesetzter wird sich entschliessen den Bauer seiner weinenden Familie zu entreissen und ihn ins Gefängniss zu sperren. Kein General oder Soldat wird ohne Disziplin, ohne Eid und Krieg hunderte von Türken, Franzosen oder Deutschen tödten und ihre Dörfer zerstören, ja sich auch nur entschliessen einen einzigen Menschen zu verwunden. Alles dies geschieht nur dank jener komplizirten Gesellschafts- und Staatsmaschine, deren Aufgabe darin besteht die Verantwortlichkeit der zu vollführenden Missethaten derart zu zersplittern, dass niemand die Widernatürlichkeit dieser Handlungen empfinde. Die einen schreiben die Gesetze, die andern wenden sie an, die dritten richten die Leute ab, indem sie ihnen die Gewohnheiten der Disziplin, d. h. der sinnlosen, stummen Unterwerfung, anerziehen, die vierten – eben diese abgerichteten Leute – begehen allerhand Gewalttaten, tödten sogar Menschen, ohne zu wissen warum und wozu. – Es braucht aber der Mensch nur auf einen Augenblick sich in Gedanken von diesem Netze weltlicher Einrichtungen, in dem er verwickelt, zu befreien, um zu erkennen was gegen seine Natur ist.

Wollen wir einfach die Behauptung aufheben, das gewohnte Uebel, das uns zu nutze kommt, sei eine unumstößliche göttliche Wahrheit, so wird uns sofort klar, *was* dem Menschen eigen ist: die Gewaltthätigkeit oder das Gesetz Christi?

Wissen, dass die Ruhe und Sicherheit meiner selbst und meiner Familie, dass alle meine Freuden und Vergnügungen erkauft werden durch Armuth, durch Verkommenheit und Leiden von Millionen – durch alljährliche Henkungen, Hunderttausende unglücklicher Gefangener, durch Millionen der Familie entrissener und durch Disziplin verdummter Soldaten und Polizisten, die meine Belustigungen mit ihren auf den Hungernden gerichteten Pistolen beschützen; jeden süssen Bissen, den ich mir oder meinen Kindern in den Mund lege, durch alle jene Leiden der Menschheit erkaufen, die zur Erlangung dieser süssen Bissen nothwendig sind: oder wissen, dass, welcher Bissen es auch sei, er nur dann der meinige ist, wenn ihn niemand braucht und niemand um seinetwillen leidet. – Man braucht nur einmal zu begreifen, dass es so ist, dass jede meiner Freuden, jeder Augenblick der Ruhe bei unserer Lebenseinrichtung durch Entbehrungen und Leiden Tausender, die mit Gewalt niedergehalten werden, erkauft wird; man braucht dies nur einmal zu begreifen um inne zu werden, was der ganzen menschlichen Natur eigen ist, d. h. nicht allein der thierischen, sondern auch der vernünftigen, sittlichen Natur des Menschen; man braucht nur Christi Gesetz in seiner ganzen Bedeutung, mit allen seinen Folgen zu verstehen um zu begreifen, dass nicht nur die Lehre Christi der menschlichen Natur nicht entgegen ist, sondern dass diese Lehre gerade darin besteht, die der menschlichen Natur zuwiderlaufende, trügerische Lehre der Menschen über das Widerstreben dem Uebel, das unser Leben zu einem unglücklichen macht, zu verwerfen.

Christi Lehre über das Nichtwiderstreben dem Uebel – ein Wahn! – Das aber, dass das Leben der Menschen, in deren Seele Mitleid und Liebe zu einander gelegt ist, bestand und besteht: für die einen in Errichtung von Scheiterhaufen, in Peitschenhieben, Rädern, Spiessruthenlaufen, Aufreissen der Nasenlöcher, Foltern, Ketten, Galeeren, Galgen, Erschiessungen, Zuchthäusern für Frauen und Kinder, in Kriegen, in denen tausende von Menschen hingeschlachtet werden, in periodischen Revolutionen mit all' ihren Sehrecknissen; – für die andern in der Ausführung all' dieser Gräuelthaten und für die dritten darin solche Leiden zu verhindern und dieselben zu rächen – ein solches Leben ist kein Wahn!

Es genügt Christi Lehre zu begreifen um zu erkennen, dass die Welt, nicht *die* Welt, die Gott dem Menschen zur Freude gegeben, sondern jene Welt, wie sie der Mensch zu seinem eignen Verderben geschaffen, ein Wahn ist und zwar der unsinnigste, der schrecklichste Wahn, der Traum eines Verrückten, aus dem man nur einmal zu erwachen braucht um nie wieder seinen Schrecken zu verfallen.

Gott ist zur Erde niedergestiegen, Gottes Sohn – die eine Person der heiligen Dreieinigkeit – ist zum Menschen geworden, hat Adams Sünde gebüsst; dieser Gott, so lehrte man uns denken, musste etwas geheimnissvoll-mystisches sagen, etwas, was schwer zu verstehen ist, was nur mit Hilfe des Glaubens und der Gnade zu verstehen möglich, und plötzlich sind die Worte Gottes so einfach, so klar, so verständlich. Gott sagt einfach: thuet nichts Böses einer dem andern, so wird kein Böses in der Welt sein. Ist wirklich Gottes Offenbarung so einfach? Hat Gott wirklich nur das gesagt? Uns scheint als wüssten wir das alle. Es ist so einfach.

Der Prophet Elias, als er die Menschen floh, verbarg sich in einer Höhle und es ward ihm offenbart, dass Gott ihm am Eingange der Höhle erscheinen würde. Es entstand ein Sturm, Bäume brachen. Elias glaubte, das sei Gott, und blickte hin, aber Gott war nicht da. Dann brach ein Gewitter herein, schrecklich waren Donner und Blitz; Elias ging hin um hinauszuschauen, ob Gott nicht da wäre, aber Gott war nicht da. Darauf entstand ein Erdbeben, Feuer entströmte der Erde, Felsen krachten, Berge stürzten ein; Elias sah hinaus, aber Gott war nicht da. Danach ward es still und ein leichter Wind strich über die erfrischten Fluren. Elias blickte hinaus: und Gott war da. – So sind auch diese einfachen Worte Gottes: widerstrebet nicht dem Uebel. Sie sind sehr einfach, in ihnen aber ruht das Gesetz Gottes und der Menschen, das einzige und ewige.

Dieses Gesetz ist in solchem Grade ewig, dass, wenn auch in der Geschichte ein Fortschritt sichtbar ist zur Verhütung des Uebels, er doch nur stattgefunden hat dank jenen, die Christi Lehre so aufgefasst, das Uebel ertragen und sich ihm nicht mit Gewalt widersetzt haben. Das Vorwärtsschreiten der Menschen zum Guten wird nicht durch die Marternden bewirkt, sondern durch die Gemarterten. Gleichwie Feuer nicht Feuer löscht, so kann Böses nicht Böses ersticken. Nur das Gute, wenn es auf das Böse stösst und von diesem nicht angesteckt wird, besiegt das Böse. Dieses ist in der Seelenwelt des Menschen ein ebenso unwandelbares Gesetz, wie das Gesetz Galileis, nur noch unumstösslicher, noch klarer und vollkommener. Die Menschen können von ihm abweichen, es vor andern verbergen, dennoch aber kann die Bewegung der Menschheit zum Heile nur auf diesem Wege erreicht werden. Jeder Schritt vorwärts ist nur im Namen des Nichtwiderstrebens dem Uebel geschehen. Und ein Schüler Christi kann mit grösserer Sicherheit als Galilei angesichts aller möglichen Lockungen und Drohungen behaupten: »Und dennoch, nicht durch Gewalt, nur durch das Gute

werdet ihr das Böse vernichten.« Und wenn diese Bewegung eine langsame ist, so ist
es nur, weil die Klarheit, die Einfachheit, die Verständigkeit, die Unvermeidlichkeit
und Verpflichtung der Lehre Christi den meisten Menschen verborgen wird, verborgen auf die schlaueste und gefährlichste Weise, unter einer fremden Lehre, die irrtüm-
lich mit dem Namen der Lehre Christi bezeichnet wird.

<h1 style="text-align:center">V.</h1>

[Gegensatz der christlichen und jüdischen Sittenlehre.
Christus hebt das Gesetz Mosis auf. – Textkritik. – Logische Kritik.
»Aug' um Auge, Zahn um Zahn«, das jüdische Moralprinzip.]

Alles bestätigte die Richtigkeit des mir offenbar gewordenen Sinnes der Lehre
Christi. Dennoch konnte ich mich lange nicht an den eigenthümlichen Gedanken ge-
wöhnen, dass nach einem 1800 Jahre langen Bekennen des Gesetzes Christi von Milliarden von Menschen, nachdem Tausende von Leuten ihr Leben dem Ergründen dieses Gesetzes gewidmet, ich jetzt plötzlich das Gesetz Christi als etwas Neues entdecken
musste. Wie sonderbar dies jedoch auch sein mochte, es war so; Christi Lehre über das
Nichtwiderstreben dem Uebel erstand vor mir als etwas ganz Neues, wovon ich bisher
nicht den geringsten Begriff gehabt. Und ich fragte mich: woher konnte das kommen?
Es musste in mir irgend eine irrthümliche Vorstellung über die Bedeutung der Lehre
Christi gewesen sein, die mich das Wahre zu erkennen verhinderte. Und diese eigenthümliche Auffassung war da.

Als ich das Evangelium zu lesen begann, befand ich mich nicht in der Lage eines
Menschen, der über die Lehre Christi nie etwas vernommen und plötzlich zum ersten
Mal von ihr hört, sondern ich trug in mir bereits eine ganze fertige Theorie darüber,
wie ich diese Lehre zu verstehen hatte. Christus erschien mir nicht als ein Prophet, der
mir ein göttliches Gesetz verkündet, sondern als ein Ergänzer und Erläuterer des mir
bereits bekannten, unzweifelhaften Gesetzes Gottes. Ich besass bereits eine vollständige, bestimmte und sehr komplizirte Lehre von Gott, von der Erschaffung der Welt
und des Menschen und von Gottes, den Menschen durch Moses verkündeten Geboten.

Im Evangelium stiess ich auf die Worte: ihr habt gehört, dass da gesagt ist »Aug' um
Auge, Zahn um Zahn«; ich aber sage euch, dass ihr nicht widerstreben sollt dem Uebel.
Die Worte »Aug' um Auge und Zahn um Zahn« waren ein Gebot, das Gott Moses

35

gegeben. Die Worte: »ich aber sage euch, dass ihr nicht widerstreben sollt dem Uebel oder dem Bösen«, waren ein neues Gesetz, welches das vorhergehende aufhob.

Wenn ich mich zu Christi Lehre unbefangen verhalten hätte, ohne jene theologische Theorie, die ich mit der Muttermilch eingesogen, hätte ich den einfachen Sinn der einfachen Worte Christi einfach aufgefasst. Ich hätte verstanden, dass Christus das alte Gesetz aufhebt und dagegen sein neues Gesetz giebt. Mir war aber eingeprägt, dass Christus das Gesetz Mosis nicht aufhebt, sondern es im Gegentheil bis auf den kleinsten Strich, bis auf ein Jota bestätigt und ergänzt Die Verse Matth. 5, 17–23, in denen dies gesagt wird, waren mir stets bei meinem früheren Lesen des Evangeliums durch ihre Unbegreiflichkeit aufgefallen und hatten in mir Zweifel erregt. So weit ich damals das alte Testament, namentlich die letzten Bücher Mosis kannte, in denen so kleinliche, sinnlose und oft grausame Regeln aufgestellt sind, bei deren jeglicher gesagt ist: »und Gott sprach zu Moses«, wunderte es mich, dass Christus dieses ganze Gesetz bestätigen konnte, und unbegreiflich war mir, weshalb er es gethan. Ich liess aber damals diese Frage ohne sie zu lösen. Ich nahm auf Treu und Glauben die mir von Kindheit auf eingeprägte Erklärung an: dass beide Gesetze Erzeugnisse des heiligen Geistes sind, dass beide übereinstimmen, dass Christus das Gesetz Mosis bestätigt, vervollständigt und ergänzt hat. Wie diese Ergänzung vor sich geht, wie jene Widersprüche gelöst werden, die im Evangelium selbst in die Augen fallen, in den Versen 17–20 sowohl wie in den Worten, »ich aber sage euch« – darüber habe ich mir nie klar Rechenschaft abgelegt. Jetzt aber, nachdem ich den einfachen und geraden Sinn der Lehre Christi erkannt, habe ich begriffen, dass diese zwei Gesetze einander widersprechen und dass von einer Uebereinstimmung derselben oder einer Ergänzung des einen durch das andere keine Rede sein kann, dass es also unumgänglich ist eines von den zweien anzunehmen und dass die Erklärung der Verse Matth. 5, 17–23, die mir auch früher durch ihre Unbegreiflichkeit aufgefallen, eine falsche sein muss. –

Und nachdem ich abermals die Verse 17–19 durchgelesen, dieselben Verse, die mir stets so unklar erschienen, war ich erstaunt über den einfachen, klaren Sinn, der sich mir in ihnen plötzlich kund gab.

Dieser Sinn that sich mir nicht dadurch auf, dass ich irgend etwas, hinzugedacht oder verschoben hätte, sondern blos dadurch, dass ich jene künstliche Erklärung verwarf, die sich an diese Stelle schloss.

Christus sagt Matth. 5, 17–19: »Ihr sollt nicht wähnen, dass ich gekommen bin, das Gesetz oder die Propheten aufzulösen. Ich bin nicht gekommen aufzulösen, sondern zu erfüllen. Denn ich sage euch: wahrlich, bis dass Himmel und Erde zergehe, wird nicht zergehen der kleinste Buchstabe, noch ein Titel vom Gesetz, bis dass es alles geschehe. Wer nun eins von diesen kleinsten Geboten auflöset, und lehret die Leute also, der wird der Kleinste heissen im Himmelreich; wer es aber thut und lehret, der wird gross heissen im Himmelreich.« Und der 20. Vers fügt hinzu: »Denn ich sage euch: es sei denn eure Gerechtigkeit besser, denn der Schriftgelehrten und Pharisäer, so werdet ihr nicht in das Himmelreich kommen.« Christus sagt: ich bin nicht gekommen um das ewige Gesetz aufzulösen, zu dessen Erfüllung eure Bücher und Propheten geschrieben sind, sondern ich bin gekommen um die Erfüllung des ewigen Gesetzes zu lehren; ich spreche aber nicht von jenem, eurem Gesetz, das eure Lehrer, die Pharisäer, das Gesetz Gottes nennen, sondern ich spreche von dem ewigen Gesetze, welches weniger denn Himmel und Erde der Veränderung unterworfen ist.

Ich drücke denselben Gedanken mit anderen Worten nur deshalb aus, um den Gedanken von der gewohnten irrigen Erklärung loszureissen. Wäre nicht diese falsche Auffassung, so konnte dieser Gedanke gar nicht genauer und besser ausgedrückt werden, als er es in diesen Versen ist.

Die Erklärung, dass Christus das Gesetz nicht verwirft, gründet sich darauf, dass dem Worte »Gesetz« an dieser Stelle, dank dem Vergleiche mit dem Jota eines geschriebenen Gesetzes, ohne jegliche Begründung und dem Sinne der Worte entgegen die Bedeutung des geschriebenen Gesetzes – anstatt des ewigen Gesetzes, beigelegt ist. Christus spricht aber nicht vom geschriebenen Gesetze. Wenn Christus an dieser Stelle vom geschriebenen Gesetze spräche, so würde er den gewohnten Ausdruck »das Gesetz und die Propheten« gebrauchen, denselben, den er immer anwendet, wenn er vom geschriebenen Gesetze spricht; hier aber gebraucht er einen ganz andern Ausdruck: »das Gesetz *oder* die Propheten«. Wenn Christus vom geschriebenen Gesetze gesprochen hätte, so hätte er auch im folgenden Verse, der eine Fortsetzung desselben Gedankens bildet, die Worte: »das Gesetz und die Propheten« angewendet und nicht das Wort »Gesetz« allein, wie es in diesem Verse steht. Ueberdies gebraucht Christus dieselbe Bezeichnung im Evangelium Luk. in einer derartigen Verbindung, dass diese Bedeutung bereits ganz zweifellos wird. In Luk. Kap. 16 V. 15 spricht Christus zu den Pharisäern, die da glaubten, die Gerechtigkeit läge im geschriebenen Gesetze: »Ihr seid es, die ihr euch selbst rechtfertiget vor den Menschen, aber Gott kennet eure Herzen, denn was hoch ist unter den Menschen, das ist ein Greuel vor Gott.« Vers 16: »Das Gesetz und die Propheten weissagen bis auf Johannem; und von der Zeit an wird das Reich Gottes durch das Evangelium gepredigt, und jedermann dringet mit Gewalt hinein.« Und hierselbst, gleich darauf, Vers 17, sagt er: »Es ist aber leichter, dass Himmel und Erde vergehen, denn dass ein Titel vom Gesetz falle.« Mit den Worten »das Gesetz und die Propheten bis auf Johannem« hebt Christus das geschriebene Gesetz auf. Mit den Worten »es ist aber leichter, dass Himmel und Erde vergehen, denn dass ein Titel vom Gesetz falle« bestätigt er das ewige Gesetz. In den ersten Worten sagt er: »das Gesetz und die Propheten«, d. i. das geschriebene Gesetz; in den andern Worten sagt er einfach »das Gesetz«, also: das ewige Gesetz. Folglich ist es klar, dass hier das ewige Gesetz dem geschriebenen Mehr als das: als solle überhaupt kein Zweifel darüber aufkommen, von welchem Gesetze er spricht, führt er sofort im Zusammenhange mit diesem ein Beispiel an, und zwar das beste Beispiel der Verneinung des Gesetzes Mosis durch das ewige Gesetz, aus welchem nicht ein Titel fallen kann; indem er aus dem Evangelium den schärfsten Widerspruch zu dem Gesetze Mosis anführt, sagt er (Luk. 16, 18): »Wer sich scheidet von seinem Weibe und freit eine andere, der bricht die Ehe«, d. i.: dem geschriebenen Gesetze nach ist die Scheidung gestattet, aber dem ewigen Gesetze nach ist sie eine Sünde.entgegengestellt wird und dass derselbe Gegensatz im Kontexte von Matthäus besteht, wo das ewige Gesetz durch die Worte: »das Gesetz *oder* die Propheten« bezeichnet wird.

Bemerkenswerth ist die Geschichte des Textes der Verse 17 u. 18 a. O. und der Varianten. In den meisten Abschriften steht blos das Wort »Gesetz« ohne Hinzufügung der Propheten. Bei einer solchen Lesart kann keine Deutung in dem Sinne des geschriebenen Gesetzes bestehen. In anderen Abschriften hingegen, in den kanonischen und in der von Tischendorf ist hinzugefügt: »die Propheten«, aber nicht mit dem Worte »und«, sondern mit dem Worte »oder« – »das Gesetz oder die Propheten« –, was gleichfalls den Sinn des geschriebenen Gesetzes ausschliesst und denjenigen des ewigen Gesetzes bestätigt.

In einigen, jedoch von der Kirche nicht aufgenommenen Abschriften steht das Wort »die Propheten« mit dem Worte *»und«* und nicht »oder«, und in diesen Abschriften wird bei der Wiederholung des Wortes »Gesetz« wieder »und die Propheten« hinzugefügt: so dass dem ganzen Ausspruch in dieser Umänderung ein derartiger Sinn beigelegt wird, dass Christus nur vom geschriebenen Gesetze spricht.

Diese Varianten geben uns die Geschichte der Erläuterungen dieser Stelle. Der eine klare Sinn ist der, dass Christus ebenso wie nach Lukas vom ewigen Gesetze spricht; in der Zahl der Abschreiber aber der Evangelien befinden sich solche, denen es wünschenswerth ist die Verpflichtung des geschriebenen Gesetzes von Moses anzuerkennen, und diese Abschreiber fügen zu dem Worte »Gesetz« die Worte »und die Propheten« hinzu – und verändern somit den Sinn derselben.

Andere Christen, die Moses' Bücher nicht anerkennen, schliessen entweder die Einschaltung aus oder ersetzen das Wort »und« – ϰαὶ – durch das Wort »oder« – ἤ. Und mit diesem »oder« ist diese Stelle im Kanon aufgenommen. Trotz der Klarheit jedoch und der Zweifellosigkeit des Textes in der Gestalt, in welcher er im Kanon aufgenommen ist, fahren die kanonischen Erläuterer fort ihn in dem Geiste auszulegen, in welchem die nicht in den Text aufgenommenen Veränderungen gedacht sind. Diese Stelle ist unzähligen Deutungen unterworfen, die umsomehr sich von ihrer geraden Bedeutung entfernen, je weniger der Erklärende mit dem geraden, einfachen Sinn der Lehre Christi einverstanden ist; und die Mehrzahl der Erläuterer hält den apokryphischen Sinn fest, denselben, der durch den Text ausgeschlossen wird.

Um sich vollständig davon zu überzeugen, dass Christus in diesen Versen nur von dem ewigen Gesetze spricht, genügt es in den Sinn jenes Wortes einzudringen, welches Veranlassung zu falschen Deutungen gegeben hat. Das Wort Gesetz, im Griechischen νόμος, im Hebräischen »Torah«, hat im Griechischen und Hebräischen und sogar in allen anderen Sprachen zwei Hauptbedeutungen: die eine ist Gesetz an sich, ohne Beziehung zu seinem Ausdruck. Der zweite Begriff ist der geschriebene Ausdruck desselben, d. i. was gewisse Leute für das Gesetz halten. Die Verschiedenheit dieser zwei Begriffe besteht in allen Sprachen.

Im Griechischen wird, in den Episteln Pauli, dieser Unterschied sogar manchmal durch Anwendung des Artikels bezeichnet. Ohne Artikel gebraucht Paulus dieses Wort meistenteils in dem Sinne des geschriebenen Gesetzes, mit dem Artikel im Sinne des ewigen Gesetzes Gottes.

Bei den alten Hebräern, bei den Propheten, bei Jesaias wird das Wort Gesetz, Torah stets im Sinne der ewig bestehenden und sich ewig offenbarenden Gesetze Gottes gebraucht. Und dasselbe Wort Torah wird zum erstenmal bei Esra und später zur Zeit des Talmud in dem Sinne der fünf geschriebenen Bücher Mosis angewandt, die mit dem allgemeinen Titel Torah bezeichnet sind, gleichwie bei uns das Wort Bibel gebraucht wird, nur mit dem Unterschiede, dass wir Worte besitzen um die Begriffe von Bibel und Gesetz Gottes zu unterscheiden, bei den Hebräern dagegen ein und dasselbe Wort beide Begriffe bezeichnet

Und deshalb gebraucht Christus das Wort »Gesetz« bald bestätigend, wie Jesaias und andere Propheten, in dem Sinne des Gesetzes Gottes, welches ewig ist, bald verneinend, in dem Sinne des geschriebenen Gesetzes der 5 Bücher. Zum Unterschiede jedoch fügt er da, wo er es im verneinenden Sinne, als geschriebenes Gesetz, anführt, stets die Worte hinzu: »und die Propheten«, oder er sagt: »euer Gesetz«.

Wenn er sagt: »alles nun, was ihr wollet, dass euch die Leute thun sollen, das thuet ihr ihnen: das ist das Gesetz und die Propheten« – so spricht er vom geschriebenen Gesetze. Er sagt, das ganze geschriebene Gesetz könne auf diesen einen Ausdruck des ewigen Gesetzes zurückgeführt werden, und mit diesen Worten hebt er das geschriebene Gesetz auf.

Wenn er sagt (Luk. 16, 16): »das Gesetz und die Propheten bis auf Johannem«, so spricht er vom geschriebenen Gesetze und hebt durch dieses Wort die Verpflichtung desselben auf.

Wenn er sagt (Joh. 7, 19): »hat euch nicht Moses das Gesetz gegeben? und niemand unter euch thut das Gesetz«, oder (Joh. 8, 17): »stehet nicht in eurem Gesetz geschrieben« oder: »der Spruch, in ihrem Gesetze geschrieben« (Joh. 15, 25), so spricht er vom geschriebenen Gesetze, von dem Gesetze, welches er verwirft, von dem Gesetze, das ihn selbst zum Tode verurtheilt (Joh. 19, 7): »die Juden antworteten ihm: »wir haben ein Gesetz und nach dem Gesetz soll er sterben.« Es ist klar, dass dieses Gesetz der Juden, das, nach welchem er verurteilt wurde, nicht *das* Gesetz ist, welches Christus lehrte. Wenn Christus aber sagt: ich bin nicht gekommen, um das Gesetz aufzulösen, sondern um euch zu lehren es zu erfüllen, denn an dem Gesetze kann nichts geändert, sondern alles muss erfüllt werden –, so spricht er nicht vom geschriebenen, sondern vom göttlichen, ewigen Gesetze und bestätigt es.

Angenommen jedoch, dies alles seien nur künstliche Beweise; angenommen, ich hätte sorgfältig die Kontexte und Varianten zusammengesucht, hätte sorgsam alles verborgen, was mit meiner Auslegung im Widerspruch stand; angenommen, die Deutungen der Kirche wären sehr klar und überzeugend und Christus habe wirklich das Gesetz Mosis nicht aufgehoben, sondern habe dasselbe in seiner vollen Kraft bestehen lassen; angenommen, das sei so – was aber lehrt uns dann Christus?

Nach den Erklärungen der Kirche lehrt er uns, dass er, die zweite Person der Dreieinigkeit, Gottes Sohn, zur Erde gekommen sei und durch seinen Tod Adams Sünde gebüsst habe. Jeder aber, der das Evangelium liest, weiss, dass Christus in den Evangelien darüber entweder gar nicht, oder nur sehr zweideutig sich äussert. Nehmen wir aber an, dass wir nicht zu lesen verstehen und dass darüber daselbst gesprochen wird: jedenfalls bildet Christi Hindeutung darauf, dass er die zweite Person der Dreieinigkeit ist und die Sünden der Menschheit abbüsst, den geringsten und undeutlichsten Theil des Evangeliums. Worin besteht denn der ganze übrige Inhalt der Lehre Christi? Man kann es nicht leugnen, und alle Christen geben es stets zu, dass der Hauptinhalt der Lehre Christi die Lehre vom Leben der Menschen ist: wie die Menschen unter einander leben sollen.

Wenn wir zugeben, dass Christus eine neue Art des Lebens gelehrt, so müssen wir uns irgend welche bestimmte Menschen vorstellen, inmitten derer er lehrte.

Stellen wir uns Russen vor, Deutsche oder Engländer, oder Chinesen, oder Indier, oder selbst wilde Insulaner – wir werden sehen, dass jedes Volk stets seine eigenen Lebensregeln, sein Lebensgesetz hat und dass deshalb, wenn ein Lehrer ein neues Lebensgesetz aufstellt, er durch diese seine Lehre das frühere Lebensgesetz zerstört; ohne dieses zu zerstören, kann er kein neues lehren. So wird es in England, in China und bei uns sein. Der Lehrer wird nothwendigerweise unsere Gesetze zerstören, die wir hoch und fast heilig halten; doch kann es bei uns auch vorkommen, dass der Prediger, wenn er uns ein neues Leben lehrt, nur unsere bürgerlichen und Staatsgesetze, unsere Gebräuche zerstört, nicht aber an jene Gesetze rührt, die wir für göttlich halten, – obgleich dies auch schwer anzunehmen ist. Inmitten des jüdischen Volkes jedoch, das nur *ein* Gesetz besass, ein vollständig göttliches Gesetz, welches das ganze Leben mit seinen geringfügigsten Einzelheiten umfasste, inmitten eines solchen Volkes, was konnte da ein Prediger lehren, der im voraus erklärte, das ganze Gesetz des Volkes, dem er predigt, sei unumstösslich? Doch wollen wir annehmen, auch dies sei kein Beweis. Mögen diejenigen, welche die Worte Christi derart deuten, dass er das ganze Gesetz Mosis bestätigt, mögen die sich folgende Fragen beantworten; Wen hat Christus während seiner ganzen Thätigkeit zu bekehren gesucht, gegen wen ist er aufgetreten, wenn er von Pharisäern und Schriftgelehrten sprach? Wer hat Christi Lehre nicht angenommen und ihn mitsammt seinen ersten Jüngern gekreuzigt? – Wenn Christus das Gesetz Mosis anerkannte, wo waren denn jene, die dieses Gesetz wirklich erfüllten und von Christus dafür gelobt wurden? Sollte es wirklich keinen einzigen gegeben haben? Die Juden sagen das nicht. Sie sagen: die Pharisäer seien die wahrhaften Vollführer des Gesetzes. Doch wollen wir annehmen, dass sie eine Sekte waren. Die Sadduzäer waren auch eine Sekte. Wo waren denn die Nichtsekten, wo waren die wirklichen, echten Befolger des Gesetzes Mosis?

Nach dem Evangelium Johannis sind sie alle Christi Feinde und werden geradezu Juden genannt. Und sie sind mit Christi Lehre nicht einverstanden und widersetzen sich ihm, blos weil sie Juden sind. In den Evangelien aber werden nicht allein die Pharisäer und Sadduzäer als Feinde Christi dargestellt, sondern Feinde Christi werden auch die Schriftgelehrten genannt, dieselben, die das Gesetz Mosis beobachten, dieselben, die es lehren, die Aeltesten, die stets für die Vertreter der Völkerweisheit gelten.

Christus sagt: ich bin nicht gekommen um die Gerechten zur Busse, zu einem neuen Leben aufzurufen, sondern die Sünder. Wo und wer waren denn diese »Gerechten«? Sollte Nikodemus der einzige gewesen sein? Aber auch Nikodemus wird uns als ein zwar guter, doch verirrter Mensch geschildert.

Wir sind derart an jene zum mindesten sonderbare Deutung gewöhnt, dass die Pharisäer und gewisse böse Juden Christus gekreuzigt haben, dass uns die einfache Frage gar nicht in den Sinn kommt, wo denn jene Nicht-Pharisäer und Nicht-Bösen, wo denn die wahren Juden waren, die das Gesetz erfüllten? Man braucht nur diese Frage aufzuwerfen und alles wird vollständig klar.

Christus – mag er Gott oder Mensch sein – brachte seine Lehre in die Welt inmitten eines Volkes, das sich an ein Gesetz hielt, welches das ganze Leben des Menschen regelte und das »Gesetz Gottes« genannt wurde. – Wie konnte Christus sich zu solchem Gesetze verhalten?

Jeder Prophet, Umgestalter des Glaubens, findet stets, wenn er das Gesetz Gottes lehrt, unter den Menschen bereits das, was sie für das Gesetz Gottes halten und kann folglich nicht einen doppelten Gebrauch des Wortes »Gesetz« vermeiden, welches das bezeichnet, was diese Leute irrthümlich für das Gesetz Gottes halten – »euer Gesetz« –, und das, was das wahre, ewige Gesetz Gottes ist. Abgesehen davon, dass der Lehrer eine zwiefache Bedeutung dieses Wortes nicht vermeiden *kann, will* er sie auch oft nicht vermeiden und vereint absichtlich beide Begriffe, auf das hinweisend, was in jenem falschen Gesetze, welches von denen erfüllt wird, die er bekehrt, ewige Wahrheit ist. Und jeder Lehrer nimmt eben diese, den Bekehrern bekannten Wahrheiten zur Grundlage seiner Lehre. Dasselbe thut Christus inmitten der Hebräer, bei denen das eine wie das andere Gesetz mit dem einen Worte Torah bezeichnet wird. In Beziehung auf das Gesetz Mosis und noch mehr auf die Propheten, namentlich auf Jesaias, dessen Worte er vorzugsweise anführt, bekennt Christus, dass im hebräischen Gesetze und in den Propheten ewige, göttliche Wahrheiten enthalten sind, die mit dem ewigen Gesetze übereinstimmen, und diese Wahrheiten, wie z. B. den Ausspruch »liebe Gott und deinen Nächsten«, nimmt er zur Basis seiner Lehre.

Christus spricht denselben Gedanken vielemal aus. Er sagt (Lukas 10, 26): »Wie stehet im Gesetz geschrieben? Wie liesest du?« Auch im Gesetz findet man die ewige Wahrheit, wenn man zu lesen versteht. Und nicht blos einmal weist er darauf hin, dass das Gebot ihres Gesetzes von der Liebe zu Gott und dem Nächsten das Gebot des ewigen Gesetzes ist. So Matth. 13, 52. Nach allen Gleichnissen, durch die Christus seinen Jüngern die Bedeutung seiner Lehre erklärt, zum Schlusse, gleichsam in Beziehung auf alles Vorhergehende, sagt er: »Darum ein jeglicher Schriftgelehrter, zum Himmelreich gelehrt, ist gleich einem Hausvater, der aus seinem Schatz Neues und Altes (zusammen, ohne Unterschied) hervorträgt.« – Der heilige Irenius fasst diese Worte in demselben Sinne auf und ebenso thut es die Kirche; doch ganz willkürlich und den Sinn der Rede zerstörend legt man diesen Worten den Sinn bei, alles Alte sei heilig. Der Sinn ist klar: wer Gutes braucht, der nimmt nicht bloß Neues, sondern auch Altes; letzteres lässt sich nicht verwerfen blos weil es alt ist. Christus sagt mit diesen Worten, dass er das nicht verwirft, was im alten Gesetze ewig ist. Als man ihm aber von dem ganzen Gesetze spricht, sagt er, dass man »neuen Most nicht in alte Schläuche« giessen könne. Christus konnte nicht das ganze Gesetz bestätigen, er konnte aber auch nicht das ganze Gesetz und die Propheten verwerfen – nicht *das* Gesetz, in dem es heisst: »liebe deinen Nächsten wie dich selbst« und jene Propheten, mit deren Worten er oft seine Gedanken ausgesprochen.

Und nun, anstatt dieser einfachen Worte, wie sie gesagt sind und durch die ganze Lehre bestätigt werden, wird eine nebelhafte Deutung aufgestellt, die einen Widerspruch hineinbringt da wo kein Widerspruch ist und dadurch die Lehre Mosis in ihrer ganzen sinnlosen Grausamkeit wiederherstellt.

Allen kirchlichen Erläuterungen nach, namentlich vom 5. Jahrh. an, hat Christus das geschriebene Gesetz nicht verworfen, sondern bestätigt. Wie aber hat er es bestätigt? Wie kann Christi Gesetz mit dem Gesetze Mosis vereinigt werden? Darauf giebt es keine Antwort. In allen Auslegungen werden Wortspielereien gemacht und wird davon gesprochen, Christus habe das Gesetz Mosis dadurch erfüllt, dass an ihm die Prophezeiungen in Erfüllung gegangen sind, und Christus habe durch uns, d. i. durch den Glauben der Menschen an ihn, das Gesetz erfüllt. Die einzige aber, für jeden Gläubigen wesentliche Frage: wie zwei sich widersprechende Gesetze, die das Leben der Menschen betreffen, zu vereinigen sind, bleibt sogar ohne einen Versuch zur Lösung. Und der Widerspruch zwischen dem Verse, in welchem gesagt ist, dass Christus das Gesetz nicht auflöst, und dem Verse, worin es heisst: »euch ist gesagt worden« – »ich aber sage euch«, sowie zwischen dem ganzen Geiste der Lehre Mosis und der Lehre Christi bleibt in voller Kraft bestehen.

Jeder, der sich für diese Frage interessirt, möge selber die kirchlichen Deutungen dieser Stelle durchlesen, von Joh. Chrysostomus an bis auf unsere Zeit. Nur, nachdem er diese langen Auseinanderlegungen durchgelesen, wird er zu der klaren Ueberzeugung gelangen, dass es hier nicht nur keine Lösung der Widersprüche giebt, sondern dass ein künstlicher Widerspruch da hineingeschoben wird, wo kein Widerspruch ist. Die unmöglichen Versuche das Unvereinbare zu vereinigen, beweisen deutlich, dass diese Vereinigung nicht ein Fehler des Denkens ist, sondern dass sie einen bestimmten Zweck hat, dass sie nothwendig ist. Und es ist zu ersehen, weshalb sie nothwendig ist.

Johannes Chrysostomus sagt Folgendes zur Erwiderung gegen jene, die das Gesetz Mosis verwerfen (Erklärung des Evang. Matth. 1, 3. Bd. 1. S. 320, 321): »Ferner treten jene Durchforscher des alten Gesetzes auf, das da gebietet Aug' um Auge und Zahn um

Zahn auszureissen, und sagen: wie kann der gut sein, der solches gebietet? – Was sollen wir nun hierauf erwidern? Dass dies, im Gegentheil, der Ausdruck der höchsten Menschenliebe Gottes ist. Nicht darum hat er dieses Gesetz gegeben, damit wir einer dem andern die Augen ausreissen, sondern auf dass wir, in der Furcht solches Uebel von andern zu erleiden, auch ihnen keines zufügen. Gleichwie er, den Ninivern mit dem Untergange drohend, sie nicht verderben wollte (denn hätte er das gewollt, so hätte er schweigen müssen); sondern er wollte sie durch diese Furcht nur bessern und dann seinen Zorn fallen lassen. So hat er auch denen, die frech genug sind um anderen die Augen auszustechen, Strafe vorgeschrieben, zu dem Zweck, dass, wenn sie nicht gutwillig sich dieser Grausamkeit enthalten, wenigstens die Furcht sie verhindern solle dem Nächsten das Augenlicht zu rauben. Wäre dieses eine Grausamkeit, so wäre es auch grausam den Mord zu verbieten und den Ehebruch zu verwerfen. So sprechen aber Verrückte, die bis zum letzten Stadium des Wahnsinns gelangt sind. Ich aber hüte mich so sehr diese Gebote grausam zu nennen, dass ich, nach dem Urtheile der gesunden menschlichen Vernunft, das ihnen Entgegengesetzte für ungesetzlich halten würde. Du sagst: Gott ist grausam, weil er Aug' um Auge auszureissen gebietet; ich aber sage, dass wenn er kein solches Gebot gegeben hätte, dann könnten ihn viele dafür halten, wie du ihn benennst.«

Johannes Chrysostomus erkennt das Gesetz Zahn um Zahn geradezu als ein göttliches an; das diesem Gesetze entgegenstehende jedoch, d. i. Christi Lehre über das Nichtwiderstreben dem Uebel betrachtet er als gesetzwidrig.

(S. 322, 323.) »Nehmen wir an, das Gesetz sei aufgehoben – fährt Joh. Chrys. fort – und niemand befürchte die von demselben vorgeschriebene Strafe; allen Lasterhaften sei es gestattet nach ihren Neigungen zu leben, den Ehebrechern, den Mördern, den Dieben und den Meineidigen: würde dann nicht alles drüber und drunter gekehrt, würden nicht zahllose Verbrechen und Mordthaten Städte, Marktplätze, Häuser, Land, Meer und das ganze Weltall erfüllen? Das muss jedem einleuchten. Wenn selbst bei dem Bestehen der Gesetze, bei Furcht und Drohungen die bösen Absichten kaum niedergehalten werden, was wäre es dann, wenn diese Scheidewand fiele? Was würde dann die Menschen am Bösen verhindern? Was für Elend würde da nicht über die Menschen hereinbrechen? – Nicht nur das ist Grausamkeit, wenn dem Bösen gestattet wird zu thun was er will, sondern auch das, wenn man einen Menschen, der keinerlei Ungerechtigkeit verübt, unschuldig, ohne jeglichen Schutz seinen Leiden überlässt. Sage mir, wenn jemand von allen Seiten böse Menschen versammelte und sie mit Schwertern bewaffnend ihnen befehlen würde die ganze Stadt zu durchziehen und jeden, der ihnen in den Weg kommt, zu tödten: könnte es wohl etwas Unmenschlicheres geben als das? – Wenn, im Gegentheil, ein anderer diese bewaffneten Leute binden und sie gewaltsam in den Kerker werfen, diejenigen aber, denen der Tod gedroht, den Händen jener Gottlosen entreissen würde: was könnte wohl menschenfreundlicher sein als dies?«

Johannes Chrysostomus sagt nicht, wodurch dieser Andere in seiner Beurtheilung der Bösen geleitet wird. Wie, wenn er nun selbst böse wäre und die Guten in den Kerker werfen würde?

»Wende nun diese Beispiele auf das Gesetz an: der da befiehlt Aug' um Auge auszureissen, legt diese Furcht wie eine Fessel um die Seele der Lasterhaften und ist dem Menschen gleich, der jene Bewaffneten gebunden hat; wer aber den Verbrechern keine Strafe auferlegt, rüstet sie mit Furchtlosigkeit aus und wird *dem* gleich, der den Bösewichtern die Schwerter zugetheilt und sie durch die ganze Stadt gesandt hat.«

Wenn Joh. Chrys. das Gesetz Christi anerkennt, muss er fragen: »Wer wird Aug' und Zahn ausreissen, wer in den Kerker sperren?« Wenn derjenige der Aug' und Zahn auszureissen befiehlt, also Gott selbst, dies thäte, so wäre hierin kein Widerspruch, so aber müssen es die Menschen thun. Diesen Menschen aber hat Gottes Sohn gesagt, dass sie es nicht thun sollen. Gott hat gesagt: »ihr sollt Aug' und Zahn ausreissen«, und sein Sohn hat gesagt: »ihr sollt es nicht thun«. Man muss eines von beiden festhalten: Joh. Chrys. und nach ihm die ganze Kirche erkennt das Gebot des »Vaters«, d. i. Mosis an und verwirft das Gebot des »Sohnes«, d. i. Christi, zu dessen Lehre sie sich scheinbar bekennen; Christus verwirft das Gesetz Mosis und giebt sein eigenes. Für den an Christus Glaubenden besteht gar kein Widerspruch: er kümmert sich gar nicht um das Gesetz Mosis, sondern glaubt an das Gesetz Christi und erfüllt es. Für den an das Gesetz Mosis Glaubenden ist auch kein Widerspruch da. Die Hebräer halten Christi Worte für nichtig und glauben an das Gesetz Mosis. Der Widerspruch entsteht nur für diejenigen, die nach Mosis Gesetz leben wollen und sich und andere glauben machen wollen, dass sie an das Gesetz Christi glauben, – also für diejenigen, die Christus »Heuchler und Otterngezüchte« nennt.

Anstatt eines von beiden, das Gesetz Mosis oder das Gesetz Christi anzuerkennen, wird gesagt, dass beide göttlich und wahr sind. Wo es sich aber um das wirkliche Leben handelt, da wird das Gesetz Christi geradezu verworfen und das Gesetz Mosis anerkannt.

In dieser falschen Deutung, wenn man tiefer in deren Sinn eindringt, liegt ein schreckliches, furchtbares Drama des Kampfes zwischen dem Bösen und der Finsterniss mit dem Heile und dem Lichte.

Inmitten des hebräischen Volkes, das in unzählige äusserliche Regeln verwickelt war, die ihm durch die Leviten unter dem Scheine göttlicher Gesetze auferlegt wurden bei deren jeder es heisst: »und Gott sprach zu Mose«, – erscheint Christus. Nicht nur die Beziehungen des Menschen zu Gott: seine Opfer, seine Feste, seine Fasten, die Beziehungen der Menschen zu einander, als Völker, Bürger, Familienglieder, auch alle Einzelheiten des persönlichen Lebens, die Beschneidung, die Waschungen seines Leibes und seiner Geräthe, die Kleidung – alles ist bis auf die äussersten Kleinigkeiten geregelt und alles ist als Gebot, als Gesetz Gottes anerkannt. Was kann da, ich sage nicht Gott-Christus, sondern auch nur ein Prophet, auch nur der gewöhnlichste Lehrer thun, wenn er ein solches Volk lehrt, ohne jenes Gesetz anzutasten, welches bereits alles bis auf die geringsten Einzelheiten geordnet hat? Christus nimmt, wie alle Propheten, aus dem was die Menschen für das Gesetz Gottes halten, das was wirklich Gottes Gesetz ist; er nimmt die Grundidee, verwirft alles Uebrige, und mit dieser Grundidee verbindet er seine Offenbarung des ewigen Gesetzes. Es ist nicht nothwendig alles zu vernichten, aber unvermeidlich wird das Gesetz verletzt, das in allen Dingen als gleich bindend angesehen wird. Christus thut das und man macht ihm den Vorwurf des Vernichtens dessen, was für Gottes Gesetz gehalten wird, und dafür wird er gekreuzigt. Seine Lehre aber bleibt in seinen Jüngern und wird in andere Kreise und andere Zeiten übertragen. Jedoch auch in andern Kreisen erwachsen aus dieser neuen Lehre eben solche Ablagerungen, Auslegungen, Erklärungen; es werden wieder kleinliche menschliche Erdichtungen an Stelle der göttlichen Offenbarung untergeschoben; anstatt »und Gott sprach zu Mose« wird gesagt »so ist unser und des heiligen Geistes Wille«. Und abermals verbirgt das Wort den Geist. Und das Auffallendste ist, dass die Lehre Christi mit jener ganzen »Torah« in Verbindung gebracht wird in dem Sinne des geschriebenen Gesetzes, welches er nicht umhin konnte zu verwerfen. Diese »Torah« wird als ein Erzeugniss der Offenbarung seines Geistes der Wahrheit, d. i. des heil. Geistes anerkannt und er selbst soll sich in den Texten seiner Offenbarung dahin aussprechen. Und seine ganze Lehre wird auf ein Nichts zurückgeführt.

Deshalb also widerfuhr mir, nach 1800 Jahren, etwas so Seltsames: ich sollte den Sinn der Lehre Christi als etwas Neues entdecken.

Nicht entdecken sollte ich ihn, sondern ich sollte dasselbe thun, was alle Menschen, die Gott und sein Gesetz suchen, gethan haben und thun: ich sollte das ewige Gesetz Gottes aus alle dem herausfinden, was die Menschen mit diesem Namen nennen.

# VI.



Und also, nachdem ich das Gesetz Christi als Gesetz Christi aber nicht als Gesetz Mosis und Christi, und jenen Grundsatz dieses Gesetzes erkannt hatte, der das Gesetz Mosis geradezu verwirft, so verschwand jegliche frühere Unklarheit, Zerstreutheit und alles Widersprechende in den Evangelien und sie verschmolzen für mich in ein unzerreissbares Ganze: aus diesem hervor trat das Wesen der ganzen Lehre, ausgesprochen in den einfachen, klaren und jedermann zugänglichen fünf Geboten Christi (Matth. 5, 21–48), von denen ich bisher nichts gewusst hatte.

In allen Evangelien ist die Rede von den Geboten Christi und deren Erfüllung.

Alle Theologen sprechen von den Geboten Christi; welches aber diese Gebote sind, hatte ich früher nicht gewusst. Mir schien, Christi Gebot bestehe darin: »liebe Gott und deinen Nächsten wie dich selbst«. Und ich sah nicht, dass dies nicht Christi Gebot sein konnte, weil es das Gebot der Alten ist (Deuteron. u. Levit.). Die Worte Matthäus 5, 19: »wer nun eins von diesen kleinsten Geboten auflöset, und lehret die Leute also, der wird der kleinste heissen im Himmelreich; wer es aber thut und lehret, der wird gross heissen im Himmelreich« – bezog ich auf die Gebote Mosis. Dass aber die neuen Gebote Christi klar und bestimmt ausgesprochen sind im 5. Kap. Matth. V. 21–48, das war mir nie in den Sinn gekommen. Ich sah nicht, dass an der Stelle, wo Christus spricht: »es ist euch gesagt worden – ich aber sage euch« neue, bestimmte Gebote Christi ausgedrückt sind und gleich der Anzahl der Hinweise auf das alte Gesetz (die zwei Berufungen auf den Ehebruch für eine gerechnet) sind es gerade fünf neue, klare und bestimmte Gebote Christi.

Von den sogenannten Makarismen oder Seligkeiten und deren Zahl hatte ich gehört und hatte sie erklären hören in dem Religionsunterricht unserer Kirche über das

Gesetz Gottes – über die Gebote Christi jedoch hatte ich nie etwas vernommen. Zu meiner Verwunderung sollte ich sie entdecken.

Und ich entdeckte sie folgendermaassen. In Matth. 5, 21–28 ist gesagt: »Ihr habt gehört, dass zu den Alten gesagt ist: du sollst nicht tödten; wer aber tödtet, der soll des Gerichts schuldig sein (21). Ich aber sage euch: wer mit seinem Bruder umsonst zürnet, der ist des Gerichts schuldig; wer aber zu seinem Bruder sagt: Raka, der ist des Raths schuldig; wer aber sagt: du Narr, der ist des höllischen Feuers schuldig (22). Darum, wenn du deine Gabe auf dem Altar opferst, und wirst allda eindenken, dass dein Bruder etwas wider dich habe (23); So lass allda vor dem Altar deine Gabe, und gehe zuvor hin, und versöhne dich mit deinem Bruder; und alsdann komm und opfere deine Gabe (24). Sei willfertig deinem Widersacher bald, dieweil du noch bei ihm auf dem Wege bist, auf dass dich der Widersacher nicht dermaleins überantworte dem Richter, und der Richter überantworte dich dem Diener, und werdest in den Kerker geworfen (25). Ich sage dir: wahrlich, du wirst nicht von dannen herauskommen, bis du auch den letzten Heller bezahlest (26).«

Nachdem ich das Gebot des Nichtwiderstrebens dem Uebel begriffen hatte, ward ich inne, dass diese Verse dieselbe klare, auf das Leben anwendbare Bedeutung haben mussten, wie das Gebot über das Nichtwiderstreben dem Uebel. Die Bedeutung, die ich früher diesen Worten beilegte, war die, dass jeder stets den Zorn gegen seinen Nächsten vermeiden, nie Schmähworte gebrauchen und mit allen, ohne Ausnahme, in Frieden leben müsse; im Texte aber stand ein Wort, das diesen Sinn ausschloss. Es war gesagt in den kanonischen Evangelien: »zürne nicht umsonst«, sodass aus diesen Worten keine Vorschrift unbedingten Friedens hervorging. Dieses Wort verwirrte mich. Und um meinen Zweifel aufzuklären, wandte ich mich an die Erläuterungen der Theologen. Zu meiner Verwunderung fand ich, dass die Erläuterungen der Kirchenväter hauptsächlich darauf gerichtet sind festzustellen: wann der Zorn zu entschuldigen ist und wann nicht. Alle Erläuterer der Kirche legen ein besonderes Gewicht auf die Bedeutung des Wortes »unnütz«, εἰκῆ, welches am besten durch »umsonst« übersetzt werden kann, und erklären diese Stelle in dem Sinn, dass man eben nicht umsonst die Menschen beleidigen und keine Schmähworte gebrauchen solle, dass aber der Zorn nicht immer ungerecht sei; und zur Bestätigung dieser Erklärung führen sie Beispiele an über den Zorn der Apostel und der Heiligen.

Und ich konnte nicht umhin zuzugeben, dass die Erklärung, dass der Zorn »zu Ehren Gottes« nicht verboten wird, obgleich er dem ganzen Sinne des Evangeliums vollständig widerspricht, folgerecht ist und ihren Grund in dem Worte εἰκῆ, hat, das im 22. Verse steht. Dieses Wort verändert den Sinn des ganzen Ausspruchs.

»Zürne nicht umsonst.« Christus gebietet allen zu vergeben, zu vergeben ohne Ende; er vergiebt selbst und verbietet Petrus, als dieser seinen verrathenen Meister vertheidigt, den, wie man wohl annehmen müsste, gerechten Zorn gegen Malchus. Und derselbe Christus lehret alle Menschen: zürnet nicht umsonst, und durch diese Worte gestattet er den gerechten, den begründeten Zorn. Christus predigt den Frieden allen einfachen Leuten, und plötzlich, gleichsam als wolle er sich davon lossagen, dass diese Lehre in allen Fällen anwendbar sei, und zugeben, dass es Fälle giebt, wo man seinem Bruder zürnen dürfe, schaltet er das Wort »umsonst« ein. Und in den Erläuterungen wird erwiesen, dass es einen gerechten, rechtzeitigen Zorn giebt. Wer aber ist der Richter darüber, fragte ich mich, ob der Zorn ein gerechter ist? Ich habe noch nie zornige Menschen gesehen, die ihren Zorn nicht für gerecht gehalten hätten. Alle halten ihren eigenen Zorn für gerecht und nützlich. – Dieses Wort vernichtete den ganzen Sinn des Verses. Das Wort stand aber in der heiligen Schrift und ich konnte es nicht entfernen. Es brachte eine gleiche Aenderung hervor, als hätte man in dem Ausspruch: »liebe deinen Nächsten« hinzugefügt: »liebe den *guten* Nächsten« oder: »liebe den Nächsten, der dir gefällt«!

Der ganze Sinn des Ausspruchs ward für mich zerstört durch das Wort »umsonst«. Die Verse 28 und 24, welche fordern, dass bevor man bete, man sich mit demjenigen versöhnen solle, der uns zürnt, Verse, die ohne das Wort »umsonst« eine gerade, verpflichtende Bedeutung hätten, erhielten auf diese Weise eine bedingte Bedeutung.

Mir schien, dass Christus jeden Zorn, jedes Uebelwollen vorbieten müsse und deshalb, um dergleichen zu verhüten, jedem vorschreibt: bevor du deine Gabe bringest, d. h. bevor du in Beziehung zu Gott trittst, entsinne dich, ob es nicht einen Menschen giebt, der dir zürnt? Und wenn es einen solchen giebt, sei er nun gerecht oder ungerecht in seinem Zorn, so gehe hin und versöhne dich mit ihm und dann erst komm und bringe deine Gabe, oder bete. So schien es mir; nach den Erläuterungen aber erwies es sich, dass dieser Ausspruch nur bedingt zu verstehen war.

Von allen Erläuterungen wird er in dem Sinne erklärt, dass man sich bemühen müsse sich mit allen zu versöhnen, wenn man aber solches der Verderbtheit derer wegen, mit denen man verfeindet ist, nicht thun könne, so solle man sich im Herzen, in Gedanken aussöhnen, und die Feindschaft der andern gegen uns würde uns am Beten nicht verhindern. Ausserdem erschienen mir die Worte: »wer da sagt: Raka, oder du Narr, der ladet furchtbare Schuld auf sich« – stets sonderbar und unklar. Wenn Schmähungen verboten sind, warum werden als Beispiele so schwache, fast nicht beleidigende Ausdrücke gewählt? Und ferner: weshalb eine so entsetzliche Drohung gegen den, der sich zu einem so schwachen Schmähwort, wie »Raka« d. h. »Nichtiger«, hinreissen lässt? Alles dies war nicht klar.

Ich fühlte, dass hier ein ebensolches Missverständniss bestand, wie bei den Worten »richtet nicht«; ich fühlte, dass wie in jener Erklärung, so auch hier aus dem Einfachen, Wesentlichen, Bestimmten, Erfüllbaren alles in das Reich des Nebelhaften und Indifferenten überging. Ich fühlte, dass Christus die Worte: »gehe hin und versöhne dich mit ihm«, nicht in dem Sinne wie sie ausgelegt werden – »versöhne dich in Gedanken« –, auffassen konnte. Was heisst das: versöhne dich in Gedanken –? Ich glaubte, dass Christus das sagt, was er mit den Worten des Propheten ausspricht: nicht Opfer will ich, sondern Mitleid, d. i. Liebe zu den Menschen. Darum also, so du Gott wohlgefallen willst, so entsinne dich bevor du betest, Morgens und Abends, vor der Messe und vor der Vesper, wer dir zürnet, und gehe hin und thue also, dass er dir nicht mehr zürne, und dann bete, wenn du willst. Aber – »in Gedanken«! Ich fühlte, dass die ganze Erklärung, die mir den direkten und klaren Sinn zerstörte, sich auf das Wort »umsonst« gründete. Wenn dies entfernt würde, träte der Sinn klar hervor; doch alle Erläuterer waren gegen meine Auffassung; auch das kanonische Evangelium mit dem Worte »umsonst« war dagegen.

Sobald ich von diesem abweiche, kann ich, nach meinem Gutdünken, auch von anderem abweichen; andere können desgleichen thun. Alles liegt in dem einen Worte: fehlt dieses, so ist alles klar. Und ich machte den Versuch das Wort εἰκῇ irgendwie philosophisch zu erklären, so dass es den Sinn des Ganzen nicht störe.

Ich wende mich an die Wörterbücher: an das allgemeine Wörterbuch, und sehe, dass dieses Wort εἰκῇ auch »ohne Zweck«, »unbedacht« bedeutet; ich versuche eine derartige Deutung zu geben, die den Sinn nicht beeinträchtigt: das Hinzufügen des Wortes aber hat augenscheinlich die Bedeutung, die ihm beigelegt wird. Ich forsche im evangelischen Lexikon – die Bedeutung des Wortes ist dort dieselbe wie hier. Ich forsche im Kontexte – das Wort wird im Evangelium nur einmal gebraucht, eben hier. In der 1. Epistel an die Korinther (15, 2) ist es genau in demselben Sinne angewendet. Folglich giebt es keine Möglichkeit es anders zu erklären und man muss zugeben, dass Christus gesagt hat: zürnet nicht umsonst. Ich muss aber gestehen, dass, wenn ich zugeben müsste, dass Christus an dieser Stelle so unklare Worte gesprochen und dadurch die Möglichkeit gegeben hat sie also zu verstehen, dass nichts von ihnen übrig bleibt – dies für mich dasselbe wäre, wie mich vom Evangelium loszusagen. Es blieb eine letzte Hoffnung: befand sich dies Wort in allen Abschriften? – Ich forsche in den Varianten, forsche im Griesbach, in dem alle Varianten angegeben sind, d. h. wie, in welchen Abschriften und bei welchen Kirchenvätern ein gewisser Ausdruck gebraucht worden ist. Ich forsche und mit einem Schlage erkenne ich mit Entzücken, dass sich an dieser Stelle Randbemerkungen befinden, dass es also Abweichungen giebt. Ich forsche – und alle Varianten betreffen diese Stelle, d. i. das Wort εἰκῇ. In den meisten Abschriften des Evangeliums und den Citaten der Kirchenväter fehlt gänzlich das Wort εἰκῇ. Folglich hatte die Mehrzahl dieselbe Auffassung wie ich. Ich forsche im Tischendorf – in der ältesten Abschrift –, das Wort ist nicht da. Ich forsche in Luthers Uebersetzung, aus der ich es auf dem kürzesten Wege erfahren konnte – das Wort fehlt auch da.

Das Wort, welches den ganzen Sinn der Lehre Christi veränderte, dieses Wort ist ein Zusatz, der noch im 5. Jahrhundert in den besten Abschriften des Evangeliums nicht vorgekommen ist.

Es hatte sich einer gefunden, der dies Wort einschaltete, und es fanden sich Leute, die einen solchen Zusatz guthiessen und ihn erklärten.

Christus konnte dies entsetzliche Wort nicht gesagt haben und hat es nicht gesagt, und jener ursprüngliche, einfache, gerade Sinn des ganzen Ausspruchs, der mir auffiel wie er jedem auffällt, ist der wahre.

Mehr noch: es genügte mir zu begreifen, dass die Worte stets jeden Zorn, gegen wen es auch sei, verbieten, damit auch das frühere mich verwirrende Verbot zu irgend jemand »Raka« oder »du Verrückter« zu sagen, einen andern Sinn bekam, als den, Christus verbiete den Gebrauch schmähender Worte. Das eigenthümliche, nicht übersetzte hebräische Wort Raka gab mir diesen Sinn. Raka bedeutet der Zertretene, der Vernichtete, der Nichtexistirende; das Wort Raka bedeutet das Ausschliessen und kann am besten durch die Worte »nur nicht« übersetzt werden. Raka ist ein Mensch, der nicht als Mensch anzusehen ist. In der Mehrzahl wird das Wort Rekim in dem Buche der Richter 9, 4 gebraucht, wo es Verlorene (Lose, Nichtige) bedeutet. Das also ist das Wort, das Christus von keinem Menschen zu sagen erlaubt, – gleichwie auch das andere Wort, welches bei Luther durch Narr übersetzt ist, aber eigentlich verrückt bedeutet, ein Begriff, der uns von den Pflichten des Menschen zum Nächsten entbindet. Wir zürnen, wir thun den Menschen Böses und um uns zu rechtfertigen sagen wir, dass derjenige, dem wir zürnen, ein Verlorener, ein Narr oder ein Verrückter sei. Und eben diese zwei Worte sind es, die Christus dem Menschen vom Menschen zu sagen verbietet; er verbietet, wem es auch sei zu zürnen und seinen Zorn dadurch zu rechtfertigen, dass man den andern für verloren und verrückt hält

Und also eröffnete sich mir, anstatt der nebelhaften Erklärungen und der jeder Willkür unterworfenen, unbestimmten und unwichtigen Ausdrücke von Vers 21–26 das einfache, klare und bestimmte erste Gebot Christi: lebe in Frieden mit allen

Menschen, halte nie deinen Zorn gegen die Menschen für gerecht, halte keinen Menschen für einen Verlorenen oder Narren. Und nicht nur, dass du deinen eigenen Zorn nicht für gerecht halten sollst, sondern du sollst auch den Zorn des andern gegen dich für ungerecht erachten; darum, wenn es einen Menschen giebt, der dir zürnet, – bevor du betest, gehe hin und vernichte dies feindselige Gefühl (23 u. 24). Suche noch rechtzeitig die Feindschaft zwischen dir und deinem Widersacher zu vernichten, auf dass sie sich nicht entflamme und dich vernichte (25 u. 26).

Nach dem ersten that sich mir auch das zweite Gebot kund, das gleichfalls mit dem Hinweis auf das alte Gesetz beginnt.

In Matth. 5, 27–30 ist gesagt: »Ihr habt gehöret, dass zu den Alten gesagt ist: du sollst nicht ehebrechen. Ich aber sage euch: wer ein Weib ansiehet, ihrer zu begehren, der hat schon mit ihr die Ehe gebrochen in seinem Herzen. Aergert dich aber dein rechtes Auge, so reiss es aus und wirf es von dir. Es ist dir besser, dass eins deiner Glieder verderbe, und nicht der ganze Leib in die Hölle geworfen werde. Aergert dich deine rechte Hand, so haue sie ab, und wirf sie von dir. Es ist dir besser, dass eins deiner Glieder verderbe, und nicht der ganze Leib in die Hölle geworfen werde.«

Matth. 5, 31–32 heisst es: »Es ist auch gesagt: wer sich von seinem Weibe scheidet, der soll ihr geben einen Scheidebrief. Ich aber sage euch: wer sich von seinem Weibe scheidet (ausser um des Ehebruchs willen) der macht, dass sie die Ehe bricht; und wer eine Abgeschiedene freit, der bricht die Ehe.« (5. Mos. 24, 1.)

Der Sinn dieser Worte schien mir folgender: der Mensch soll nicht einmal den Gedanken zulassen an eine Vereinigung mit einem andern Weibe als demjenigen mit dem er sich bereits verbunden hat, und darf nie, wie es nach dem Gesetze Mosis gestattet war, dieses Weib gegen ein anderes vertauschen.

Gleichwie im ersten Gebote gegen den Zorn der Rath ertheilt ist, diesen Zorn im Keime zu ersticken, ein Rath, der durch den Vergleich mit einem Menschen, der zum Richter geführt wird, erläutert wird; so sagt Christus auch hier, dass die Hurerei daraus entspringt, dass Männer und Weiber auf einander als auf einen Gegenstand der Wollust blicken. Auf dass es nicht so sei, muss alles beseitigt werden, was Wollust erregen kann; man muss alles vermeiden, was Wollust erweckt und nachdem man mit seinem Weibe vereint ist, darf man sein Weib unter keinerlei Vorwand verlassen, denn das Verlassen desselben bringt Unsittlichkeit hervor: die verlassenen Weiber verführen andere Männer und bringen Unsittlichkeit in die Welt.

Die Weisheit dieses Gebotes fiel mir auf. Alles Böse unter den Menschen, das aus den geschlechtlichen Beziehungen entsprang, wurde durch diese Lehre beseitigt. Wissend, dass der Genuss der geschlechtlichen. Beziehungen zu Zwietracht führt, vermeiden die Menschen alles, was Wollust hervorruft, und wissend, dass es des Menschen Bestimmung ist, gepaart zu leben, vereinigen sie sich zu Paaren und bleiben dieser Verbindung in jedem Falle treu; und alles Böse der Zwietracht um geschlechtlicher Beziehungen willen wird beseitigt dadurch, dass es keine einzelnen, aus dem Eheleben ausgeschlossenen Männer und Weiber giebt.

Die Worte der Bergpredigt παρεκτὸς λόγου πορνείας, welche von Luther so eigentümlich und willkürlich durch »es sei denn um Ehebruch« übersetzt und welche so aufgefasst wurden, dass der Mann sich von seinem Weibe scheiden könne im Falle ihres Ehebruchs, erschienen mir jetzt noch auffallender.

Abgesehen davon, dass etwas Unwürdiges in der Form selbst lag, in der dieser Gedanke ausgesprochen war – neben den ihrer Bedeutung nach tiefsten Wahrheiten der Predigt, gleich einer Anmerkung zu einem Paragraphen eines Kodex, stand diese sonderbare Ausnahme aus der allgemeinen Regel –; diese Ausnähme selbst widersprach dem Grundgedanken.

Ich forsche bei den Erläuterern – und alle, Joh. Chrys. S. 365 und andere, selbst gelehrte theologische Kritiker wie Reuss, erkennen an, dass diese Worte bedeuten, dass Christus in dem Falle eines Ehebruchs von Seiten des Weibes die Scheidung gestattet, und dass im 9. Kap. in der Rede Christi, wo die Scheidung verboten wird, die Worte: »es sei denn um der Hurerei willen«, wie es Luther übersetzt, dasselbe bedeuten. Ich lese und lese nochmals den 32. Vers und es scheint mir, er könne nicht das Gestatten der Ehescheidung bedeuten. Um mich zu vergewissern, forsche ich in den Kontexten und finde in den Evangelien Matth. 19, Mark. 10, Luk. 16, in der ersten Epistel Pauli an die Korinther dieselbe Lehre über die Unlösbarkeit der Ehe, ohne jegliche Einschränkung.

Im Evangelium Luk. 16, 18 ist gesagt: »Wer sich scheidet von seinem Weibe und freiet eine andere, der bricht die Ehe; und wer die Abgescheidete von dem Manne freiet, der bricht auch die Ehe.«

Im Evangelium Mark. 10, 4–12 lautet die Vorschrift ebenso bedingungslos. »Sie sprachen: Moses hat zugelassen, einen Scheidebrief zu schreiben und sich zu scheiden (4). Jesus antwortete und sprach zu ihnen: um eures Herzens Härtigkeit willen hat er euch solches Gebot geschrieben (5); Aber von Anfang der Kreatur hat sie Gott geschaffen ein Männlein und ein Fräulein (6). Darum wird der Mensch seinen Vater und Mutter lassen, und wird seinem Weibe anhangen (7), Und werden sein die zwei ein Fleisch. So sind sie nun nicht zwei, sondern ein Fleisch (8). Was denn Gott zusammengefügt hat, soll der Mensch nicht scheiden (9). Und er sprach zu ihnen: wer sich scheidet von seinem Weibe, und freiet eine andere, der bricht die Ehe an ihr (11); Und

so sich ein Weib scheidet von ihrem Manne, und freit einen anderen, die bricht ihre
Ehe (12).«

Ganz so heisst es bei Matth. 19, 4–9.

In der ersten Epistel Pauli an die Korinther 7, 1–12 ist ausführlich der Gedanke entwickelt, der Unsittlichkeit solle dadurch vorgebeugt werden, dass jeder Mann und jedes Weib, nachdem sie sich verbunden, sich nicht verlassen dürfen und einer dem andern in geschlechtlicher Beziehung genügen müssen; und ebenso deutlich ist gesagt,
dass in keinem Falle einer der Verehelichten den andern verlassen dürfe um mit einem
oder einer andern in Beziehung zu treten.

Nach Markus, Lukas und der Epistel Pauli ist die Ehescheidung nicht gestattet.
Nach dem Sinne der Lehre, dass Mann und Weib ein Fleisch, durch Gott vereint sind,
einer Lehre, die sich in beiden Evangelien wiederholt, ist sie nicht gestattet. Nach dem
Sinne der ganzen Lehre Christi, die da lehrt allen zu vergeben, selbst dem gefallenen
Weibe, ist sie nicht gestattet. Nach dem Sinne der ganzen Stelle, die da erklärt, dass das
Verlassen des Weibes Unsittlichkeit erzeugt, umsomehr eines unsittlichen Weibes, –
ist sie nicht gestattet.

Worauf beruht denn die Annahme, dass die Scheidung im Falle des Ehebruchs des
Weibes gestattet sei? Auf jenen Worten des 32. V. 5. Kap. Matth., die mir so eigenthüm-
lich auffallend erschienen. Diese Worte werden von allen derart gedeutet, als ob Christus die Ehescheidung im Falle des Ehebruchs des Weibes gestatte, und dieselben Worte
wiederholen sich in vielen Abschriften der Evangelien, und viele Kirchenväter stellen
sie an Stelle der Worte im 19. Kapitel.

Ich begann wiederum diese Worte zu lesen und konnte sie lange nicht begreifen.
Ich sah, dass hier ein Fehler in der Uebersetzung und der Deutung sein müsse, worin
aber dieser Fehler bestand, konnte ich lange nicht finden. Der Fehler war offenbar.
Indem Christus sein Gebot dem Gebote Mosis entgegenstellt, laut welchem jeder
Mann, wie es dort heisst, sein Weib, »wenn sie nicht Gnade findet vor seinen Augen«
(Mos. 5, 24, 1), freilassen und ihr einen Scheidebrief geben kann, sagt er: »ich aber
sage euch: wer sich von seinem Weibe scheidet (ausser um Ehebruchs willen), der
macht, dass sie die Ehe bricht.« In diesen Worten liegt durchaus kein Gegensatz oder
eine Entscheidung darüber, ob man sich scheiden dürfe oder nicht, es ist nur gesagt,
dass das Freigeben des Weibes ihr Veranlassung giebt die Ehe zu brechen. Und plötzlich wird dabei eine Ausnahme gemacht für das Weib, das des Ehebruchs schuldig ist.
Diese Ausnahme, die sich auf das des Ehebruchs schuldige Weib bezieht, wo es sich
um den Mann handelt, ist überhaupt sonderbar und unerwartet, in diesem Zusammenhange aber geradezu unsinnig, da sie selbst die zweifelhafte Logik, die in den

Worten an sich lag, aufhebt. Es wird gesagt, dass das Freigeben des Weibes sie zum Ehebruch veranlasst, und es wird vorgeschrieben das des Ehebruchs schuldige Weib freizugeben; als ob das des Ehebruchs schuldige Weib die Ehe nicht brechen würde.

Abgesehen davon: nachdem ich diese Stelle aufmerksam analysirt hatte, bemerkte ich, dass sie nicht einmal grammatischen Sinn besass. Es wird gesagt: wer sich scheidet von seinem Weibe, ausser um Ehebruchs willen, der macht, dass sie die Ehe bricht, und der Satz ist zu Ende. Es wird vom Manne behauptet, dass er, indem er das Weib freigiebt, macht, dass sie die Ehe bricht. Warum heisst es denn hier: »ausser um Ehebruchs willen«? – Wenn gesagt wäre, dass der sich von seinem Weibe, ausser dem Falle des Ehebruchs, scheidende Mann die Ehe bricht, dann wäre der Satz richtig; so aber hat das Subjekt »der Mann, der sich scheidet,« kein anderes Prädikat als »macht, dass sie die Ehe bricht«. In welcher Beziehung steht nun »ausser um des Ehebruchs willen« zu diesem Prädikat? Selbst wenn zu den Worten »ausser um des Ehebruchs willen« das Wort: »des Weibes« oder »ihres« hinzugefügt wäre, was nicht der Fall ist, selbst dann könnten diese Worte sich nicht auf das »macht, dass sie die Ehe bricht« beziehen. Diese Worte beziehen sich, nach der angenommenen Auslegung, auf das Prädikat »wer sich scheidet«, dieses aber ist nicht das Hauptprädikat; das Hauptprädikat ist: »macht, dass sie die Ehe bricht«. Wozu ist denn gesagt: »ausser um des Ehebruchs willen« oder »es sei denn um Ehebruch« –? Sei es um Ehebruchs, sei es nicht um Ehebruchs willen, der Mann, wenn er sich scheidet, giebt allemal Veranlassung zum Ehebruch.

Der evangelische Ausspruch ist ganz gleich dem folgenden: derjenige, der seinem Sohne den Lebensunterhalt entzieht, ausser Grausamkeit, macht, dass er grausam wird. Das kann offenbar nicht die Bedeutung haben, dass der Vater seinem Sohne den Lebensunterhalt entziehen kann, wenn der Sohn grausam ist. Wenn er eine Bedeutung hat, so ist es nur die, dass der Vater, der seinem Sohne den Lebensunterhalt entzieht, ausser dass er sich selbst der Grausamkeit schuldig macht, auch seinen Sohn zur Grausamkeit veranlasst. Ebenso hätte auch der Ausspruch des Evangeliums Sinn, wenn anstatt der Worte »ausser um des Ehebruchs willen« es heissen würde: ausser Wollust, Unsittlichkeit oder etwas Aehnliches – was nicht eine Handlungsweise, sondern eine Eigenschaft bezeichnen würde.

Und ich fragte mich: sollte hier nicht blos gesagt sein, dass, wer sich von seinem Weibe scheidet, ausser dass er sich selbst der Unsittlichkeit schuldig macht (da jeder sich von seinem Weibe nur scheidet um ein anderes zu nehmen), auch das Weib zum Ehebruch veranlasst. Wenn das Wort »Ehebruch« im Texte derart gebraucht ist, dass es auch Unsittlichkeit bedeuten kann, so ist der Sinn klar.

Und es wiederholt sich dasselbe, was mir so oft in solchen Fällen vorgekommen. Der Text bestätigte meine Annahme, sodass kein Zweifel mehr möglich war.

Das erste, was mir beim Lesen des Textes auffiel, war, dass das Wort πορνεία, sowie das Wort μοιχᾶσθαι, das ein ganz anderes ist, durch das Wort »Ehebruch« übersetzt war. Vielleicht aber sind diese Worte synonym, oder es wird in den Evangelien das eine für das andere gebraucht. Ich forsche im allgemeinen und im evangelischen Lexikon und sehe, dass das Wort πορνεία, das dem hebräischen senuth, dem lateinischen fornicatio, dem deutschen Hurerei gleichkommt, eine ganz bestimmte Bedeutung hat und nie, nach keinerlei Wörterbüchern Ehebruch, adulterium, wie es übersetzt wird, bedeutet hat oder bedeuten kann. Es bezeichnet einen lasterhaften Zustand oder eine lasterhafte Eigenschaft, aber durchaus nicht eine Handlung und kann nicht durch das Wort Ehebruch übersetzt werden. Ueberdies sehe ich, dass die Worte »Ehebruch, ehebrechen« in allen Evangelien und sogar in diesen Versen durch das andere Wort μοιχᾶσθαι bezeichnet werden. Und es genügte mir, diese offenbar mit Absicht falsche Uebersetzung zu verbessern, damit der Sinn, der von den Erläuterern dieser Stelle und dem Kontexte (19) beigelegt wird, ganz unmöglich und die Bedeutung, bei welcher das Wort πορνείας sich auf den Mann bezieht, zweifellos wurde.

Die Uebersetzung wie sie jeder machen wird, der des Griechischen kundig ist, wird folgendermaassen lauten: παρεκτὸς – ausser, λόγου – der Schuld, πορνείας – der Unsittlichkeit, ποιεῖ – macht er, αὐτὴν – (dass) sie, μοιχᾶσθαι – die Ehe bricht; und wir haben buchstäblich: »wer sich scheidet von seinem Weibe, ausser der Schuld der Unsittlichkeit, macht, dass sie die Ehe bricht«.

Denselben Sinn gewinnt man aus dem 19. Kap. Es genügt die unrichtige Uebersetzung des Wortes πορνείας und des Vorwortes ἐὰν, durch »um« übersetzt, zu verbessern, und an Stelle des Wortes »Ehebruch« zu sagen »Unsittlichkeit« und anstatt »um« zu sagen »wegen«, um klar zu machen, dass die Worte εἰ μὴ ἐπὶ πορνείᾳ sich nicht auf das Weib beziehen können. Und da die Worte παρεκτὸς λόγου πορνείας nichts anderes bedeuten können als die Schuld der Unsittlichkeit des Mannes, – so können auch die Worte εἰ μὴ ἐπὶ πορνείᾳ, die im 19. Kap. stehen, sich auf nichts anderes beziehen als auf die Unsittlichkeit des Mannes. Es ist gesagt εἰ μὴ ἐπὶ πορνείᾳ – Wort für Wort »wenn nicht wegen Unsittlichkeit«. Und es ergiebt sich folgender Sinn: indem Christus an dieser Stelle den Pharisäern antwortet, die da glaubten, dass wenn der Mann sein Weib nicht verlassen hat um sich der Unsittlichkeit hinzugeben, sondern um sich mit einem andern Weibe ehelich zu verbinden, er die Ehe nicht gebrochen hat, – stellt er die Behauptung auf, dass das Verlassen der Frau, d. h. das Auflösen der Beziehungen zu ihr, auch wenn es nicht wegen Unsittlichkeit, sondern um der ehelichen Verbindung mit einer andern willen geschieht, dennoch Ehebruch ist. Und es entsteht ein ganz einfacher Sinn, im Einklange mit der ganzen Lehre, mit den Worten, mit denen er in Verbindung steht, sowie mit der Grammatik und Logik.

Und diese einfache, klare Bedeutung, die aus den Worten selbst und aus der ganzen Lehre entspringt, musste ich mit der grössten Mühe entdecken. In der That: lest die Worte im Deutschen, im Französischen, wo geradezu gesagt ist: »pour cause d'infidélité« oder »à moins que cela ne soit pour cause d'infidélité«, und errathet, dass sie etwas ganz anderes bedeuten! Das Wort παρεκτὸς, welches, allen Wörterbüchern nach, »excepté«, »ausgenommen« bedeutet, wird durch einen ganzen Satz wiedergegeben: »à moins que cela ne soit«. Das Wort πορνεία wird durch »infidélité«, »Ehebruch« übersetzt. Und auf diese absichtliche Entstellung des Textes gründet sich eine Erklärung, die den moralischen und religiösen, sowie den grammatischen und logischen Sinn der Worte Christi entstellt.

Und abermals fand ich die Bestätigung jener fruchtbaren und tröstlichen Wahrheit, dass der Sinn der Lehre Christi einfach und klar ist, dass seine Vorschriften wichtig und bestimmt sind, dass aber die Auslegungen, die darauf ausgehen das im Leben bestehende Böse zu rechtfertigen, seine Lehre derart verfinstert haben, dass man sie mit Mühe wieder entdecken muss. Es wird mir klar, dass wenn die Evangelien zur Hälfte verbrannt oder halbverwischt entdeckt worden wären, es leichter sein würde den wahren Sinn festzustellen, als jetzt, wo gewissenlose Erläuterer darüber hingegangen sind, die gerade den Zweck gehabt haben den Sinn der Lehre zu verdunkeln. In diesem Falle ist es noch augenscheinlicher als in dem vorhergehenden, wie der ganz spezielle Zweck der Rechtfertigung einer Ehescheidung eines Iwan des Grausamen die Veranlagung zur Verfinsterung der ganzen Lehre über die Ehe geworden ist.

Es genügt alle Erklärungen zu verwerfen, und anstatt des Nebelhaften und Unbestimmten erscheint das vollkommen bestimmte, klare zweite Gebot Christi.

Mache die Wollust der geschlechtlichen Beziehungen nicht zu einer Belustigung für dich; möge jeder Mann, wenn er nicht ein Kastrat ist, d. h. wenn er der geschlechtlichen Beziehungen bedarf, ein Weib, und jedes Weib einen Mann nehmen; und jeder Mann habe *ein* Weib und jedes Weib habe *einen* Mann: und zerstört nie und unter keinem Vorwande die fleischliche Verbindung zwischen euch.

Sogleich unmittelbar nach dem zweiten Gebote wird abermals ein Hinweis auf das alte Gesetz angeführt und das dritte Gebot wird erklärt (Matth. 5, 33-37): »Ihr habt weiter gehöret, dass zu den Alten gesagt ist: du sollst keinen falschen Eid thun und sollst Gott deinen Eid halten (Levit. 19, 12). Ich aber sage euch, dass ihr allerdings nicht schwören sollt, weder bei dem Himmel, denn er ist Gottes Stuhl (34); Noch bei der Erde, denn sie ist seiner Füsse Schemel; noch bei Jerusalem, denn sie ist eines grossen Königs Stadt (35). Auch sollst du nicht bei deinem Haupte schwören; denn du vermagst nicht ein einiges Haar weiss oder schwarz zu machen (36). Eure Rede aber sei: ja, ja, nein, nein; was drüber ist, das ist vom Uebel (37).«

Diese Stelle hatte mich, wenn ich sie las, früher stets durch ihre Unbegreiflichkeit verwirrt; sie verwirrte mich ebenso wie die Stelle über die Ehescheidung – nicht durch den Widerspruch mit anderen Stellen, wie z. B. das Gestatten des gerechten Zornes, – nicht durch die Schwierigkeit der Ausführung, wie die Vorschrift über das Hinhalten des Backens; nein, sie verwirrte mich, im Gegentheil, durch ihre Klarheit, ihre Einfachheit und Leichtigkeit. Neben Regeln, deren Tiefe und Bedeutung mich schreckten und demüthigten, stand plötzlich eine für mich so nutzlose, leere, leichte Regel, die weder für mich noch für andere irgend welchen Werth haben konnte. Ich schwur ohnehin nicht, weder bei Jerusalem, noch bei Gott, noch bei sonst etwas, und es kostete mich gar keine Mühe; und ausserdem, schien es mir, könne es für niemand von Wichtigkeit sein ob ich schwur oder nicht. Und in dem Wunsche für diese, mich durch ihre Leichtigkeit verwirrende Regel eine Erklärung zu finden, wandte ich mich an die Erläuterer. In diesem Falle brachten sie mir Hilfe.

Alle Erläuterer sehen in diesen Worten die Bestätigung des 3. Gebotes Mosis – nicht im Namen Gottes zu schwören. Sie erklären diese Worte in dem Sinne, dass Christus, gleich Moses, durchaus verbietet den Namen Gottes unnütz zu gebrauchen. Ausserdem erklären sie, dass diese Regel Christi, nicht zu schwören, nicht immer bindend sei und sich durchaus nicht auf *den* Eidschwur beziehe, den jeder Staatsbürger der Obrigkeit zu leisten hat. Und es werden Texte aus der hl. Schrift hervorgesucht, nicht um den geraden Sinn der Vorschrift Christi zu bestätigen, sondern um zu beweisen, dass man sie nicht zu erfüllen genöthigt sei und sie umgehen könne und müsse.

Es wird gesagt, dass Christus selbst den Eid im Gericht bestätigt hat, als er auf die Worte des Hohenpriesters: »ich beschwöre dich bei dem lebendigen Gott«, antwortete: »du sagst es«; es wird gesagt, dass der Apostel Paulus Gott anruft zum Zeugen der Wahrheit seiner Worte, was offenbar auch ein Schwur ist; es wird gesagt, dass die Schwüre durch das Gesetz Mosis vorgeschrieben waren, dass Gott aber dieses Gebot nicht abgeändert hat; es wird gesagt, dass nur leere, pharisäisch-heuchlerische Schwüre aufgehoben werden.

Und nachdem ich den Sinn und Zweck dieser Erklärungen begriffen hatte, sah ich ein, dass Christi Vorschrift über den Schwur durchaus nicht so nichtig, leicht und bedeutungslos sei, wie sie mir anfangs erschienen, als ich zu der Zahl der von Christus verbotenen Schwüre den Eidschwur nicht rechnete, der dem Staate zu leisten ist.

Und ich fragte mich: Ist hier nicht vielleicht gesagt, dass auch jener Schwur verboten ist, den die kirchlichen Erläuterer so sorgsam aus allen andern Schwüren aussondern? Ist hier nicht der Eidschwur verboten, derselbe Eidschwur, ohne den die Theilung der Menschen in Staaten, ohne den der Militärstand nicht möglich ist? Soldaten das sind Menschen, die alle Gewalttaten vollführen, und sie nennen sich »Vereidete«. Wenn ich mit jenem Grenadier darüber sprechen würde, wie er den Widerspruch zwischen dem Evangelium und dem Kriegsreglement entscheidet, würde er mir sagen, dass er einen Eid geleistet, d. h. beim Evangelium geschworen hat. Solche Antworten haben mir alle Militärpersonen gegeben. Dieser Eid ist zur Herstellung jenes furchtbaren Uebels, das durch Gewalt und Krieg hervorgerufen wird, so nothwendig, dass z. B. in Frankreich, wo das Christenthum verleugnet wird, der Eidschwur dennoch aufrecht erhalten ist. Christus musste sagen: »ihr sollt niemand einen Eid leisten«. Er ist gekommen um das Böse zu vernichten; sobald er aber den Eidschwur nicht aufhebt, – wie viel Böses bleibt da noch in der Welt! Man wird vielleicht entgegnen, dass zu Christi Zeiten dieses Böse nicht so bemerkbar gewesen sei. Dem ist aber nicht so. Epiktetos und Seneka haben bereits darüber gesprochen, dass man niemandem einen Eid schwören dürfe; in den Gesetzen Manus besteht die gleiche Regel. Warum soll ich behaupten, Christus habe dieses Uebel nicht gesehen? und es behaupten, wenn er doch so gerade, so klar und selbst ausführlich darüber gesprochen hat?

Er hat gesagt: »Ich sage euch: ihr sollt allerdings nicht schwören.« – Dieser Ausspruch ist ebenso einfach, klar und unzweifelhaft wie die Worte »richtet nicht und verdammet nicht« und ist ebenso wenig verschiedenen Deutungen unterworfen; um so mehr als zum Schluss hinzugefügt ist, dass alles, was von dir mehr verlangt wird als die Antwort: ja oder nein, alles vom Uebel ist.

Wenn Christi Lehre darin besteht immer den Willen Gottes zu erfüllen, wie kann da der Mensch schwören den Willen des Menschen erfüllen zu wollen? Der Wille Gottes ist mit dem Willen des Menschen nicht stets übereinstimmend. Und sogar an dieser Stelle sagt Christus genau dasselbe. Er sagt (5, 36): »Auch sollst du nicht bei deinem Haupte schwören; denn du vermagst nicht ein einiges Haar weiss oder schwarz zu machen.« Dasselbe steht in der Epistel Jakobi.

In diesem Briefe, am Schlusse, gleichsam als Abschluss des ganzen, sagt der Apostel Jakobus (5, 12): »Vor allen Dingen aber, meine Brüder, schwöret nicht, weder bei dem Himmel, noch bei der Erde, noch mit keinem andern Eide. Es sei aber euer Wort: Ja, das ja ist; und nein, das nein ist; auf dass ihr nicht in Heuchelei (wie Luther das griechische Wort κρίσις ganz willkürlich übersetzt hat, was aber verschiedene Deutungen zulässt, von denen die üblichste »Gericht, Urtheil« ist) fallet.« Der Apostel sagt auch, weshalb man nicht schwören soll: der Schwur an und für sich scheint kein Verbrechen, durch ihn aber verfällt man in Heuchelei (nach Luthers Uebersetzung, aber dem wahren Sinn des Wortes nach in Urtheil, wie es in diesem Vers übersetzt werden kann), und deshalb soll man gar nicht schwören. Wie könnte das, was Christus und die Apostel gesagt haben, noch deutlicher gesagt werden?

Ich war aber derart verwirrt, dass ich mich lange Zeit verwundert fragte: bedeutet das wirklich das, was es bedeutet? wie schwören wir denn alle beim Evangelium? – Das ist unmöglich!

Ich hatte indess die Erläuterung bereits gelesen und hatte gesehen auf welche Weise dies »Unmögliche« möglich gemacht worden war.

Wie bei den Erklärungen der Worte: »richtet nicht, zürnet niemand, zerreisset nicht das Band zwischen Mann und Weib« – so geht es auch hier. Wir haben unsere eigenen Regeln aufgestellt; uns sind diese Regeln theuer und wir wollen sie geheiligt wissen. Da kommt Christus, den wir für Gott halten, und sagt, dass diese unsere Regeln nicht gut sind. Wir halten ihn für Gott; von unseren Gebräuchen aber uns lossagen, das wollen wir nicht. Was sollen wir also thun? – Wo es angeht, das Wort »umsonst« einschalten und die Regel gegen den Zorn auf ein Nichts zurückführen; wo es angeht, gleich den gewissenlosen Rechtsverdrehern den Sinn eines Gesetzes-Paragraphen derart verstümmeln, dass das Gegentheil herauskommt, dass anstatt dessen, dass man sich von seinem Weibe nie scheiden dürfe, herauskommt, dass man sich scheiden darf. Wo aber eine falsche Auslegung ganz unmöglich ist, wie bei den Worten: »richtet nicht und verurtheilt nicht« und bei den Worten; »schwöret nicht«, – allerdinge dreist und gerade der Lehre entgegen handeln, behauptend, dass wir diese Lehre befolgen. Und wahrlich, was uns hauptsächlich verhindert zu begreifen, dass das Evangelium jeden Schwur, umsomehr den Eidschwur verbietet, ist: dass die pseudochristlichen Lehrer mit ungewöhnlicher Dreistigkeit die Menschen auf das Evangelium und bei dem Evangelium selbst schwören d. h. das thun lassen, was dem Evangelium entgegen ist.

Wie sollte es einem Menschen, den man bei dem Kreuze und bei dem Evangelium zu schwören veranlasst, in den Sinn kommen, dass das Kreuz eben deshalb heilig ist, weil man auf ihm den gekreuzigt hat, der das Schwören verbietet, und dass der Schwörende möglicherweise gerade die Stelle als ein Heiligthum küsst, an der es klar und bestimmt gesagt ist: ihr sollt allerdinge nicht schwören –?

Jedoch mich verwirrte diese Dreistigkeit nicht mehr. Ich sah klar, dass in den Versen 33-37 das klare, bestimmte, ausführbare 3. Gebot ausgesprochen war: du sollst nie, du sollst niemandem und in nichts schwören. Jeder Eidschwur ist von den Menschen zum Uebel erdacht.

Nach diesem 3. Gebote wird der vierte Hinweis angeführt und das 4. Gebot auseinandergesetzt. Matth. 5,38-42 (Luk. 6,29 f.): »Ihr habt gehöret, dass da gesagt ist: Auge um Auge, Zahn um Zahn (38). Ich aber sage euch, dass ihr nicht widerstreben sollt dem Uebel; sondern so dir jemand einen Streich giebt auf deinen rechten Backen, dem biete den andern auch dar (39). Und so jemand mit dir rechten will und deinen Rock nehmen, dem lass auch den Mantel (40). Und so dich jemand nöthiget eine Meile, so gehe mit ihm zwei (41). Gieb dem, der dich bittet; und wende dich nicht von dem, der dir abborgen will (42).«

Darüber, welche gerade, bestimmte Bedeutung diese Worte haben und wie uns jegliche Veranlassung fehlt sie in anderem Sinne auszulegen, habe ich bereits gesprochen. Die Erklärungen dieser Worte, von Johannes Chrysostomus an bis auf uns, sind wirklich merkwürdig. Diese Worte gefallen allen, und alle stellen bezüglich dieser Worte jede Art tiefsinniger Kombinationen an, ausgenommen die eine: dass diese Worte gerade die Bedeutung haben, die sie in Wirklichkeit besitzen. Die kirchlichen Erläuterer, ohne sich im geringsten von der Autorität dessen einschüchtern zu lassen, den sie als Gott anerkennen, schränken ganz ruhig den Sinn seiner Worte ein. Sie sagen: es ist selbstverständlich, dass alle diese Gebote über das Ertragen von Beleidigungen, über das Entsagen der Rache, als geradezu gegen, die jüdische Rachsucht gerichtet, nicht nur die gesellschaftlichen Maassregeln zur Einschränkung des Uebels und Bestrafung der Uebelthäter nicht ausschliessen, sondern auch besondere, persönliche Bemühungen und Sorgen eines jeden Menschen, als z. B. um die Unantastbarkeit der Wahrheit, um Belehrung der Beleidiger, um das Aufheben der Möglichkeit für die Böswilligen andern zu schaden, mit in sich begreifen; da sonst die geistvollsten Gebote des Erlösers sich nur in Buchstaben verwandeln würden, die zur Verbreitung des Bösen und zur Unterdrückung des Guten dienen könnten. Die Liebe des Christen muss gleich sein der Liebe Gottes, aber die Liebe Gottes lässt das Böse unbestraft nur in dem Maasse, in dem es für die Ehre Gottes und die Errettung des Nächsten mehr oder weniger unschädlich bleibt; im entgegengesetzten Falle muss das Böse eingeschränkt und bestraft werden, was hauptsächlich der Obrigkeit zukommt (Bibel-Kommentar des E. Michael, gegründet auf Erläuterungen der heil. Väter).

Gelehrte und freisinnige Christen lassen sich gleichfalls nicht durch den Sinn der Worte Christi einschüchtern und verlassen ihn. Sie sagen, dies seien sehr erhabene Aussprüche, die aber jeglicher Möglichkeit der Anwendung auf das wirkliche Leben entbehren, denn die Anwendung der Regel über das Nichtwiderstreben dem Uebel auf das Leben zerstört jene ganze Lebensordnung, die wir so herrlich eingeführt haben: so spricht Strauss und Renan, und so sprechen alle freidenkenden Erläuterer.

Es genügt jedoch uns zu Christi Worten zu verhalten wie wir uns zu den Worten des ersten besten Menschen verhalten, der mit uns spricht, d.h. anzunehmen, dass er das sagt, was er sagt, um sofort die Nothwendigkeit jeder tiefsinnigen Kombination zu verwerfen. Christus sagt: ich finde, dass die Art und Weise der Sicherstellung eures Lebens sehr thöricht und schlecht ist. Ich biete euch eine ganz andere, folgende Art; und er spricht jene Worte 5, 38-42. Es scheint, dass, bevor man diese Worte verbessert, man sie verstehen müsse. Das aber will eben keiner, indem jeder zum voraus überzeugt ist, dass die Ordnung, in der wir leben und die durch diese Worte zerstört wird, ein heiliges Gesetz der Menschheit darstellt.

Ich hielt unsere Lebensordnung weder für gut noch für heilig und begriff deshalb dies Gebot früher als die andern. Und nachdem ich diese Worte so verstanden hatte, wie sie gesagt waren, staunte ich über ihre Wahrhaftigkeit, Genauigkeit und Klarheit. Christus sagt: »Ihr wollt das Böse durch das Böse vernichten. Das ist unvernünftig. Auf dass kein Böses sei, thuet nichts Böses.« Und dann führt Christus die Fälle an, in denen wir gewohnt sind Böses zu thun, und sagt, in diesen Fällen sollten wir es nicht thun.

Dieses vierte Gebot war das erste, das ich begriff und das mir den Sinn der übrigen erschloss. Dieses einfache, klare, leicht zu befolgende Gebot lautet: widerstrebe nie mit Gewalt dem Uebel; brauche nie Gewalt gegen Gewalt: wirst du geschlagen, so dulde; wirst du zur Arbeit gezwungen, so arbeite; will man dir nehmen was du für das deine hältst, so gieb es hin!

Und diesem vierten Gebot folgt der fünfte Hinweis und das fünfte Gebot. Matth. 5, 43-48: »Ihr habt gehöret, dass da gesagt ist: du sollst deinen Nächsten lieben und deinen Feind hassen (Lev. 19, 17-18) (43). Ich aber sage euch: liebet eure Feinde; segnet, die euch fluchen; thut wohl denen, die euch hassen; bittet für die, so euch beleidigen und verfolgen (44): Auf dass ihr Kinder seid eures Vaters im Himmel. Denn er lässt seine Sonne aufgehen über die Bösen und über die Guten, und lässt regnen über Gerechte und Ungerechte (45). Denn so ihr liebet, die euch lieben, was werdet ihr für Lohn haben? Thun nicht dasselbe auch die Zöllner (46)? Und so ihr euch nur zu euren Brüdern freundlich thut, was thut ihr Sonderliches? Thun nicht die Zöllner auch also (47)? Darum sollt ihr vollkommen sein, gleichwie euer Vater im Himmel vollkommen ist (48).«

Diese Worte erschienen mir anfangs als eine Erklärung, Ergänzung und Verstärkung, ich will sogar sagen, als eine Uebertreibung der Worte über das Nichtwiderstreben dem Uebel. Nachdem ich aber den einfachen, anwendbaren, bestimmten Sinn jeder Stelle gefunden, die mit der Berufung auf das alte Gesetz beginnt, ahnte ich einen solchen auch hier. Jeder Berufung folgte die Auseinandersetzung des Gebotes; jeder Vers des Gebotes hatte eine Bedeutung und konnte nicht ausgeschlossen werden: hier musste es ebenso sein. Die letzten, im Lukas wiederholten Worte, dahingehend, dass Gott keinen Unterschied macht zwischen den Menschen und allen Gutes giebt, und dass »ihr deshalb auch so sein sollt wie Gott: keinen Unterschied machen zwischen den Menschen und nicht so thun wie die Heiden, sondern alle lieben und allen in gleichem Maasse Gutes thun« – diese Worte waren klar; sie erschienen mir als eine Bestätigung und Erläuterung einer bestimmten, klaren Regel; worin aber diese Regel selbst bestand, konnte ich lange nicht begreifen.

Die Feinde lieben? Das wäre etwas Unmögliches. Das war einer jener herrlichen Aussprüche, die man nicht anders aufnehmen kann als wie einen Hinweis auf ein unerreichbares sittliches Ideal. Das war zu viel oder – nichts. Man kann sich enthalten seinem Feinde zu schaden, ihn lieben aber kann man nicht. Christus konnte nicht Unmögliches vorgeschrieben haben. Ueberdies, gleich in den ersten Versen, in der Berufung auf das Gesetz der Alten: »es ist euch gesagt: hasset eure Feinde« – lag etwas Zweifelhaftes. An früheren Stellen führt Christus die wirklichen, eigentlichen Worte des Gesetzes Mosis an, hier aber führt er Worte an, die nie gesagt worden sind. Es ist, als ob er das Gesetz verleumde.

Wie bei meinen früheren Zweifeln, gaben mir auch hier die Erläuterungen keine Aufklärung. In allen Erläuterungen wird anerkannt, dass die Worte: »es ist euch gesagt: hasset eure Feinde« – nicht im Gesetze Mosis stehen; die Erklärung aber dieser falsch angeführten Stelle aus dem Gesetze wird nirgends gegeben. Es wird davon gesprochen, wie schwer es sei seine Feinde – die Bösen – zu lieben, und grösstenteils werden Verbesserungen an Christi Worten gemacht; es wird gesagt, dass man seine Feinde nicht lieben könne, man könne aber ihnen nichts Böses wünschen und thun. U. a. wird eingeprägt, dass man seine Feinde anzeigen, d. h. ihnen widerstehen könne und müsse; es wird über verschiedene Stufen des Erreichens dieser Tugend gesprochen, so dass, den Erläuterungen der Kirche nach, der endgiltige Schluss der ist, dass Christus, man weiss nicht weshalb, die Worte aus dem Gesetze Mosis falsch angeführt hat und viele herrliche, aber im Grunde leere und nicht anwendbare Worte gesprochen habe.

Mir schien, das könne nicht so sein. Hier musste ein klarer, bestimmter Sinn sein, ein ebensolcher Sinn, wie er in den ersten vier Geboten ist. Und um diesen Sinn zu verstehen, suchte ich zu allererst die Bedeutung der Worte der falschen Berufung auf das Gesetz zu begreifen: »es ist euch gesagt: hasset eure Feinde«. Nicht umsonst führt Christus bei jeder Regel die Worte des Gesetzes an: du sollst nicht tödten, du sollst nicht ehebrechen u. s. w., und stellt diesen Worten seine Lehre entgegen. Wenn man nicht begreift was er unter den aus dem Gesetze von ihm angeführten Worten versteht, kann man auch nicht begreifen was er vorschreibt. In den Erläuterungen wird geradezu gesagt (man kann es auch nicht verschweigen), dass Christus Worte anführt, die nicht im Gesetze stehen; es wird aber nicht erklärt, weshalb er das thut und was diese falsche Berufung bedeutet. Mir schien, dass man zu allererst erklären müsse was Christus meinen konnte, wenn er Worte anführte, die nicht im Gesetze waren. Und ich fragte mich: was können die Worte bedeuten, die Christus unrichtigerweise aus dem Gesetze anführt? In allen früheren Berufungen Christi auf das Gesetz wird nur eine Regel des alten Gesetzes angeführt, wie: du sollst nicht tödten, du sollst nicht ehebrechen, du sollst deinen Eid halten, Zahn um Zahn – und nach der Anführung dieser einen Vorschrift wird die ihr entsprechende Lehre auseinandergesetzt. Hier aber werden zwei Regeln angeführt, die einander entgegengestellt werden: es ist euch gesagt worden: ihr sollt den Nächsten lieben und den Feind hassen, sodass augenscheinlich die Grundlage des neuen Gesetzes eben der Unterschied sein soll zwischen den zwei Vorschriften des alten Gesetzes in Bezug auf den Nächsten und auf den Feind. Und tun klarer zu begreifen, worin dieser Unterschied bestellt, fragte ich mich: was bedeutet in der Sprache des Evangeliums das Wort »der Nächste« und das Wort »Feind«? Und in den Wörterbüchern und Kontexten der Bibel nachschlagend, überzeugte ich mich, dass das Wort »der Nächste« in der Sprache des Hebräers stets nur den Hebräer bezeichnet. Eine solche Definition des Nächsten wird auch im Evangelium durch das Gleichniss vom Samariter gegeben. Nach den Begriffen des hebräischen Schriftgelehrten, der da fragt: wer ist der Nächste? – konnte der Samariter nicht der Nächste sein. Dieselbe Definition des Nächsten wird in der Apostelgeschichte 7, 27 gegeben. »Der Nächste« bedeutet in der Sprache des Evangeliums: »der Landsmann«, der Mann, der zu derselben Nation gehört. Und deshalb nehme ich an, dass der Gegensatz, den Christus an dieser Stelle aufstellt, indem er jene Worte des Gesetzes anführt: »liebe den Nächsten und hasse den Feind«, in dem Unterschiede zwischen dem Landsmann und dem Fremden besteht. Ich frage mich: was ist ein Feind, nach den Begriffen der Juden? Und ich finde die Bestätigung meiner Voraussetzung: das Wort »Feind« wird in den Evangelien beinahe immer in dem Sinne nicht des persönlichen, sondern des allgemeinen Feindes der Nation gebraucht (Lukas 1, 71 u. 74. Matth. 22, 44. Mark. 12, 36. Luk. 20, 43 u. a.). Die Einzahl aber, in der das Wort »Feind« in diesen Versen im Ausspruch »hasse den Feind« gebraucht wird, bezeugt mir, dass hier die Rede von dem Feinde des Volkes ist. Die Einzahl bedeutet die

Gesammtheit der feindlichen Nationen. Im alten Testament wird der Begriff des feindlichen Volkes immer durch die Einzahl ausgedrückt.

Und sobald ich das begriffen hatte, war sofort die Schwierigkeit beseitigt: warum und wie Christus, der jedesmal vorher die eigentlichen Worte des Gesetzes anführte, hier plötzlich die Worte anführen konnte: »es ist euch gesagt: hasse den Feind«, die nicht gesagt worden waren. Man braucht nur das Wort »Feind« im Sinne von Volksfeind und »den Nächsten« im Sinne von Landsmann aufzufassen, damit diese Schwierigkeit gar nicht aufkomme. Christus spricht davon, wie es nach dem Gesetze Mosis den Hebräern vorgeschrieben ist sich zu dem Feinde des Volkes zu verhalten. Alle jene, in verschiedenen Büchern der Schrift zerstreuten Stellen, in denen Unterdrückung, Tödtung und Vernichtung anderer Völker vorgeschrieben wird, vereinigt Christus in den einen Ausdruck »hassen«, dem Feinde Böses thun. Und er sagt: es ist euch gesagt, ihr sollt die euren lieben und den Feind des Volkes hassen; ich aber sage euch: ihr sollt alle lieben, ohne Unterschied der Nation, der sie angehören. – Und sobald ich diese Worte so aufgefasst hatte, war sofort auch die andere, die Hauptschwierigkeit aufgehoben: wie die Worte »liebet eure Feinde« zu verstehen sind. Man kann persönliche Feinde nicht lieben. Menschen aber eines feindlichen Volkes kann man ebenso lieben wie seine Landsleute. Und es ward mir offenbar, dass Christus, wenn er sagt: »es ist euch gesagt: liebe den Nächsten und hasse den Feind; ich aber sage euch: liebet eure Feinde« –, davon spricht, dass alle Menschen ihre Landsleute für ihre Nächsten, fremde Völker aber für ihre Feinde anzusehen gewohnt sind und dass er solches verbietet. Er sagt: nach dem Gesetze Mosis besteht ein Unterschied zwischen einem Hebräer und einem Nicht-Hebräer, als einem Feinde des Volks; ich aber sage euch: ihr sollt diesen Unterschied nicht machen. Und gleich (Matth. und Luk.) nach dieser Regel sagt er, dass vor Gott alle gleich sind; dieselbe Sonne bescheinet alle, auf alle fällt der Regen; Gott macht keinen Unterschied zwischen den Völkern und thut allen das gleiche Gute; desgleichen sollen auch die Menschen Gutes thun allen Menschen ohne Unterschied ihrer Nationalität und nicht so wie die Heiden, die sich in verschiedene Völker theilen.

So ward mir abermals von verschiedenen Seiten die einfache, wichtige, klare und anwendbare Bedeutung der Worte Christi bestätigt. Abermals trat an Stelle einer nebelhaften und unbestimmten Philosophie eine klare, bestimmte, wichtige und ausführbare Regel: keinen Unterschied zu machen zwischen dein eigenen und dem fremden Volke und nichts von alledem zu thun, was aus diesem Unterschied entspringt: fremde Völker nicht anfeinden, keinen Krieg führen, nicht theilnehmen an Kriegen, uns nicht waffnen zum Kriege, sondern uns zu allen Menschen, welcher Nation sie auch angehören mögen, ebenso verhalten, wie wir es zu der eigenen thun.

Alles das war so einfach, so klar, dass ich mich wunderte wie ich es nicht sofort hatte verstehen können.

Die Ursache meines Nichtverstehens war dieselbe wie die meines Nichtverstehens des Verbotes der Gerichte und des Schwurs. Es ist schwer zu begreifen, dass jene Gerichte, die mit einem christlichen Dankgebet eröffnet werden und von denen gesegnet werden, die sich für Vollstrecker der Gesetze Christi halten, dass eben diese Gerichte mit dem Glauben an Christus nicht vereinbar, ja ihm gerade zuwider sind. Noch schwerer ist es zu errathen. dass derselbe Schwur, zu dem alle Menschen durch die Vollstrecker des Gesetzes Christi gebracht werden, durch dieses Gesetz geradezu verboten ist; zu errathen aber, dass das, was in unsrem Leben nicht nur für unentbehrlich und natürlich, sondern auch für das Herrlichste und Heldenmüthigste gilt – die Liebe zum Vaterlande, die Verteidigung und Erhebung desselben, der Kampf mit dem Feinde u. dergl. –, nicht nur eine Uebertretung des Gesetzes Christi, sondern ein vollständiges Sichlossagen von ihm ist, – das zu errathen ist ausserordentlich schwer. Unsere Lebensweise hat sich bis zu solchem Grade von der Lehre Christi entfernt, dass gerade diese Entfernung jetzt das Haupthinderniss für ein richtiges Verständniss derselben wird. Wir haben so wenig darauf geachtet, und haben derart vergessen was er uns über unser Leben gesagt hat: darüber, dass wir nicht nur nicht tödten, sondern selbst andern Menschen nicht zürnen dürfen, dass wir uns nicht vertheidigen sollen, sondern den andern Backen hinhalten müssen, dass es uns, die wir gewohnt sind Leute, die ihr Leben dem Todtschlage geweiht haben, ein christlich gesinntes Kriegsheer zu nennen, die wir gewohnt sind die an Christus gerichteten Gebete um Besiegung des Feindes anzuhören, unsern Ruhm und unsern Stolz im Todtschlage zu suchen und den Degen, dies Symbol des Todtschlags, zu einer gewissen Art Heiligthum zu erheben, sodass ein Mensch ohne dies Symbol ohne Messer, ein beschimpfter Mensch ist, – dass es uns jetzt erscheint, Christus habe den Krieg nicht verboten; wenn er ihn verboten hätte, würde er es deutlicher ausgesprochen haben.

Wir vergessen, dass Christus sich gar nicht vorstellen konnte, dass Menschen, die an seine Lehre der Demuth, der Liebe und der allgemeinen Brüderschaft glaubten, ruhig und bewusst das Tödten ihrer Brüder veranstalten könnten.

Christus konnte sich das nicht vorstellen und deshalb konnte er dem Christen den Krieg nicht verbieten, gleichwie ein Vater, der seinen Sohn belehrt wie er redlich leben soll, wie er niemandem Böses zufügen und sein Eigenthum anderen hingeben soll, zu ihm nicht das Verbot aussprechen kann den Leuten auf der Landstrasse die Kehle abzuschneiden.

Dass es nothwendig wäre dem Christen den mit dem Worte »Krieg« bezeichneten Todtschlag zu verbieten, das konnte kein Apostel und kein Jünger Christi aus den ersten Jahrhunderten des Christenthums sich denken. Origenes z. B. äussert folgendes in seiner Antwort an Celsus, Kap. 63. Er sagt: »Celsus ermahnt uns mit allen unseren Kräften dem Kaiser beizustehen, an seinen gesetzlichen Mühen theilzunehmen, uns für ihn zu bewaffnen, unter seinen Fahnen zu dienen und wenn nöthig seine Heere in den Kampf zu führen. Darauf müssen wir erwidern, dass wir bei Gelegenheit den Herrschern Hilfe leisten, jedoch sozusagen eine göttliche Hilfe, da wir in den Panzer Gottes gekleidet sind. Durch diese Handlungsweise unterwerfen wir uns der Stimme des Apostels: vor allem beschwöre ich euch – sagt er – zu beten, zu bitten und zu danken; zu beten für alle Menschen, für Könige und für die, so in höchsten Ehren stehen. Sodass, je gottesfürchtiger, umso nützlicher ein Mensch den Königen ist und sein Nutzen wirksamer ist als der Nutzen des Soldaten, der, nachdem er sich für die königliche Fahne hat anwerben lassen, so viele Feinde todtschlägt wie möglich. Denjenigen aber, die, ohne unseren Glauben zu kennen, von uns verlangen, dass wir Menschen tödten, können wir ausserdem noch antworten: eure Oberpriester verunreinigen auch nicht ihre Hände, damit Gott ihr Opfer annehme. So auch wir.« – Dieses Kapitel mit der Erklärung schliessend, dass die Christen durch ihr friedliches Leben mehr Nutzen bringen als die Soldaten, sagt Origenes: »Also führen wir besser Krieg um die Errettung des Kaisers als irgend jemand sonst. Es ist wahr, wir dienen nicht unter seinen Fahnen. Wir werden auch nicht dienen, selbst wenn er uns dazu zwingen wollte.«

So verhielten sich die Christen der ersten Jahrhunderte zum Kriege und so sprachen ihre Lehrer, indem sie sich an die Mächtigen der Erde wandten, und sprachen so zu einer Zeit, da die Märtyrer zu hunderten und zu tausenden um ihres Glaubens willen umkamen.

Und jetzt? – Jetzt ist es gar keine Frage mehr, ob der Christ sich am Kriege betheiligen könne. Alle jungen Leute, im kirchlichen, sogenannten christlichen Gesetze auferzogen, begeben sich jeden Herbst, sobald der Termin eintritt, vor die Kriegsbehörden und sagen sich mit Hilfe kirchlicher Priester vom Gesetze Christi los. Unlängst nur fand sich ein Bauer, der auf Grund des Evangeliums sich vom Kriegsdienste lossagte. Die Kirchenlehrer bemühten sich den Bauern zur Einsicht seiner Verirrung zu bringen; da aber der Bauer nicht ihnen, sondern Christus glaubte, so wurde er ins Gefängniss geworfen und dort so lange festgehalten bis er sich von Christus lossagte. Und alles dies geschieht, nachdem uns Christen vor 1800 Jahren von unsrem Gott ein vollkommen klares und bestimmtes Gesetz offenbart worden ist: halte die Menschen anderer Nationen nicht für deine Feinde, sondern siehe auf alle Menschen wie auf deine Brüder und verhalte dich zu allen ebenso, wie du dich zu den Leuten deines Volkes verhältst, und deshalb: nicht nur, dass du die, so du deine Feinde nennst, nicht tödtest, liebe sie vielmehr und thue ihnen Gutes.

Und nachdem ich diese so einfachen, bestimmten, keinerlei Auslegungen unterworfenen Gebote Christi in der Weise begriffen hatte, fragte ich mich: was wäre es, wenn die ganze christliche Welt an diese Gebote glaubte, nicht in dem Sinne, dass man sie absingen oder ablesen müsste um Gottes Gnade zu gewinnen, sondern so, dass man sie erfüllen soll zum Heile der Menschen? Was wäre es, wenn die Menschen an die Verpflichtungen dieser Gebote glaubten, wenn auch nur so fest, wie sie geglaubt haben, dass man jeden Tag beten, am Freitage fasten und jedes Jahr sich zum Abendmahl vorbereiten müsse? Was wäre es, wenn die Menschen an diese Gebote auch nur insoweit glaubten, wie sie an die Forderungen der Kirche glauben? Und ich stellte mir die ganze christliche Gemeinde vor, wie sie, nach diesen Geboten lebend, das junge Geschlecht in diesen Geboten erziehen würde.

Ich stellte mir vor, dass uns allen und unseren Kindern von Kindheit an durch Wort und Beispiel nicht das eingeflösst würde, was man jetzt uns einflösst: dass der Mensch seine Würde bewahren, seine Rechte vor den andern vertheidigen muss (was nicht anders als durch Demüthigung und Kränkung anderer geschehen kann), sondern: dass kein einziger Mensch irgend welche Rechte besitzt und nicht höher oder niedriger als der andere sein kann; dass nur derjenige niedriger und schmachvoller ist, der sich über die anderen erheben will; dass es keinen erniedrigenderen Zustand für den Menschen giebt, als den Zustand des Zornes gegen einen andern Menschen; dass das, was in meinen Augen die Nichtigkeit oder Narrheit eines Menschen ausmacht, meinen Zorn gegen ihn und meine Entzweiung mit ihm nicht rechtfertigen kann. Anstatt der ganzen Einrichtung unseres Lebens, vom Schaufenster der Läden an bis auf Theater, Romane und weiblichen Putz, der Fleischeslust erweckt, – stellte ich mir vor, dass uns allen und unsren Kindern durch Wort und That eingeprägt würde, dass Belustigungen durch wollüstige Bücher, durch Theater und Bälle die allergemeinsten Belustigungen sind; dass jede Handlung, die zum Zweck die Ausschmückung oder Schaustellung des Körpers hat, eine der niedrigsten und widerwärtigsten Handlungen ist. Anstatt der Einrichtung unseres Lebens, wo es nothwendig und gut erscheint, dass ein junger Mann bis zu seiner Heirath sich Ausschweifungen hingiebt; anstatt dessen, dass man ein Leben, welches die Eheleute trennt für das natürlichste ansieht; anstatt der gesetzlichen Anerkennung des Standes der zur Ausschweifung dienenden Weiber; anstatt der Zulassung und Segnung der Ehescheidung – anstatt alles dessen stellte ich mir vor, dass man uns mit Wort und That einprägte: dass der ehelose Stand des zu geschlechtlichen Beziehungen herangereiften und sich von ihnen nicht lossagenden Menschen eine Missgestalt und eine Schmach ist; dass das Verlassen derjenigen, mit der er sich vereint hat, das Vertauschen ihrer gegen eine andere, nicht nur eine ebenso unnatürliche Handlung des Mannes wie die Blutschande, sondern auch eine grausame, unmenschliche Handlung ist. Anstatt dass unser ganzes Leben auf Gewalt beruht, dass jede unserer Freuden durch Gewalt errungen und beschirmt wird; anstatt dass jeder von uns von Kindheit an bis ins Greisenalter hinein entweder der Bestrafte oder der Strafende ist – stellte ich mir vor, dass uns allen durch Wort und That eingeprägt würde, dass die Rache das niedrigste thierische Gefühl ist; dass die Gewaltthätigkeit nicht nur eine schmachvolle Handlung, sondern eine Handlung ist, die den Menschen des wahren Glückes beraubt, dass die Freude des Lebens nur die ist, die man nicht durch Gewalt zu beschützen braucht; dass die höchste Achtung nicht derjenige verdient, der von den andern nimmt oder das seine den andern vorenthält und andere zu seinem Dienste zwingt, sondern der, der mehr von dem seinigen weggiebt und mehr den anderen dient. Anstatt das für gut und gesetzlich anzuerkennen, dass jeder einen Eid schwört und das Kostbarste was er besitzt d. i. sein Leben, seine Freiheit hingiebt, ohne selbst zu wissen wozu, – stellte ich mir vor, dass allen eingeprägt würde, dass der vernünftige Wille des Menschen sein höchstes Heiligthum ist, welches der Mensch niemandem hingeben kann, und dass sich durch einen Eid jemandem zu etwas zu verpflichten ein Sichlossagen von seinem vernünftigen Wesen, eine Beschimpfung des höchsten Heiligthums bedeutet. Ich stellte mir vor, dass anstatt jenes Völkerhasses, der uns unter dem Scheine der Vaterlandsliebe eingeflösst wird, anstatt jener Lobpreisungen des Todtschlags, der Kriege, die uns von Kindheit an als die heldenmüthigsten Thaten geschildert werden, – uns Grauen und Verachtung gegen alle jene wirkenden Staatskräfte, Diplomaten und Militärpersonen, die zur Theilung der Menschen dienen, eingeflösst würde; dass uns ferner eingeprägt würde, dass ein Anerkennen irgend welcher Königreiche, besonderer Gesetze, Grenzen, Länder ein Zeichen der gröbsten Unwissenheit ist; dass der Krieg, d. h. das Tödten fremder, unbekannter Menschen ohne jegliche Veranlassung. das schrecklichste Verbrechen ist, zu dem nur ein verirrter und verderbter Mensch gelangen kann, der bis zum Thiere herabgesunken ist. Ich stellte mir vor, dass alle Menschen daran glaubten, und fragte: was würde dann sein?

Früher hatte ich mich gefragt, was aus der Befolgung der Lehre Christi, wie ich sie verstand, entstehen würde, und unwillkürlich musste ich antworten: nichts. Wir werden alle beten, des Segens der heil. Sakramente theilhaftig sein, an die Erlösung und

Errettung unserer selbst und der ganzen Welt durch Christus glauben; doch wird diese Rettung nicht von uns ausgehen, sondern sie wird eintreten weil die Zeit des Untergangs der Welt kommen wird. Christus wird kommen, wenn seine Zeit da sein wird, um zu Gottes Ehren »zu richten die Lebendigen und die Todten«, und ein Reich Gottes wird erstehen, unabhängig von unserem Leben. – Jetzt aber hatte Christi Lehre, wie ich sie mir vorstellte, noch eine andere Bedeutung. Die Gründung des Reiches Gottes auf Erden hing auch von uns ab. Die Befolgung der in den 5 Geboten ausgesprochenen Lehre Christi gründete dieses Reich Gottes. Das Reich Gottes auf Erden ist – der Friede aller Menschen unter einander. Der Friede unter den Menschen ist das höchste, auf Erden erreichbare Glück der Menschen. So erschien das Reich Gottes allen hebräischen Propheten. Und so erschien und erscheint es jedem menschlichen Herzen. Alle Prophezeiungen weissagen Frieden den Menschen. Die ganze Lehre Christi besteht darin Gottes Reich, Frieden den Menschen zu geben. In der Bergpredigt, im Gespräch mit Nikodemus, in den Episteln der Jünger, in allen seinen Predigten spricht er nur davon, was die Menschen trennt und sie verhindert in Frieden zu leben und somit in das Reich Gottes einzugehen. Alle Gleichnisse sind nur Beschreibungen dessen, was das Reich Gottes ist und Bekräftigungen dafür, dass nur die Liebe zu den Brüdern und der Friede mit ihnen zu diesem Reiche Gottes verhilft. Johannes der Täufer, Christi Vorgänger, sagt, das Reich Gottes sei herangekommen und werde durch Jesus Christus der Welt verliehen.

Christus sagt, er habe den Frieden auf die Erde gebracht (Joh. 14, 27): »Den Frieden lasse ich euch, meinen Frieden gebe ich euch. Nicht gebe ich euch, wie die Welt giebt. Euer Herz erschrecke nicht und fürchte sich nicht.«

Und diese seine fünf Gebote geben den Menschen wirklich den Frieden. Alle fünf Gebote haben nur diesen einen Zweck – Frieden unter den Menschen, Es genügt den Menschen an Christi Lehre zu glauben und sie zu befolgen, und der Friede wird auf Erden sein, und nicht ein Friede wie ihn die Menschen errichten, ein zeitweiliger, zufälliger, einzelner Friede, sondern ein Friede, der allgemein, unzerstörbar und ewig ist.

Das erste Gebot lautet: Halte Frieden mit allen, hüte dich einen andern Menschen für nichtig oder für einen Verrückten zu halten (Matth. 5, 22). Wenn der Friede zerstört ist, so wende alles dran um ihn wiederherzustellen; der Dienst Gottes ist Vernichtung der Feindschaft (Matth. 5, 23-24). Versöhne dich bei der geringsten Uneinigkeit, auf dass du das wahre Leben nicht verlierest. – In diesem Gebote ist alles gesagt; Christus aber sieht die Lockungen der Welt voraus, die den Frieden zwischen den Menschen stören und giebt ein zweites Gebot gegen die Lockungen der geschlechtlichen Beziehungen, die den Frieden stören: Schau nicht auf sinnliche Schönheit als auf eine

Belustigung; fliehe im voraus diese Versuchung (28-30); der Mann nehme *ein* Weib und das Weib *einen* Mann und verlasset nicht einer den andern, unter keinem Vorwande (32). Die zweite Versuchung sind die Schwüre, die den Menschen zur Sünde verleiten: Wisse im voraus, dass es Böses ist und thue keinerlei Gelübde (34-47). Die dritte Versuchung ist die Rache, die da menschliche Gerechtigkeit genannt wird: Räche dich nicht und rechtfertige dich nicht dadurch, dass du gekränkt würdest; dulde die Kränkung, vergilt aber nicht Böses mit Bösem (38-42). Die vierte Versuchung ist die Unterscheidung der Nationen, die Feindschaft der Völker und Staaten: Wisse, dass alle Menschen Brüder und Kinder *eines* Gottes sind und brich mit niemand den Frieden im Namen der Vortheile des Volks (43-48). Sobald die Menschen eines dieser Gebote nicht erfüllen, wird der Friede gestört. Erfüllen aber die Menschen alle Gebote, so wird das Reich des Friedens auf Erden herrschen. Diese Gebote schliessen alles Böse aus dem Leben der Menschen aus.

Bei der Erfüllung dieser Gebote wird das Leben des Menschen ein solches sein, wie jedes Menschen Herz es sucht und wünscht. Alle Menschen werden Brüder sein, jeder wird stets in Frieden mit den andern leben und alle Güter der Welt in dem Zeitraum des Lebens geniessen, der ihm von Gott zugetheilt ist. »Sie werden ihre Schwerter zu Pflugscharen und ihre Lanzen zu Sicheln machen.« Erstehen wird jenes Reich Gottes, das Reich des Friedens, das alle Propheten verheissen haben, das uns nahe kam unter Johannes dem Täufer und das Christus verkündigt hat, als er mit Jesaias' Worten sprach: »Der Geist des Herrn ist bei mir, derhalben er mich gesalbet hat und gesandt zu verkündigen das Evangelium den Armen, zu heilen die zerstossenen Herzen, zu predigen den Gefangenen, dass sie los sein sollen, und den Blinden das Gesicht, und den Zerschlagenen, dass sie frei und ledig sein sollen, und zu predigen das angenehme Jahr des Herrn.« (Luk. 5, 18-19. Jes. 61, 1-2.)

Die Gebote des Friedens, von Christus gegeben, einfach, klar, alle Fälle der Uneinigkeit voraussehend und ihnen vorbeugend, eröffnen dieses Reich Gottes auf Erden. Also ist Christus der wahrhafte Messias. Er hat die Verheissung erfüllt. Die Menschen allein erfüllen nicht das, was sie selber ewig gewünscht, um was sie stets gebetet haben und immer beten.

# VII.



Weshalb thun denn die Menschen nicht das, was Christus ihnen gesagt hat und was ihnen das höchste dem Menschen erreichbare Glück verleiht, das Glück, das sie ewig erwünscht und stets wünschen? Und von allen Seiten vernehme ich, in verschiedenen Worten, eine und dieselbe Antwort: Christi Lehre ist sehr schön und es ist wahr, dass bei Erfüllung derselben das Reich Gottes auf Erden hergestellt würde; sie ist aber schwierig und deshalb unausführbar.

Christi Lehre davon, wie die Menschen leben sollen, ist göttlich schön und bringt den Menschen Heil; dem Menschen aber ist es schwer sie zu befolgen. Wir sagen dies und hören es so oft aussprechen, dass uns der Widerspruch, der in diesen Worten liegt, gar nicht auffällt.

Der menschlichen Natur ist es eigen das zu thun, was besser ist. Und jede Lehre über das Leben der Menschen ist nur eine Lehre dessen, was für die Menschen besser ist. Wenn nun den Menschen gezeigt wird was für sie besser ist zu thun, wie können sie da sagen: sie wünschten wohl zu thun was besser ist, sie könnten es aber nicht? Die Menschen können nicht nur das nicht thun, was schlimmer ist, sondern sie können es auch nicht unterlassen das zu thun, was besser ist.

Die vernünftige Thätigkeit des Menschen ist, seit Bestehen des Menschen, darauf gerichtet, zu finden, welcher der bessere von allen Widersprüchen ist, die das Leben der einzelnen sowohl wie das Leben aller Menschen unter einander erfüllen.

Die Menschen kämpfen um Land, um Gegenstände, die sie brauchen, und kommen schliesslich dazu alles zu theilen und es »Eigenthum« zu nennen; sie finden, dass es zwar schwer ist eine derartige Ordnung einzuführen, dass es aber auf diese Art besser ist, und halten am Eigenthum fest. Die Menschen kämpfen um ihre Weiber, verlassen ihre Kinder; dann finden sie, dass es besser für jeden ist seine eigene Familie zu haben und obgleich es sehr schwer ist, eine Familie zu ernähren, halten sie dennoch am Eigenthum fest, an der Familie und an vielem andern. Und sobald die Menschen gefunden haben, dass es so besser ist, so handeln sie danach, möge es ihnen noch so schwer fallen. Was heisst das also, wenn wir sagen: Christi Lehre ist herrlich; das Leben nach der Lehre Christi ist besser als das, welches wir fuhren; wir können aber nicht so leben, wie es besser wäre, weil es »schwer« ist –?

Wenn das Wort »schwer« derart zu verstehen ist, dass es schwer ist die momentane Befriedigung seiner Begierden dem grösseren Glücke zu opfern, – warum sagen wir denn nicht auch, dass es schwer ist zu pflügen, auf dass wir Brod haben, und schwer Aepfelbäume zu pflanzen, auf dass Aepfel wachsen? Dass man Schwierigkeiten zu ertragen hat um grösseres Heil zu erringen, das weiss jedes Geschöpf, das mit dem ersten Keime der Vernunft begabt ist. Und plötzlich erweist es sich, dass wir, zugebend, dass Christi Lehre herrlich sei, sagen, sie sei unausführbar, weil sie schwierig ist. Schwierig, weil wir, in der Befolgung derselben, das entbehren müssen, was wir bisher nicht entbehrt haben. Es ist gleichsam, als hätten wir nie vernommen, dass es manchmal vortheilhafter ist zu dulden und zu entbehren als nichts zu erdulden und stets nur seine Begierden zu befriedigen.

Der Mensch kann Thier sein und niemand wird ihm daraus einen Vorwurf machen; der Mensch kann aber nicht mit Ueberlegung Thier sein wollen. Sobald er überlegt, gesteht er seine Vernunft zu; sobald er seine Vernunft zugesteht, kann er nicht *das* nicht erkennen, was vernünftig und was unvernünftig ist. Die Vernunft schreibt nichts vor; sie klärt nur auf.

Ich habe mir im Finstern Hände und Kniee gestossen, indem ich nach der Thüre suchte. Es trat ein Mensch mit Licht herein – und ich sah die Thür. Ich kann mich nicht mehr an der Wand stossen, weil ich die Thür sehe: noch weniger kann ich behaupten, dass ich die Thür sehe und finde, dass es besser ist durch die Thür zu gehen, dass es aber beschwerlich ist und ich deshalb fortfahren will mit den Knieen an die Wand zu stossen.

In dieser merkwürdigen Beurtheilung: die christliche Lehre ist gut und bringt der Welt Heil; die Menschen sind aber schwach, die Menschen sind schlecht und wollen es besser machen, machen es aber nur schlimmer und können es deshalb nicht besser machen – ist ein offenbares Missverständniss.

Hier ist offenbar nicht ein Fehler in der Beurtheilung, sondern etwas anderes.

Es muss hier eine falsche Vorstellung zu Grunde hegen. Nur eine falsche Vorstellung derart, dass das ist, was nicht ist, und das nicht ist, was ist, kann die Menschen zu einem so sonderbaren Ableugnen der Ausführbarkeit dessen bringen, was nach Eingeständniss der Menschen selbst ihnen Glück verleiht.

Die falsche Vorstellung, die dazu verleitet, ist das, was man den christlichen Dogmenglauben nennt, den Glauben, der von Kindheit auf allen Christen laut den verschiedenen orthodoxen, katholischen, protestantischen Katechismen gelehrt wird.

Dieser Glaube, laut der Definition des Glaubenden selbst, ist das Anerkennen der Existenz dessen, was scheint (so heisst es bei Paulus und so wiederholt es sich in allen Gotteslehren und Katechismen, als die beste Erklärung des Glaubens). Und gerade dieses Anerkennen der Existenz dessen, was scheint, hat die Menschen zu einer so sonderbaren Behauptung gebracht: dass die Lehre Christi für die Menschen gut ist, dass sie aber für die Menschen nicht taugt.

Die Lehre dieses »kirchlichen« Glaubens, in ihrem genauesten Ausdruck, ist folgende: Der persönliche, ewige, in drei Personen einige Gott verfiel plötzlich darauf, eine Welt der Geister zu schaffen. Dieser wohlwollende Gott schuf diese Welt der Geister zu deren Heile, es traf sich aber, dass einer der Geister durch sich selbst bös und deshalb unglücklich wurde. Es verging eine lange Zeit und Gott schuf eine andere, materielle Welt und schuf den Menschen, gleichfalls zu dessen Heile. Gott schuf den Menschen glückselig, unsterblich, unschuldig und müssig. Die Glückseligkeit des Menschen bestand im mühelosen Genüsse der Gütern des Lebens, seine Unsterblichkeit bestand darin, dass er ewig in derselben Weise leben sollte; seine Unschuld bestand darin, dass er das Böse nicht kannte.

Dieser Mensch wurde im Paradiese von jenem Geiste aus der ersten Schöpfung verführt, der durch sich selbst böse geworden war, und der Mensch ist seit der Zeit gefallen, und eben solche gefallene Menschen wurden fortan geboren. Seitdem begannen die Menschen zu arbeiten, zu kränkeln, zu leiden, zu sterben, körperlich und geistig zu kämpfen, d. h. der fictive Mensch ward zum wirklichen, zu dem, als welchen wir ihn kennen und den wir uns anders vorzustellen weder die Möglichkeit, noch das Recht und die Veranlassung haben. Der Zustand eines arbeitenden und leidenden Menschen, der das Gute wählt und das Böse vermeidet und stirbt, dieser tatsächliche Zustand, ausser welchem wir uns keinen andern vorstellen können, ist nach dieser Glaubenslehre nicht der wahre Zustand des Menschen, sondern ein ihm durchaus nicht natürlicher, ein zufälliger, vorübergehender Zustand.

Obgleich dieser Zustand für alle Menschen, laut dieser Lehre, von der Verstossung Adams aus dem Paradiese d. h. von Anbeginn der Welt bis zur Geburt Christi gedauert hat und ebenso für alle Menschen auch nachher fortdauert, müssen die Gläubigen annehmen, dass es blos ein zufälliger und zeitweiliger Zustand ist. Dieser Lehre nach ward der Sohn Gottes – Gott selbst, die 2. Person der Dreieinigkeit – von Gott in menschlicher Gestalt zur Erde gesandt um die Menschen von diesem, ihnen nicht eigenen, zufälligen, zeitweisen Zustand zu retten, den Fluch von ihnen zu nehmen, den dieser selbe Gott ihnen für Adams Sünde auferlegt hat, und sie zu ihrem früheren, natürlichen Zustand der Glückseligkeit zurückzuführen, d. h. zu Schmerzlosigkeit, Unsterblichkeit, Unschuld und Müssiggang. Die zweite Person der Dreieinigkeit, Christus, hat dieser Lehre nach dadurch, dass die Menschen ihn getödtet haben, die Sünde Adams gebüsst und diesen unnatürlichen Zustand des Menschen, der von Anbeginn der Welt bestand, aufgehoben. Seitdem ist der Mensch, der an Christus glaubt, derselbe geworden, der er im Paradiese gewesen ist, d. i. unsterblich, von Krankheit frei, unschuldig und müssig.

Bei jenem Theile der vollbrachten Erlösung, laut welchem die Erde nach Christus überall für die Gläubiges ohne Mühe zu gebären begann, und laut welchem Krankheiten aufhörten und Mütter ohne Schmerzen Kinder gebaren, hält sich die Lehre nicht lange auf, weil es schwer ist diejenigen, denen das Arbeiten schwer fällt und die Schmerzen wehe thun trotz ihres Glaubens, zu überzeugen, dass es nicht schwer ist zu arbeiten und dass Schmerzen nicht wehe thun. Der Theil der Lehre aber, laut welchem es keinen Tod und keine Sünde mehr giebt, wird mit besonderem Nachdruck hervorgehoben. Es wird behauptet, dass die Todten fortfahren zu leben. Und da die Todten in keinem Falle bestätigen können, weder dass sie gestorben sind, noch dass sie weiter leben, ebensowenig wie ein Stein bestätigen kann ob er sprechen kann oder nicht, so wird diese Ermangelung der Verneinung für einen Beweis des Lebens der Todten angenommen und es wird behauptet, dass Menschen, die gestorben sind, nicht gestorben sind. Und mit noch grösserer Feierlichkeit und Bestimmtheit wird behauptet, dass nach Christus der Mensch, durch seinen Glauben an ihn, von der Sünde befreit wird, d. h. dass der Mensch nach Christus nicht mehr sein Leben durch die Vernunft aufzuklären und das zu wählen braucht, was für ihn das Bessere ist. Er braucht nur zu glauben, dass Christus ihn von der Sünde erlöst hat, und dann wird er immer sündenfrei, d. h. vollkommen gut sein. Laut dieser Lehre müssen die Menschen sich einbilden, dass die Vernunft in ihnen machtlos ist und dass sie eben deshalb sündenlos sind, d. h. nicht irren können.

Der wahrhaft Gläubige muss sich einbilden, dass von Christi Zeiten an die Erde ohne Mühe gebiert, dass Kinder ohne Qualen zur Welt kommen, dass es keine Krankheiten, keinen Tod und keine Sünde, d. h. keine Fehler giebt, d. h. dass das nicht ist, was ist, und das ist, was nicht ist.

So spricht die streng logische Theorie der Gottesgelahrtheit.

Diese Lehre erscheint an und für sich unschuldig. Jedoch das Abweichen von der Wahrheit ist nie unschuldig und zieht stets Folgen nach sich, die um so bedeutender sind, je wichtiger der Gegenstand ist, über den die Unwahrheit gesagt wird. Hier aber ist der Gegenstand, über den die Unwahrheit gesprochen wird, das ganze menschliche Leben.

Das, was dieser Lehre nach das wahre Leben ist, ist ein persönliches, glückseliges, sündenfreies und ewiges Leben, d. h. ein solches, wie es nie jemand gekannt hat und wie es keines giebt. Das Leben aber, welches ist und welches allein wir kennen, welches wir leben, welches die Menschheit gelebt hat und lebt, ist dieser Lehre nach ein gesunkenes, ein schlechtes Leben, ist nur eine Probe jenes guten Lebens, das uns in unbekannter Zukunft erwartet.

Der Kampf zwischen dem Streben nach sinnlichem Genuss und den Geboten der Vernunft, die in der Seele eines jeden Menschen ruhen und das Wesen seines Lebens bilden, wird dieser Lehre nach vollständig beseitigt. Dieser Kampf wird in ein Ereigniss übertragen, das im Paradiese mit Adam, bei der Erschaffung der Welt stattgefunden hat. Und die Frage: soll ich die Aepfel essen, die mich verlocken, oder nicht? – existirt dieser Lehre nach nicht für den Menschen. Diese Frage ist ein für allemal von Adam im Paradiese im bejahenden Sinne entschieden worden. Adam hat für mich gesündigt, d. h. geirrt, und alle Menschen sind unwiderruflich gefallen, und alle unsere Bemühungen vernünftig zu leben sind vergeblich und sogar gottlos. Ich bin unverbesserlich schlecht und muss wissen, dass ich es bin. Und meine Rettung liegt nicht darin, dass ich durch meine Vernunft mein Leben aufklären und, nachdem ich das Gute und das Böse erkannt, das thun kann, was besser ist – nein, Adam hat für mich ein für allemal schlecht gehandelt und Christus hat ein für allemal diese böse That Adams gutgemacht und deshalb soll ich blos als Zuschauer mich fortwährend um den Fall Adams grämen und über die Rettung durch Christus freuen.

Alle Liebe zum Guten und Wahren aber, die in der Seele des Menschen ruht, alle seine Bemühungen die Erscheinungen des Lebens durch die Vernunft zu beleuchten, sein ganzes geistiges Leben – alles das ist nicht nur unwichtig, dieser Lehre nach, sondern es ist sogar Arglist oder Hochmuth.

Das Leben, wie es hier auf Erden ist, mit all' seinen Freuden und Schönheiten, mit all' dem Kampf der Vernunft gegen die Finsterniss, das Leben aller Menschen, die vor mir gelebt, mein ganzes eigenes Leben mit seinen innern Kämpfen und Siegen der Vernunft – ist kein wahres, sondern ein gesunkenes, hoffnungslos verdorbenes Leben; das wahre Leben aber, das sündenlose – ist im Glauben, d. h. in der Einbildung, im Wahnsinn.

Möge der Mensch der von Kindheit an angenommenen Gewohnheit alles das zuzulassen entsagen und diese Lehre einfach anschauen; möge er sich in Gedanken in einen neuen, ausserhalb dieser Lehre erzogenen Menschen versetzen und sich fragen: wie würde diese Lehre einem solchen Menschen erscheinen? – Als der vollkommenste Wahnsinn!

Wie sonderbar und schrecklich es sein muss solches zu denken, so konnte ich dennoch nicht umhin dies einzugestehen, denn dies allein erklärte mir jene merkwürdige, widerspruchsvolle, sinnlose Entgegnung, die ich von allen Seiten gegen die Ausführbarkeit der Lehre Christi vernahm: sie ist gut und bringt den Menschen Heil, die Menschen können sie aber nicht befolgen.

Nur die Vorstellung des Daseins dessen, was nicht ist und des Nichtseins dessen, was ist, konnte zu diesem merkwürdigen Widerspruch führen. Und eine solche falsche Vorstellung fand ich in dem 1500 Jahre lang gepredigten pseudo-christlichen Glauben.

Den Einwand aber gegen die Lehre Christi, dass sie gut, jedoch unausführbar sei, erheben nicht allein die Gläubigen; auch die Nichtgläubigen machen ihn – solche Leute, die nicht glauben oder die da meinen, dass sie an das Dogma des Sündenfalls und der Erlösung nicht glauben. Den Einwand gegen die Lehre Christi, dass sie unausführbar, machen Leute der Wissenschaft, Philosophen, überhaupt gebildete Menschen, die sich für vollkommen frei von allem Aberglauben halten. Sie glauben nicht oder meinen, dass sie an nichts glauben, und halten sich deshalb für vollkommen frei vom Aberglauben, vom Sündenfall und von der Erlösung. Auch mir erschien es anfangs so. Auch mir schien es, dass diese gelehrten Leute andere Gründe haben um die Ausführbarkeit der Lehre Christi abzuleugnen. Nachdem ich in die Grundlagen ihrer Verneinung tiefer eingedrungen bin, habe ich mich überzeugt, dass auch die Ungläubigen dieselbe falsche Vorstellung davon haben, dass unser Leben nicht das ist, was es ist, sondern das, was es ihnen erscheint, und dass diese Vorstellung der Ungläubigen sich auf dieselbe Grundlage stützt wie die Vorstellung der Gläubigen. Die sich zum Unglauben Bekennenden glauben, es ist wahr, weder an Gott, noch an Christus, noch an Adam; an die falsche Grundvorstellung aber über das Anrecht der Menschen auf ein glückseliges Leben, auf der alles beruht, glauben sie ebenso fest, ja fester noch als die Theologen.

Wie die privilegirte Wissenschaft mitsammt der Philosophie auch grossthun mag, behauptend die Entscheiderin und Leiterin der Geister zu sein, sie ist dennoch nicht Leiterin, sondern Dienerin. Ihr ist stets eine fertige Weltanschauung gegeben und die Wissenschaft arbeitet nur weiter auf dem Wege, der ihr von der Religion angewiesen ist. Die Religion eröffnet den Menschen den Begriff des Lebens und die Wissenschaft wendet diesen Begriff auf die verschiedenen Seiten des Lebens an. Wenn daher die Religion dem Leben einen falschen Sinn beilegt, so wird die in dieser religiösen

Weltanschauung auferzogene Wissenschaft von verschiedenen Seiten diesen falschen Sinn auf das Leben der Menschen anwenden. Eben dieses geschah von unserer europäisch-christlichen Wissenschaft und Philosophie.

Die kirchliche Lehre gab dem Leben der Menschen einen Grundbegriff darin, dass der Mensch ein Recht an ein glückseliges Leben hat und dass diese Glückseligkeit nicht durch die Bemühungen des Menschen, sondern durch etwas Aeusserliches erreicht wird – und diese Weltanschauung ward zur Basis unserer ganzen Wissenschaft und Philosophie.

Religion, Wissenschaft, öffentliche Meinung, alle sagen einstimmig, das Leben welches wir führen, sei schlecht, die Lehre Christi aber, wie wir uns selbst zu bessern bemühen und dadurch auch das Leben selbst bessern sollen, sei unausführbar.

Die Lehre Christi im Sinne der Verbesserung des Lebens der Menschen durch die Kräfte ihrer Vernunft ist unausführbar, weil Adam gefallen ist und die Welt im Argen liegt: – so sagt die Religion.

Diese Lehre ist unausführbar, weil das menschliche Leben durch bestimmte, vom Willen des Menschen unabhängige Gesetze gelenkt wird: – so sagt unsere Philosophie. Folglich sagt die Philosophie und die ganze Wissenschaft mit anderen Worten genau dasselbe was die Religion im Dogma von der Erbsünde und von der Erlösung sagt.

In der Lehre über die Erlösung giebt es zwei Grundsätze, auf die sich alles stützt: 1) das normale menschliche Leben ist ein Leben der Glückseligkeit, das Leben auf Erden aber ist ein schlechtes, durch Menschenmühe nicht zu verbesserndes Leben, und 2) die Rettung aus diesem Leben, d. i. auf Erden, liegt im Glauben.

Diese zwei Grundsätze sind zur Basis der Weltanschauung der Gläubigen sowohl wie der Ungläubigen unserer pseudo-christlichen Gesellschaft geworden. Dem zweiten Grundsatze entsprang die Kirche mit ihren Einrichtungen. Dem ersten entspringt unsere öffentliche Meinung und entspringen unsere philosophischen und politischen Theorien.

Alle philosophischen und politischen Theorien, welche die bestehende Ordnung gutheissen, wie die Philosophie Hegels und seiner Jünger, stützen sich auf diesen Grundsatz. Ihm entspringt auch der Pessimismus, der vom Leben das verlangt, was es nicht geben kann, und deshalb in seiner Verleugnung des Lebens sich zu demselben Grundsatz bekennt.

Der Materialismus mit seiner merkwürdigen siegestrunkenen Behauptung, dass der Mensch ein Prozess sei und weiter nichts, ist ein rechtmässiges Kind dieser Lehre, die da zugiebt, das Leben hier sei ein gesunkenes Leben. Der Spiritismus mit seinen gelehrten Anhängern ist der beste Beweis dafür, dass die wissenschaftliche und philosophische Anschauung keine freie ist, sondern sich auf die religiöse Lehre über das glückselige, ewige Leben stützt, das dem Menschen zukommt.

Die falsche Auslegung der Bedeutung des Lebens führte zur falschen Auffassung der vernünftigen Thätigkeit des Menschen. Das Dogma des Falles und der Erlösung des Menschen verhüllte vor den Menschen das wichtigste Gebiet menschlicher Thätigkeit, indem es aus dem ganzen Gebiete menschlichen Wissens das Wissen dessen ausschloss, was der Mensch thun soll um selbst glücklicher und besser zu werden. Wissenschaft und Philosophie, im Glauben, feindlich gegen das Pseudo-Christenthum zu handeln und sich dessen sogar rühmend, arbeiten nur für dasselbe. Wissenschaft und Philosophie behandeln alles was ihr wollt, nur nicht die Frage, wie der Mensch besser werden und besser leben soll. Das was man Ethik, Sittenlehre nennt, ist aus unsrer pseudo-christlichen Gesellschaft gänzlich verschwunden.

Gläubige sowohl wie Ungläubige fragen sich nicht wie man leben und wie man jene Vernunft anwenden soll, die uns verliehen worden, sie fragen sich dagegen: warum ist unser menschliches Leben kein solches, wie wir es uns vorgestellt, und wann wird es ein solches werden, wie wir es wünschen?

Nur dank dieser falschen Lehre, die sich in Fleisch und Blut unserer Generationen eingesogen hat, konnte jene merkwürdige Erscheinung entstehen, dass der Mensch jenen Apfel der Erkenntniss des Guten und des Bösen, den er der Sage nach im Paradiese gegessen, gleichsam ausgespuckt hat, und vergessend, dass die ganze Geschichte des Menschen nur im Entscheiden des Widerspruchs zwischen Vernunft und thierischer Natur besteht, seine Vernunft darauf zu verwenden begonnen hat die historischen Gesetze zur Rechtfertigung seiner thierischen Natur heranzuziehen.

Die religiösen und philosophischen Lehren aller Nationen, mit Ausnahme der philosophischen Lehren der pseudo-christlichen Welt, alle, die wir kennen: das Judenthum, die Lehre des Confucius, der Brahmanen, der Buddhisten, der griechischen Weisen, – alle Lehren haben den Zweck die Menschen darüber aufzuklären, wie sie ihr Leben zu gestalten haben, wie jeder danach streben soll sich und sein Leben zu bessern. Die ganze Lehre des Confucius besteht in der persönlichen Vervollkommnung; die der Juden im persönlichen Befolgen eines jeden Gebotes Gottes, der Buddhismus lehrt, wie jeder sich vom Uebel des Lebens befreien soll. Sokrates lehrte die persönliche Vervollkommnung im Namen der Vernunft; die Stoiker erklären die vernünftige Freiheit für die einzige Grundlage des wahren Lebens.

Die ganze vernünftige Thätigkeit des Menschen bestand nur in dem einen: in der Aufklärung durch die Vernunft, deren Inhalt das Streben zum Guten ist. Die Freiheit des Willens, sagt unsere Philosophie, ist eine Illusion, und ist stolz auf die Kühnheit dieser Behauptung. Die Freiheit des Willens ist aber nicht nur eine Illusion, sondern es ist ein Wort ohne alle Bedeutung, ein Wort, das von Theologen und Kriminalisten erfunden ist, und dieses Wort widerlegen hiesse gegen Mühlen kämpfen. Die Vernunft aber, die unser Leben erhellt und uns veranlasst unsre Handlungsweise zu ändern, ist keine Illusion und sie lässt sich auf keine Weise ableugnen. Der Vernunft zu folgen zur Erreichung der Glückseligkeit – darin bestand stets die Lehre aller wahrhaften Lehrer der Menschheit; darin beruht die ganze Lehre Christi, und sie, d. h. die Vernunft selbst, durch Vernunft ableugnen, das ist durchaus nicht möglicher

Die Lehre Christi ist die Lehre von des Menschen Sohne, der mit allen Menschen identisch ist, d. h. von dem allen Menschen innewohnenden Streben nach Glückseligkeit und der allen Menschen eigenen Vernunft, die den Menschen in jenem Streben erleuchtet. (Zu beweisen, dass »des Menschen Sohn« des Menschen Sohn bedeutet, ist überflüssig. Um unter des Menschen Sohn nicht das zu verstehen, was diese Worte bedeuten, muss man beweisen, dass Christus absichtlich zur Bezeichnung dessen, was er sagen wollte, Worte gebraucht hat, die einen ganz andern Sinn haben. Doch wenn auch, nach dem Willen der Kirche, »des Menschen Sohn« »Gottes Sohn« heisst, selbst dann bedeutet »des Menschen Sohn« einen Menschen seinem Wesen nach, denn »Söhne Gottes« nennt Christus alle Menschen.)

Die Lehre Christi von des Menschen Sohne – dem Sohne Gottes –, welche die Grundlage aller Evangelien bildet, ist am deutlichsten in seinem Gespräche mit Nikodemus ausgedrückt. Jeder Mensch, sagt er, muss, ausser dem Bewusstsein seines fleischlichen, persönlichen Lebens, das vom Vater im mütterlichen Leibe entstanden, sich einer anderen, geistigen Abkunft bewusst sein (Joh. 3, 5-7). Das, was der Mensch als seine Freiheit anerkennt, das ist eben das, was vom Unendlichen geboren ward, von dem, was wir Gott nennen (3, 8. 13). Dieses also von Gott Geborne, diesen Sohn Gottes im Menschen, müssen wir in uns erhöhen, um das wahre Leben zu empfangen (14-17). Des Menschen Sohn ist Gottes gleichartiger (nicht eingeborner) Sohn. Wer diesen Sohn Gottes in sich erhöht über allem anderen, wer da glaubt, dass nur in ihm das Leben ist, der wird nicht in Zwiespalt mit dem Leben gerathen. Der Zwiespalt mit dem Leben entsteht blos dadurch, dass die Menschen nicht an das Licht glauben, das in ihnen ist (18-21), das Licht, von welchem im Evangelium Johannis gesagt ist: »In ihm ist das Leben und das Leben ist das Licht der Menschen.«

Christus sagt, man müsse des Menschen Sohn, der Gottes Sohn und das Licht der Menschen ist, über alles andere erhöhen. Er sagt: wenn ihr des Menschen Sohn erhöhet, werdet ihr erkennen, dass ich nichts persönlich von mir aussage (Joh. 12, 30. 32. 49). Die Hebräer verstehen nicht seine Lehre und fragen: wer ist des Menschen Sohn, der da muss erhöhet werden (34)? Und auf diese Frage antwortet er (35): »Es ist das Licht noch eine kleine Weile in euch In allen kirchlichen Uebersetzungen ist diese Stelle absichtlich falsch übersetzt; anstatt »in euch, ἐν ὑμὶν« steht überall, wo man auf diese Worte stösst, »bei, mit euch«.. Wandelt, dieweil ihr das Licht habt, dass euch die Finsterniss nicht überfalle. Wer in der Finsterniss wandelt, der weiss nicht wo er hingeht.« Auf die Frage, was es heisse: des Menschen Sohn erhöhen, antwortet Christus: in dem Lichte leben, das in den Menschen ist.

Des Menschen Sohn ist laut Christi Antwort das Licht, in welchem die Menschen wandeln müssen, so lange das Licht in ihnen ist (Luk. 11, 35): »So schaue darauf, dass nicht das Licht in dir Finsterniss sei.«

»Wenn das Licht, das in dir ist, Finsterniss ist, wie gross wird dann die Finsterniss sein?« sagt [2 unleserliche Buchtaben. Re] Matth. 6, 23 zur Belehrung aller Menschen.

Vor und nach Christus sagten die Menschen dasselbe: dass im Menschen ein göttliches Licht lebt, das vom Himmel kommt, und dass dieses Licht die Vernunft ist; dass man ihm allein dienen und in ihm allein das Heil suchen müsse. Das sagten die Lehrer der Brahminen, die hebräischen Propheten; das sagten Konfuzius Sokrates, Mark Aurel, Epiktetos und alle wahrhafter Weisen, nicht Verfasser philosophischer Theorien, sondern Menschen, welche die Wahrheit suchten zu ihrem eigenen Heile sowohl wie zum Heile aller Mark Aurel sagt: »Ehre das, was das Mächtigste ist in der Welt, was alles benutzt und alles beherrscht. Ehre auch das, was mächtig ist in dir. Es ist dem ersten gleich, weil es das benutzt, was in dir ist und dein Leben beherrscht.« Epiktetos sagt:

»Gott hat seinen Samen gesäet, nicht allein in meinen Vater und Grossvater, sondern auch in alle Geschöpfe, die auf Erden leben, insonderheit in die vernünftigen, weil sie allein in Beziehung zu Gott treten – durch die Vernunft, die sie mit ihm verbindet.«

Im Buche des Konfuzius heisst es: »Das Gesetz der hohen Wissenschaft besteht in der Entwickelung des Keimes und der Aufrechterhaltung des Lichtes der Vernunft, die wir vom Himmel erhalten haben.« Dieser Ausspruch wiederholt sich mehrmals und dient als Grundlage der chinesischen Philosophie.

Und plötzlich haben wir nach dem Dogma der Erlösung erkannt, dass es gar nicht nöthig ist über dieses Licht im Menschen zu sprechen noch daran zu denken. Daran muss man denken, sagen die Gläubigen, welches Wesen den Personen der Dreieinigkeit eigen ist, welche Sakramente vollzogen werden müssen und welche nicht; denn die Erlösung der Menschen wird nicht durch unsere Bemühungen herbeigeführt werden, sondern nur durch die Dreieinigkeit und die regelmässige Vollziehung der

Sakramente. Man muss daran denken, sagen die Ungläubigen, nach welchen Gesetzen das unendlich kleinste Theilchen der Materie seine Bewegung im unendlichen Weltraum, in unendlicher Zeit vollführt; daran aber, was die Vernunft des Menschen zu seinem Heile verlangt, daran braucht man nicht zu denken, denn die Verbesserung des Zustandes des Menschen wird nicht durch sie herbeigeführt werden, sondern durch allgemeine Gesetze, die wir entdecken werden.

Ich bin überzeugt, dass nach einigen Jahrhunderten die Geschichte der sogenannten wissenschaftlichen Thätigkeit der vielgepriesenen letzten Jahrhunderte unserer europäischen Menschheit einen unerschöpflichen Gegenstand der Lächerlichkeit und des Mitleids für die zukünftigen Geschlechter bilden wird. Einige Jahrhunderte lang waren die gelehrten Leute eines kleinen nördlichen Theiles der grossen Erdoberfläche einem epidemischen Wahnsinn verfallen, indem sie sich einbildeten, dass ein ewiges, seliges Leben ihnen gehöre, und vertieften sich in allerhand tiefe Gedanken darüber, wie, nach welchen Gesetzen dieses Leben für sie eintreten werde; selbst jedoch thaten sie nichts und dachten nie daran wie sie ihr Leben besser einrichten sollten. Und was dem zukünftigen Historiker noch rührender erscheinen wird, ist, dass er finden wird, dass diese Menschen einen Lehrer gehabt haben, der sie klar und bestimmt darauf hingewiesen hat, was sie thun sollten um glücklicher zu leben, und dass die Worte dieses Lehrers von den einen in der Weise erklärt würden, dass er in den Wolken kommen werde um alles einzurichten, und von den andern derart, dass die Worte dieses Lehrers herrlich, aber unausführbar seien, weil das menschliche Leben nicht so ist wie wir es wünschen, und folglich es sich nicht der Mühe lohnt sich mit ihm abzugeben; die menschliche Vernunft aber müsse auf die Erlernung der Gesetze dieses Lebens gerichtet sein, ohne jegliche Beziehung auf die Glückseligkeit des Menschen.

Die Kirche sagt: Christi Lehre ist unausführbar, weil das Leben hier nur eine Probe des wahren Lebens ist; es kann nicht gut sein, denn alles in ihm ist eitel Böses. Das beste Mittel dieses Leben zu durchleben besteht darin, dass man es verachtet und im Glauben (d. h. in der Einbildung) an ein zukünftiges, seliges, ewiges Leben lebt; hier aber soll man nur leben wie es sich gerade leben lässt und – beten.

Philosophie, Wissenschaft und öffentliche Meinung sagen: Christi Lehre ist unausführbar, weil das Leben des Menschen nicht von jenem Lichte der Vernunft abhängt, mit dem er dies Leben erleuchten kann, sondern von allgemeinen Gesetzen, und deshalb soll man dies Leben nicht durch die Vernunft erleuchten, sondern man soll leben wie es sich leben lässt, im festen Glauben, dass, den historischen, soziologischen und anderen Gesetzen nach, unser Leben von selbst, ohne unser Zuthun, nachdem wir sehr lange schlecht gelebt haben werden, ein sehr gutes werden wird.

Es kommen Leute auf einen Hof; sie finden auf diesem Hofe alles, was sie zum Leben brauchen: ein Haus mit allem Zubehör, gefüllte Kornspeicher, Keller und Gewölbe voll Vorräthe aller Art; auf dem Hofe Ackergeräthe, Pferdegeschirr, Pferde, Kühe, Schafe, eine vollständige Wirthschaft: alles, was zu einem behaglichen Leben gehört. Es kommen Menschen von verschiedenen Seiten auf diesen Hof und fangen an alles zu gebrauchen, was sie dort vorfinden, jeder aber nur für sich, nicht im geringsten darum besorgt etwas für diejenigen, die jetzt mit ihm im Hause sind, oder für die, die nach ihm kommen, übrig zu lassen. Jeder will alles für sich. Jeder beeilt sich alles nach Möglichkeit auszunutzen, und es beginnt ein Vernichten des Ganzen, ein Kampf, eine Rauferei um den Besitz aller Gegenstände: Milchkühe, junge, ungeschorne Schafe werden geschlachtet, Gestelle und Karren dienen zum Heizen der Oefen; man schlägt sich um den Wein, um das Korn; man vergiesst und verschüttet und verdirbt mehr als man benutzt. Keiner geniesst in Ruhe seinen Bissen, sondern isst und zankt. Es kommt der Stärkste und entreisst alles den andern; diesem wird wiederum von einem andern alles fortgenommen u. s. f.

Abgequält, zerschlagen, hungrig verlassen die Leute den Hof. Wieder richtet der Hausherr alles im Hofe derart her, dass die Leute ruhig auf ihm leben können. Wieder ist der Hof ein voller Kelch, wieder kommen Vorübergehende und wieder giebt es Handgemenge und Schlägereien; abermals geht alles verloren und abermals gehen die Leute abgequält, zerschlagen und erbittert fort und schmähen und zürnen den Gefährten und dem Hausherrn, dass er schlecht und ungenügend vorbereitet. Und der gute Hausherr richtet abermals den Hof also her, dass die Leute darauf leben können, und abermals wiederholt sich dasselbe und so fort, immer und immer wieder. Und nun, bei einer Ankunft neuer Menschen erscheint ein Lehrer und spricht zu den andern: Brüder! wir thun nicht das Rechte. Seht, wie viel Hab' und Gut auf dem Hofe ist, wie die ganze Wirthschaft eingerichtet ist! Es wird für uns alle genügen und wird noch übrig bleiben für diejenigen, die nach uns kommen werden; lasset uns nur vernünftig leben: lasset uns nicht einer dem andern die Habe entreissen, sondern einer dem andern helfen, lasset uns säen, pflügen, das Vieh weiden, und alle werden ein gutes Leben haben. Es traf sich, dass dieser und jener verstand was der Lehrer sagte, und die ihn verstanden, begannen also zu handeln; sie hörten auf, sich zu schlagen, sie nahmen nichts mehr einer dem andern fort und begannen zu arbeiten. Die übrigen aber, die theilweise die Reden des Lehrers nicht gehört, theilweise auch sie vernommen hatten ohne ihnen Glauben zu schenken, handelten nicht nach seinen Worten, schlugen sich wie ehedem, verdarben des Hausherrn Hab' und Gut und gingen fort. Es kamen andere und es war dasselbe. Die dem Lehrer gehorsamen wiederholten stets die

Ermahnung: »Schlaget euch nicht, verderbet nicht des Hausherrn Gut, es wird besser für euch sein; thuet so wie der Lehrer gesagt hat.« Dennoch waren immer noch viele, die nicht gehört hatten und die nicht glaubten, und alles ging lange Zeit in der alten Weise fort.

Alles das ist begreiflich und konnte sich genau so verhalten, solange die Menschen nicht an das glaubten, was der Lehrer sagte. Nun aber wird erzählt, dass eine Zeit kam, wo alle auf dem Hofe die Worte des Lehrers vernahmen, alle sie begriffen, mehr denn nur begriffen: alle anerkannten, dass Gott selbst durch den Lehrer zu ihnen gesprochen, dass auch der Lehrer Gott selbst gewesen ist, und alle glaubten, wie an ein Heiligthum, an jedes Wort des Lehrers. Es wird aber erzählt, als ob nachher, statt dass alle nach den Worten des Lehrers gelebt hätten, folgendes geschah: dass von nun an sich niemand mehr des Handgemenges enthielt, dass alle einer auf den andern eindrangen und alle anfingen zu sprechen: jetzt wissen wir ganz bestimmt, dass es so nothwendig ist und wir nicht anders handeln können.

Was bedeutet das? Selbst das Vieh richtet sich ein sein Futter derart zu fressen, dass es nicht unnütz durcheinandergeworfen wird; die Menschen aber haben erfahren, auf welche Weise sie besser leben sollen, haben geglaubt, dass Gott selbst ihnen also zu leben befiehlt, und leben noch schlechter: weil man, sagen sie, nicht anders leben kann. Diese Menschen müssen sich etwas anderes vorgestellt haben. Nun, was konnten sich jene Leute auf dem Hofe gedacht haben, um nachdem sie den Worten des Lehrers geglaubt, fortzufahren zu leben wie bisher, einer dem andern die Habe entreissend, sich unter einander schlagend, Hab' und Gut und sich selbst zu Grunde richtend? Es ist dieses. Der Lehrer hat: ihnen gesagt: euer Leben auf diesem Hofe ist ein schlechtes; lebet besser und euer Leben wird ein besseres werden. Sie aber haben sich eingebildet, dass der Lehrer überhaupt ihr Leben auf diesem Hofe verurtheilt und ihnen ein anderes, gutes Leben, nicht auf diesem Hofe, sondern anderswo verheissen hat. Und sie haben ausgemacht, dass dieser Hof eine Herberge sei, dass es sich nicht der Mühe lohne auf ihm gut zu leben, und dass man nur darauf zu achten habe jenes anderswo verheissene gute Leben nicht zu versäumen. Nur dadurch lässt sich das sonderbare Benehmen jener Leute auf dem Hofe erklären, die da glauben, dass der Lehrer Gott war, und der andern, die ihn für einen weisen Mann und seine Worte für gerecht halten und dennoch fortfahren, in der alten Weise, den Rathschlägen des Lehrers zuwider zu leben.

Die Leute haben alles gehört und alles verstanden, haben nur das unbeachtet gelassen, dass der Lehrer blos darüber spricht, dass die Menschen hier auf diesem Hofe, wo sie zusammengetroffen, selbst ihr Glück zu gründen haben; sie haben sieh eingebildet, dass dieser Hof eine Herberge ist. Daraus aber entstand jene merkwürdige Betrachtung: dass die Worte des Lehrers sehr schön, dass sie sogar Worte Gottes selbst seien, sie zu befolgen aber sehr schwer sei.

Wenn nur die Menschen aufhören wollten sich zu Grunde zu richten und zu erwarten, dass irgend jemand kommen und ihnen helfen werde: sei es Christus in den Wolken mit Posaunenstimme oder ein historisches Gesetz oder ein Differenzial- oder Integral-Gesetz der Kräfte. Niemand wird uns helfen, wenn wir uns nicht selber helfen. Nicht einmal uns zu helfen aber haben wir nöthig. Wir müssen nur nichts erwarten, weder vom Himmel noch von der Erde; wir sollen nur aufhören uns selbst zu Grunde zu lichten.

# VIII.

[Widerlegung der Behauptung, dass der Einzelne nicht inmitten einer egoistischen Welt Christi Gebote erfüllen könne.
Falsche Werthschätzung des persönlichen Lebens.
Wahres Leben ist das ewige Vernunftleben.
Christus verwirft die persönliche Auferstehung.]

Wollen wir jedoch annehmen, dass die Lehre Christi der Welt Glückseligkeit giebt; wollen wir annehmen, dass sie vernünftig ist und dass der Mensch, auf Grundlage der Vernunft, nicht das Recht hat sich von ihr loszusagen – was aber soll ein einzelner inmitten einer Welt von Menschen, die Christi Gesetz nicht erfüllen? Wenn die Gesammtheit der Menschen sich plötzlich entschliessen würde Christi Lehre zu befolgen, dann würde die Erfüllung derselben möglich sein. Ein einzelner Mensch aber kann nicht der ganzen Welt entgegenhandeln. Wenn ich allein inmitten einer Welt von Menschen, die Christi Lehre nicht erfüllen, – heisst es gewöhnlich – diese Lehre befolgen werde, fortgeben werde was ich besitze, widerstandslos den Backen hinhalten, mich sogar vom Eide und vom Kriegsdienste lossagen werde, so wird man mir das letzte nehmen, und wenn ich nicht Hungers sterben werde, wird man mich zu Tode prügeln, und wenn man mich nicht zu Tode prügeln wird, so wird man mich in einen Kerker sperren oder mich erschiessen, und ich werde umsonst das ganze Glück meines Lebens und mein Leben selbst verwirkt haben.

Diese Erwiderung gründet sich auf dasselbe Missverständniss, wie die Behauptung der Unausführbarkeit der Lehre Christi.

So sprechen gewöhnlich alle und so dachte auch ich, bevor ich mich von der kirchlichen Lehre völlig befreit hatte und solange ich daher die Lehre Christi über das Leben in ihrer ganzen Bedeutung nicht begriff.

Christus bietet seine Lehre über das Leben als Errettung aus jenem verderblichen Leben, das die Menschen führen, wenn sie seine Lehre nicht befolgen; und plötzlich sage ich, dass ich ja froh wäre seiner Lehre zu folgen, dass es mir aber leid thut mein Leben zu Grunde zu richten. Christus lehrt die Errettung vom verderblichen Leben, ich aber bedaure dieses verderbliche Leben. Also halte ich dieses mein Leben durchaus für kein verderbliches, sondern für etwas Wahres, mir Angehöriges und Gutes. In diesem Glauben als ob mein irdisches, persönliches Leben etwas Wahres, mir Angehöriges sei, liegt eben das Missverständniss, das mich am Begreifen der Lehre Christi verhindert. Christus kennt diese Verirrung der Menschen, die sie veranlasst dieses ihr persönliches Leben für etwas Wahres und ihnen Angehöriges zu halten, und zeigt ihnen durch eine ganze Reihe von Predigten und Gleichnissen, dass sie gar keine Rechte an das Leben, ja kein Leben haben, solange sie nicht das wahre Leben erlangen, indem sie sich lossagen von dem Trugbild des Lebens, von dem, was sie ihr Leben nennen.

Um Christi Lehre über die Errettung des Lebens zu begreifen, muss man vor allen Dingen verstehen, was alle Propheten, was Salomon, Buddha und alle Weisen der Welt über das persönliche Leben des Menschen gesagt haben. Man kann – nach einem Ausspruche Pascals – sich des Nachdenkens darüber enthalten, man kann einen Schirm vor sich hertragen, der unsren Blicken jenen Abgrund des Todes entzieht, dem wir alle zueilen; es genügt aber darüber nachzudenken, was das einzelne, persönliche Leben des Menschen ist, um sich davon zu überzeugen, dass dieses ganze Leben, wenn es ein blos persönliches ist, für jeden einzelnen Menschen nicht nur gar keinen Sinn hat, sondern eine böse Verspottung des Herzens, der Vernunft und alles dessen ist, was Gutes im Menschen ist. Und deshalb muss man, um Christi Lehre zu verstehen, zu allererst sich besinnen, es muss sich in uns jenes μετανοεῖν vollziehen, dasselbe, wovon in der Verkündigung seiner Lehre Christi Vorgänger, Johannes, zu eben solchen verirrten Menschen spricht. Er sagt: »Vor allem besinnet euch, sonst werdet ihr alle umkommen.« Er sagt: »Das Beil liegt schon bei dem Baume um ihn umzuhauen. Tod und Verderben sind da, neben jedem. Vergesst das nicht und besinnet euch.« Und Christus sagt dasselbe, als er seine Predigt beginnt

»Besinnet euch, sonst werdet ihr alle umkommen.« Es ist Christus von dem Untergange der von Pilatus getödteten Galiläer erzählt worden (Luk. 13, 1 ff.) und er sagt: »Meinet ihr, dass diese Galiläer vor allen Galiläern Sünder gewesen sind, dieweil sie das erlitten haben (2)? Ich sage nein; sondern so ihr euch nicht bessert, besinnt (μετανοεῖν heisst sich besinnen, aber nicht bessern), werdet ihr alle auch also umkommen (3). Oder meinet ihr, dass die achtzehn, auf welche der Thurm in Siloah fiel und erschlug sie, seien schuldig gewesen vor allen Menschen, die zu Jerusalem wohnen (4)? Ich sage nein; sondern so ihr euch nicht besinnet, werdet ihr alle auch also umkommen (5).«

Wenn Christus zu unserer Zeit, in Russland gelebt hätte, würde er gesagt haben: Glaubet ihr denn, dass die im Zirkus von Berditschew Verbrannten oder die auf dem Erdaufwurfe bei Kukujewo Verschütteten schuldiger gewesen sind, denn andere? Alle werdet ihr ebenso umkommen, wenn ihr euch nicht besinnet, wenn ihr in eurem Leben nicht das findet, was nicht zu Grunde geht. Der Tod der vom Thurme Erdrückten, der im Zirkus Verbrannten entsetzt euch alle; euer Tod aber, ebenso furchtbar und unvermeidlich, steht gleichfalls vor euch. Und vergebens bemühet ihr euch ihn zu vergessen. Wenn er unerwartet kommt, wird er noch furchtbarer sein.

Er sagt Lukas 12, 54-57: »Wenn ihr eine Wolke sehet aufgehen vom Abend, so sprecht ihr bald: es kommt ein Regen; und es geschieht also. Und wenn ihr sehet den Südwind wehen, so sprecht ihr: es wird heiss werden; und es geschieht also. Ihr Heuchler, die Gestalt der Erde und des Himmels könnt ihr prüfen; wie prüfet ihr aber diese Zeit nicht? Warum richtet ihr aber nicht an euch selber, was recht ist?«

Ihr erkennet, nach gewissen Anzeichen, das Wetter voraus: wie sehet ihr denn nicht, was mit euch geschehen muss? Entfliehe der Gefahr, behüte dein Leben so viel du willst, und dennoch: wenn nicht Pilatus dich tödtet, so wird ein Thurm dich erdrücken, und wenn weder Pilatus noch ein Thurm dich tödtet, so wirst du im Bette unter noch entsetzlicheren Qualen sterben.

Macht eine einfache Berechnung, wie weltliche Leute sie machen, wenn sie etwas unternehmen: einen Thurm bauen, oder in den Krieg ziehen oder eine Fabrik errichten. Sie unternehmen und sorgen um etwas, was einen vernünftigen Zweck haben soll.

Lukas 14, 28-31: »Wer ist aber unter euch, der einen Thurm bauen will, und sitzt nicht zuvor, und überschlägt die Kosten, ob er es habe hinauszuführen? Auf dass nicht, wo er den Grund gelegt hat, und kann es nicht hinausführen, alle die es sehen, anfangen seiner zu spotten und sagen: dieser Mensch hob an zu bauen, und kann es nicht hinausführen. Oder, welcher König will sich begeben in einen Streit wider einen anderen König, und sitzt nicht zuvor, und rathschlagt, ob er könne mit zehntausend begegnen dem, der über ihn kommt mit zwanzigtausend?«

Ist es denn nicht sinnlos sich um etwas zu mühen, was, trotz alles Fleisses, nie vollendet werden kann? Immer wird der Tod früher eintreten, als der Thurm deines weltlichen Glückes vollendet sein wird. Und wenn du im voraus weisst, dass, soviel du auch mit dem Tode ringen magst, nicht du ihn, sondern er dich besiegen wird: ist es da nicht besser gar nicht gegen ihn zu kämpfen und nicht die Seele hineinzulegen in das, was sicher untergeht, sondern eine Arbeit zu suchen, die nicht mit dem unvermeidlichen Tode zusammenbricht?

Lukas 12, 22-27: »Er sprach zu seinen Jüngern: darum sage ich euch, sorget nicht für euer Leben, was ihr essen sollt; auch nicht für euren Leib, was ihr anthun sollt (22). Das Leben ist mehr, denn die Speise; und der Leib mehr, denn die Kleidung (23). Nehmet wahr der Raben: sie säen nicht, sie ernten auch nicht, sie haben auch keinen Keller noch Scheune; und Gott nähret sie doch. Wie viel aber seid ihr besser, denn die Vögel (24)? Welcher ist unter euch, ob er schon darum sorget, der da könnte eine Elle lang seiner Grösse Diese Worte sind falsch übersetzt: das Wort ἡλικία heisst Lebensalter, Lebenszeit und deshalb bedeutet der ganze Ausdruck: »ihr könnt eurem Leben keine Spanne Zeit, d.i. keine Stunde, keinen Tag zulegen.«zusetzen (25)? So ihr denn das Geringste nicht vermöget, warum sorget ihr für das andere (26)? Nehmet wahr der Lilien auf dem Felde, wie sie wachsen; sie arbeiten nicht, so spinnen sie nicht. Ich sage euch aber, dass auch Salomo in aller seiner Herrlichkeit nicht ist bekleidet gewesen, als der eine (27).«

Wie viel ihr auch sorgen möget um Leib und Nahrung, so kann doch niemand seinem Leben auch nur eine Stunde zusetzen. Ist es also nicht sinnlos um etwas zu sorgen, was ihr nicht erreichen könnt?

Ihr wisst sehr gut, dass euer Leben mit dem Tode enden wird, und ihr sorget darum euer Leben durch Reichthum zu sichern. Das Leben kann nicht durch Reichthum gesichert werden. Begreifet, dass dies eine lächerliche Täuschung ist, durch die ihr euch selbst betrügt.

Es kann die Bedeutung des Lebens – sagt Christus – nicht in dem liegen, was wir ausser uns besitzen und erwerben; seine Bedeutung muss in etwas anderem liegen.

Er sagt Luk. 12, 16-21: des Menschen Leben, bei all' seinem Ueberfluss, hängt nicht von seinem Besitzthum ab. »Es war ein reicher Mensch, dess Feld hatte wohl getragen (16). Und er gedachte bei sich selbst, und sprach: was soll ich thun? ich habe nicht, da ich meine Früchte hinsammle (17). Und sprach: das will ich thun; ich will meine Scheunen abbrechen, und grössere bauen, und will darin sammeln alles, was mir gewachsen ist, und meine Güter (18). Und will sagen zu meiner Seele: liebe Seele, du hast einen grossen Vorrath auf viele Jahre; habe nun Ruhe, iss, trink, und habe guten Muth (19). Aber Gott sprach zu ihm: du Narr, diese Nacht wird man deine Seele von dir fordern, und wess wird es sein, das du bereitet hast (20)? Also gehet es, wer sich Schätze sammlet, und ist nicht reich in Gott (21).«

Der Tod steht immer, zu jeder Zeit, über euch. Und deshalb heisst es Luk. 12, 35-40: »Lasset eure Lenden umgürtet sein, und eure Lichter brennen (35), Und seid gleich den Menschen, die auf ihren Herrn warten, wann er aufbrechen wird von der Hochzeit, auf dass, wann er kommt und anklopft, sie ihm bald aufthun (36). Und so er kommt in der andern Wache, und in der dritten Wache, und wird es also finden, selig sind diese Knechte (38). Das sollt ihr aber wissen, wenn ein Hausherr wüsste, zu welcher Stunde der Dieb käme; so wachte er, und liesse nicht in sein Haus brechen (39). Darum seid ihr auch bereit; denn des Menschen Sohn wird kommen zu der Stunde, da ihr es nicht meinet (40).«

Das Gleichniss von den Jungfrauen, die den Bräutigam erwarten, vom Ende der Welt und vom jüngsten Gericht, alle diese Stellen haben, nach den Meinungen aller Erläuterer, ausser der Bedeutung des Unterganges der Welt noch den Sinn, dass dem Menschen immer, zu jeder Stunde, der Tod bevorsteht.

Der Tod, der Tod, der Tod harret euer jeden Augenblick. Euer Leben wird vollbracht im Angesichte des Todes. Wenn ihr persönlich für eure Zukunft arbeitet, so wisst ihr selbst, dass euch in der Zukunft eines erwartet – der Tod; und dieser Tod zerstört alles, um was ihr euch bemüht. Also kann das Leben um seiner selbst willen keine Bedeutung haben. Wenn es ein vernünftiges Leben giebt, so muss es irgend ein anderes sein, d. h. ein solches dessen Ziel nicht in der Zukunft, sondern auf sich selbst beruht. Um vernünftig zu leben, muss man so leben, dass der Tod das Leben nicht zerstören kann.

Lukas 10, 41 f.: »Martha, Martha, du hast viele Sorge und Mühe; eines aber ist noth.«

Alle jene unzähligen Geschäfte, die wir für uns selbst verrichten, brauchen wir in der Zukunft nicht; alles das ist eine Täuschung, mit der wir uns selbst betrügen. »Eines aber ist noth.«

Von seiner Geburt an ist die Lage des Menschen derartig, dass ein unvermeidlicher Untergang seiner harrt, d. h. ein sinnloses Leben und ein sinnloser Tod, wenn er nicht dieses gewisse Eine das noth ist, findet. Dieses Eine aber, was das wahre Leben giebt, ist eben das, was Christus den Menschen verkündet. Er denkt es nicht aus, er verspricht nicht es kraft seiner göttlichen Macht zu geben; er zeigt blos den Menschen, dass mit diesem persönlichen Leben, welches eine unzweifelhafte Täuschung ist, zugleich das bestehen muss, was Wahrheit und keine Täuschung ist.

Durch das Gleichniss von dem Weinberge (Matth. 21, 33-42) erklärt Christus die Quelle der Verirrung des Menschen, die ihnen die Wahrheit verbirgt und sie das eingebildete, also ihr persönliches Leben, für das wahre Leben halten lässt.

Menschen, die in des Herrn bebautem Garten lebten, haben sich eingebildet Besitzer dieses Gartens zu sein. Und aus dieser falschen Vorstellung entspringt eine Reihe sinnloser und grausamer Handlungen dieser Leute, welche damit enden, dass sie vertrieben und aus dem Leben ausgeschlossen werden. – Ebenso haben auch wir uns eingebildet, dass das Leben jedes einzelnen von uns unser persönliches Eigenthum ist, dass wir ein Recht darauf haben und damit schalten dürfen wie wir wollen, ohne irgend welche Verpflichtungen gegen wen es auch sei zu haben. Und für uns, die wir uns solches eingebildet haben, ist eine ebensolche Reihe sinnloser und grausamer Handlungen und Trübsale unvermeidlich; ebenso unvermeidlich ist das Ausgeschlossenwerden aus dem Leben. Und wie die Weinbauer meinen, je schlimmer sie seien, um so besser sichern sie sich, und die Gesandten und des Hausherrn Sohn tödten, – so scheint es auch uns, dass, je schlimmer wir sind, um so besser wir uns sichern.

Wie bei den Weinbauern das unvermeidliche Ende eintritt, dass der Hausherr sie aus dem Garten vertreibt, weil sie keinem die Früchte daraus geben, so endet es auch mit den Menschen, die sich eingebildet haben, dass das persönliche Leben das wahre Leben ist. Der Tod vertreibt sie aus dem Leben und ersetzt sie durch neue Menschen, aber nicht zur Strafe, sondern nur deshalb, weil sie das Leben nicht begriffen haben. Gleichwie die Bewohner des Gartens entweder vergessen hatten oder nicht wissen wollten, dass ihnen der Garten übergeben war, umgraben, umzäunt, mit einem ausgegrabenen Brunnen, dass also jemand für sie gearbeitet hatte und deshalb auch von ihnen Arbeit erwartete, – so haben auch die Menschen, die ein persönliches Leben leben, vergessen, oder wollen alte das vergessen, was vor ihrer Geburt für sie gethan worden ist, was während ihres Lebens gethan wird und was folglich auch von ihnen erwartet wird. Sie wollen vergessen, dass alle Güter der Welt, die sie gemessen, gegeben sind und gegeben werden und deshalb weitergegeben oder abgegeben werden müssen.

Diese Veränderung der Ansicht über das Leben, diese μετάνοια ist der Eckstein der Lehre Christi, wie er es auch am Schlusse des Gleichnisses ausgesprochen hat. Christus lehrt: gleich den Weinbauern, die, in einem Garten lebend, der nicht von ihnen bearbeitet war, begreifen und fühlen mussten, dass sie in unbezahlbarer Schuld vor dem Hausherrn standen, müssen auch die Menschen begreifen und fühlen, dass, von dem Tage ihrer Geburt bis zu ihrem Tode, sie stets in unbezahlbarer Schuld vor jemand stehen: vor denen, die vor ihnen gelebt, vor den Mitlebenden und vor den Kommenden; vor dem, was der Anfang von allem war, ist und sein wird. Sie müssen verstehen, dass sie mit jeder Stunde ihres Lebens, während welcher sie das Leben annehmen, diese Verpflichtung, die sie mit dem Leben und dessen Uranfang verbindet, befestigen und dass deshalb der diese Verpflichtung verleugnende und für sich lebende Mensch, indem er sein persönliches Leben zu bewahren sucht, dieses sein Leben eben zu Grunde richtet.

Gerade das hat Christus vielemal wiederholt.

Das wahre Leben ist nur dasjenige, welches das vergangene Leben fortsetzt und zum Heile des gegenwärtigen und des zukünftigen Lebens beiträgt.

Um Mitgenosse eines solchen Lebens zu sein, muss der Mensch sich von seinem Willen lossagen um den Willen des Vaters zu erfüllen, der das Leben des Menschen Sohne gegeben hat (Joh. 5 u. 8). Der Knecht, der seinen eigenen und nicht seines Herrn Willen thut, bleibet nicht ewiglich im Hause des Herrn; nur der Sohn, der des Vaters Willen erfüllt, bleibet ewiglich darin (8, 35). In diesen Worten spricht Christus denselben Gedanken, nur in anderer Wendung aus.

Der Wille aber des Vaters des Lebens ist das Leben, nicht des einzelnen Menschen, sondern des alleinigen Menschen-Sohnes, der in den Menschen lebt; und deshalb bewahrt der Mensch das Leben nur dann, wenn er auf sein Leben wie auf ein Pfand sieht, auf eine Gabe, die ihm vom Vater verliehen ist, um dem Leben aller zu dienen, – wenn er nicht für sich, sondern für des Menschen Sohn lebt.

Matth. 25, 14-46. Ein Herr gab jedem seiner Knechte einen Theil seiner Güter, sagte ihnen nichts und liess sie allein. Ein Theil der Knechte, ob sie auch keinen Befehl vom Herrn darüber empfangen, wie sie das ihnen anvertraute Gut des Herrn verwenden sollten, begriffen, dass dieses Gut nicht ihnen, sondern dem Herrn gehörte und wachsen musste, und arbeiteten für den Herrn. Und die Knechte, die für den Herrn gearbeitet hatten, wurden Theilnehmer an dem Leben des Herrn; die aber nicht gearbeitet hatten, verloren auch das, was ihnen gegeben worden war.

Das Leben des Menschen-Sohnes ist allen Menschen verliehen und es ist ihnen nicht gesagt, wozu es ihnen gegeben ward. Die einen begreifen, dass das Leben nicht ihr Eigenthum ist, sondern ihnen nur verliehen ist wie eine Gabe und dem Leben des Menschen-Sohnes dienen soll, und sie leben danach. Andere, unter dem Vorwande das Ziel des Lebens nicht zu verstehen, dienen nicht dem Leben. Und die Menschen, die dem Leben dienen, vereinigen sich mit dem Ursprung des Lebens; die Menschen aber, die nicht dem Leben dienen, gehen dessen verlustig. Und also spricht Christus vom 31. bis zum 46. Vers darüber, worin das Dienen des Menschen-Sohnes und worin der Lohn dieses Dienstes besteht. Des Menschen Sohn wird, nach Christi Ausspruch, wie ein König sagen: kommet her, ihr Gesegneten meines Vaters, ererbet das Reich dafür, dass ihr mich gespeiset, getränkt, bekleidet, beherberget und getröstet habt, denn ich bin immer ein und derselbe in euch und in dem Geringsten derer, die ihr getröstet und denen ihr Gutes gethan habt. Dar habet nicht euer Leben gelebt, sondern das Leben des Menschen-Sohnes, und deshalb sollt ihr das ewige Leben haben.

Nur dieses ewige Leben ist es, das Christus in allen Evangelien lehrt. Und wie sonderbar es auch sein mag von Christus, der der kirchlichen Lehre nach persönlich auferstanden und allen die Auferstehung versprochen hat, es zu sagen: nie hat Christus auch nur mit einem Worte die persönliche Auferstehung und die Unsterblichkeit der Persönlichkeit jenseits des Grabes bestätigt, sondern er hat auch jener Wiederherstellung der Todten im Reiche des Messias, wie es die Pharisäer verkündigten, eine Bedeutung beigelegt, welche die Vorstellung der persönlichen Auferstehung ausschliesst.

Die Sadduzäer bestritten die Wiederherstellung der Todten. Die Pharisäer erkannten sie an, ebenso wie jetzt die rechtgläubigen Hebräer sie anerkennen. Die Wiederherstellung der Todten (nicht »Auferstehung«, wie das Wort fälschlicherweise übersetzt wird) wird sich nach dem Glauben der Hebräer beim Heranrücken des Zeitalters des Messias und der Herstellung des Reiches Gottes auf Erden vollziehen. Christus verneint diesen Glauben an eine durch Zeit und Raum bestimmte fleischliche Wiederherstellung der Todten, wo er ihm entgegentritt, und stellt an seiner statt seine Lehre über die Wiederherstellung des ewigen Lebens in Gott auf. Als die Sadduzäer, die da an die Wiederherstellung der Todten nicht glaubten, Christus in der Meinung, dass er die Ansichten der Pharisäer theile, fragen: »wessen wird das Weib der sieben Brüder sein?« – da verwirft Christus ganz klar und bestimmt die Lehre der einen wie der andern.

Er sagt (Matth. 22, 29-32; Mark. 12, 24-27; Luk. 20, 34-38): »Ihr irret und wisset die Schrift nicht, noch die Kraft Gottes.« Und die Vorstellung der Pharisäer verwerfend, sagt er: Die Wiederherstellung der Todten ist keine fleischliche noch persönliche. Die, so die Wiederherstellung erlangen, werden Söhne Gottes werden und leben wie die Engel (die Kraft Gottes) im Himmel (d. i. mit Gott); und persönliche Fragen, wie: wess ist das Weib? wird es für sie nicht geben können, da sie, ihrer Vereinigung mit Gott, aufhören werden Persönlichkeiten zu sein. Was aber die Frage anbelangt, ob es eine Wiederherstellung der Todten giebt, sagt er, indem er den Sadduzäern antwortet, die nur an das irdische Leben glaubten und ausser dem fleischlichen, irdischen Leben kein anderes anerkannten, – habt ihr denn nicht gelesen, was euch von Gott gesagt worden ist? Es steht in der Schrift: »Und Gott sprach zu Moses: ich bin der Gott Abrahams und der Gott Isaaks und der Gott Jakobs.« Wenn Gott zu Moses gesagt hat: ich bin der Gott Jakobs, so ist Jakob für Gott nicht gestorben, denn Gott ist nur der Gott der

Lebendigen und nicht der Todten. Für Gott sind alle lebendig. Und deshalb, wenn es einen lebendigen Gott giebt, so ist auch der Mensch lebendig, der in Gemeinschaft mit dem ewig lebendigen Gott getreten ist.

Zu den Pharisäern sagt Christus, dass die Wiederherstellung des Lebens keine fleischliche und persönliche sein kann. Zu den Sadduzäern sagt er, dass es ausser dem persönlichen und zeitlichen Leben noch ein Leben in der Gemeinschaft mit Gott giebt.

Während Christus die persönliche, fleischliche Auferstehung ableugnet, erkennt er eine Wiederherstellung des Lebens darin an, dass der Mensch sein Leben in Gott überträgt. Christus lehrt die Erlösung vom persönlichen Leben und legt diese Erlösung in die Erhöhung des Menschen-Sohnes und in das Leben in Gott. Indem er diese seine Lehre mit der Lehre der Hebräer über das Erscheinen des Messias verbindet, spricht er zu den Hebräern über die Wiederherstellung des Menschen-Sohnes von den Todten, nicht in dem Sinne einer fleischlichen und persönlichen Wiederherstellung, sondern des Erwachens des Lebens in Gott. Von einer fleischlichen, persönlichen Auferstehung spricht er dagegen niemals. Der beste Beweis dafür, dass Christus nie die Auferstehung der Menschen gepredigt hat, sind jene zwei einzigen Stellen, die von den Theologen als Bestätigung seiner Lehre der Auferstehung angeführt werden. Diese zwei Stellen sind Matth. 25, 31 ff. u. 46 und Joh. 5, 28 u. 29. An der ersten ist die Rede von dem Erscheinen, d. h. der Wiederherstellung, der Erhöhung des Menschen-Sohnes (wovon auch Matth. 10, 23 gesprochen wird), und darauf werden die Grösse und die Macht des Menschen-Sohnes mit denen eines Königs verglichen. An der zweiten Stelle wird von der Wiederherstellung des wahren Lebens hier auf Erden gesprochen, wie es auch im vorhergehenden 24. Verse erwähnt ist.

Es genügt sich in den Sinn der Lehre Christi von dem ewigen Leben in Gott hineinzudenken; es genügt schon sich die Lehre der hebräischen Propheten zu vergegenwärtigen, um zu begreifen, dass wenn Christus die Lehre von der Auferstehung der Todten hätte predigen wollen, die damals eben erst in den Talmud aufgenommen zu werden begann und ein Gegenstand des Streites war, er klar und bestimmt diese Lehre ausgedrückt hätte; er aber hat, im Gegentheil, nicht nur. dies nicht gethan, sondern er hat diese Lehre sogar verworfen, und in allen Evangelien findet man keine einzige Stelle, die sie bestätigen würde, da die zwei oben angeführten etwas ganz anderes besagen.

Ueber seine persönliche Auferstehung aber, wie sonderbar es auch allen erscheinen mag, die das Evangelium nicht selbst studirt haben, spricht Christus nie und nirgends. Wenn, wie die Theologen es lehren, die Grundlage der Lehre Christi darin besteht, dass Christus auferstanden ist, so müsste man annehmen, dass das Geringste, was man verlangen könnte, das wäre, dass Christus, wissend, dass er auferstehen würde und dass darin das Hauptdogma des Glaubens an ihn bestehen würde, dies wenigstens ein einziges Mal klar und bestimmt ausgesprochen hätte. Er aber hat nicht allein das nicht klar und bestimmt ausgesprochen, sondern nicht ein Mal, nicht ein einziges Mal, nach allen unsren kanonischen Evangelien, auch nur angedeutet. Christi Lehre besteht darin, des Menschen Sohn, d. h. das Wesen des Lebens der Menschen zu erhöhen, sich zum Sohne Gottes zu bekennen. In sich selbst personifizirt Christus den Menschen, der sich zur Sohnschaft Gottes bekennt Er fragt die Jünger (Matth. 16, 13–20): »Wer sagen die Leute, dass des Menschen Sohn sei?« Die Jünger antworten, dass etliche ihn für den wunderbar auferstandenen Johannes oder für einen Propheten halten andere meinen er sei Elias, der vom Himmel gekommen sei. Und er fragt: »Und wer sagt denn ihr, dass ich sei?« Und da antwortet Petrus, der Christus ebenso begreift wie er selbst: »Du bist Messias, des lebendigen Gottes Sohn.« Und Christus sagt: »Nicht Fleisch und Blut haben dir das offenbart, sondern unser Vater im Himmel« – d. h. du hast es nicht deshalb begriffen, weil du menschlichen Erklärungen geglaubt, sondern weil du, indem du dich zum Sohne Gottes bekanntest, mich verstanden hast. Und nachdem er Petrus erklärt hat, dass auf dieser Sohnschaft Gottes der wahre Glaube beruht, sagt Christus den andern Jüngern (20), dass sie niemand im voraus mittheilen sollen, dass er »Jesus der Messias wäre«. Und danach sagt er, dass trotzdem dass man ihn quälen und tödten wird, des Menschen Sohn, der sich zum Sohne Gottes bekennt, dennoch wiederhergestellt werden und über alles den Sieg davontragen wird. Und diese Worte werden als Weissagung seiner Auferstehung ausgelegt: Joh. 2, 19-22. Matth. 12, 40. Luk. 11, 30. Matth. 16, 4. Matth. 16, 21. Mark. 8, 31. Luk. 9, 22. Matth. 17, 23. Mark. 9, 31. Matth. 20, 19. Mark. 10, 34. Luk. 18, 33. Matth. 26, 32. Mark. 14, 28. – Dies sind alle die 14 Stellen, die derart, aufgefasst werden, dass Christus seine Auferstehung verkündigt. An drei dieser Stellen wird von Jonas »in des Wallfisches Bauche« gesprochen und an einer über das Aufrichten des Tempels. An den übrigen zehn Stellen aber wird darüber gesprochen, dass des Menschen Sohn nicht untergehen könne; doch nirgends wird auch nur mit einem Worte die »Auferstehung Jesu Christi« erwähnt. An allen diesen Stellen steht im Original sogar nirgends das Wort »Auferstehung«. – Gebt einem Menschen, der keine theologischen Erklärungen kennt, aber Griechisch versteht, diese Stellen zum Uebersetzen und nie wird jemand sie so übersetzen wie sie übersetzt sind. Im Original stehen an diesen Stellen zwei verschiedene Zeitwörter: das eine ist ἀνίστημι, das andere ἐγείρω). Das eine dieser Worte bedeutet »wieder herstellen«, das andere »erwecken« und im Medium »aufwachen«, »aufstehen«. Aber weder das eine noch das andere kann je in irgend einem Falle »auferstehen« bedeuten. Um sich vollkommen davon zu überzeugen, dass diese griechischen Wörter und das ihnen entsprechende hebräische heqim nicht auferstehen bedeuten können, braucht man nur jene Stellen des Evangeliums gegen einander zu halten, wo jene Wörter gebraucht werden; und sie sind oft und vielmal angewendet und nicht ein einziges Mal durch das Wort auferstehen übersetzt. Das Wort auferstehen, ressusciter, existirt weder in der griechischen noch in der hebräischen Sprache, da es keinen dem entsprechenden Begriff gab. Um in der griechischen oder in der hebräischen Sprache den Begriff des Auferstehens auszudrücken, bedarf es einer Umschreibung; man muss sagen: »stand auf« oder »erwachte *von den Todten*«. So heisst es im Evangelium Matth. (14, 2), dass Herodes (Antipas) glaubte, Johannes der Täufer sei »auferstanden«; und dort ist gesagt: »von den Todten erwacht«. So heisst es auch bei Lukas (16, 31) im Gleichniss von Lazarus, dass wenn auch jemand auferstünde, so würde man selbst dem Auferstandenen nicht glauben; es ist gesagt: »auferstünde von den Todten«. Da aber, wo zu den Worten »aufstehen« oder »erwachen« nicht die Worte »von den Todten« hinzugefügt sind, bedeuten die Worte »aufstehen« und »erwachen« nie »auferstehen« und können es nie bedeuten. Christus aber, wenn er von sich selbst spricht, an all' den Stellen, die als Beweise seiner Weissagungen über die Auferstehung angeführt werden, gebraucht nie, nicht ein einziges Mal die Worte »von den Todten«.

Unser Begriff von der Auferstehung ist dem Begriffe der Hebräer vom Leben so fremd, dass man sich nicht einmal vorstellen kann, wie Christus zu den Hebräern von der Auferstehung und einem ewigen, persönlichen, jedem Menschen eigenen Leben sprechen konnte. Den Begriff eines zukünftigen persönlichen Lebens haben wir weder aus der Lehre der Hebräer, noch aus der Lehre Christi geschöpft; er ist sozusagen ganz aus dritter Hand in die Kirchenlehre eingedrungen. Wie sonderbar es scheinen mag, man kann nicht umhin zu sagen, dass der Glaube an ein zukünftiges persönliches Leben eine sehr niedrige und grobe Vorstellung ist, die sich auf eine Verwechslung des Schlafes mit dem Tode gründet und allen wilden Völkern eigen ist; die hebräische Lehre aber, von der christlichen gar nicht zu sprechen, stand unermesslich hoch über einer derartigen Vorstellung. Wir sind jedoch so überzeugt, dass dieser Aberglaube etwas sehr Erhabenes ist, dass wir mit dem grössten Ernste den Vorzug unserer Lehre vor den andern geradezu dadurch erweisen, dass wir an diesem Aberglauben festhalten, während andere Religionen, wie die der Chinesen und Inder, nicht an ihm haften. Der Vorzug unsrer Lehre wird nicht nur von den Theologen so erwiesen, sondern auch von freidenkenden gelehrten Religions-Historikern, wie Theile, Max Müller u. a. Indem sie die Religionen klassifiziren, geben sie zu, dass diejenigen unter ihnen, die diesen Aberglauben theilen, höher stehen als die, welche ihn nicht theilen. Der freidenkende Schopenhauer nennt die hebräische Religion geradezu die »niederträchtigste«

aller Religionen, weil sie »keine Idee« von der Unsterblichkeit der Seele hat. In der That existirte in der hebräischen Religion weder ein derartiger Begriff, noch ein derartiges Wort. Das ewige Leben heisst auf hebräisch Chajoh leolam. Olam bedeutet das Unendliche, Unerschütterliche, bedeutet auch das Weltall, den Kosmos. Das Leben überhaupt, umsomehr das ewige Leben ist, nach der Lehre der Hebräer die Eigenschaft des einen Gottes; Gott ist der Gott des Lebens, der lebendige Gott. Der Mensch ist, nach den Begriffen der Hebräer, immer sterblich, Gott allein lebt in Ewigkeit. In den fünf Büchern Mosis kommt der Ausdruck »ewig leben« zweimal vor. Das eine Mal, im 5. Buche Kap. 32 Vers 39 und 40, spricht Gott: »Sehet ihr nun, dass ich es allein bin und ist kein Gott neben mir? Ich kann tödten und lebendig machen, ich kann schlagen und kann heilen und ist niemand der aus meiner Hand errette. Denn ich will meine Hand in den Himmel heben und will sagen: *ich lebe ewiglich.*« Das zweite Mal in der Genesis (3, 22) spricht Gott: »Siehe, Adam ist geworden als unser einer und weiss was gut und böse ist. Nun aber, dass er nicht ausstrecke seine Hand und breche auch von dem Baume des Lebens und esse, und *lebe ewiglich.*« Diese zwei einzigen Fälle der Anwendung des Ausdrucks »ewiglich leben« in den 5 Büchern Mosis und in dem ganzen Alten Testament (mit Ausnahme eines Kapitels des apokryphen Daniel) definiren klar die Begriffe der Hebräer über das Leben überhaupt und über das ewige Leben. Das Leben an sich ist, nach den Begriffen der Hebräer, ewig und ewig ist es nur in Gott; der Mensch aber ist immer sterblich; dies ist sein unabänderliches Geschick.

Nirgends ist im Alten Testamente das gesagt, was uns in der heil. Geschichte gelehrt wird: dass Gott dem Menschen eine unsterbliche Seele »eingeblasen« hat oder dass der erste Mensch vor dem Sündenfall unsterblich gewesen ist. Nach der ersten Sage der Genesis Kap. 1, 26 ff. schuf Gott den Menschen ebenso wie die Thiere, ein männliches und ein weibliches Geschlecht, und befahl ihnen ebenso sich fortzupflanzen und sich zu vermehren. Gleichwie von den Thieren nicht gesagt wird, dass sie unsterblich geschaffen seien, so auch nicht vom Menschen. Im dritten Kap. wird davon gesprochen, wie der Mensch das Gute und Böse erkannte. Ueber das Leben ist geradezu gesagt, dass Gott den Menschen aus dem Paradiese vertrieben und ihm den Weg zu dem Baume des Lebens verlegt hat. Der Mensch hat also nicht vom Baume des Lebens genossen, er hat also das ewige Leben nicht erhalten und ist sterblich geblieben.

Nach der Lehre der Hebräer ist der Mensch genau so wie er ist, d. i. sterblich. Das Leben in ihm ist nur das Leben, welches sich von Geschlecht zu Geschlecht im Volke fortpflanzt. Nur das Volk hat, nach der Lehre der Hebräer, die Möglichkeit eines ewigen Lebens. Wenn Gott sagt: ihr werdet leben und werdet nicht sterben, so sagt er das dem Volke. Das von Gott dem Menschen eingeblasene Leben ist ein sterbliches für jeden einzelnen Menschen; dieses Leben aber pflanzt sich von Geschlecht zu Geschlecht fort, wenn die Menschen das Bündniss mit Gott einhalten, d. i. die Bedingungen, die Gott ihnen darum auferlegt hat.

Nachdem Moses alle Gesetze dargelegt und gesagt hat, dass diese Gesetze nicht im Himmel, sondern in den Herzen der Menschen sind, sagt er 5. B. 30, 15 f.: »Siehe, ich habe dir heute vorgelegt das Leben und das Gute, den Tod und das Böse; der ich dir heute gebiete, dass du Gott liebest und wandelst in seinen Wegen und seine Gebote haltest und *leben* mögest.« Und im 19. V.: »Ich nehme Himmel und Erde heute über euch zu Zeugen. Ich habe euch Leben und Tod, Segen und Fluch vorgelegt, dass du das Leben erwählest und du und dein Same leben mögest; dass ihr euren Gott liebet und seiner Stimme gehorchet und ihm anhanget: denn *das ist dein Leben und seine Fortdauer.*«

Der Hauptunterschied zwischen unserem Begriffe von dem menschlichen Leben und dem Begriffe der Hebräer besteht darin, dass nach unseren Begriffen unser sterbliches, von Geschlecht zu Geschlecht übergehendes Leben nicht das wahre Leben, sondern ein gesunkenes, aus irgend einem Grunde zeitlich verderbtes Leben ist; nach den Begriffen der Hebräer jedoch ist dieses Leben gerade das wahre, ist das höchste, dem Menschen unter der Bedingung der Erfüllung des Willens Gottes verliehene Gut. Von unserem Gesichtspunkte aus ist der Uebergang dieses gesunkenen Lebens von Geschlecht zu Geschlecht eine Fortpflanzung des Fluches. Vom Gesichtspunkte der Hebräer aus dagegen ist es das höchste Gut, das der Mensch erringen kann, und zwar nur durch die Erfüllung des Willens Gottes.

Auf diesen hebräischen Begriff des Lebens gründet nun Christus seine Lehre über das wahre oder ewige Leben, das er dem persönlichen und sterblichen Leben entgegenstellt. »Suchet in der Schrift, sagt Christus zu den Hebräern (Joh. 5, 39), denn ihr meinet, ihr habt das ewige Leben darinnen.« Ein Jüngling fragt Christus (Matth. 19, 16), wie er in das ewige Leben eingehen könne? Christus beantwortet die Frage nach dem ewigen Leben und sagt: »Willst du zum Leben (er sagt nicht »ewigen Leben«, sondern einfach »Leben«) eingehen, so halte die Gebote.« Also spricht er auch zu dem Schriftgelehrten: »Thue das, so wirst du leben« (Luk. 10, 28), und sagt einfach »leben«, ohne das Wort »ewig« hinzuzusetzen. Christus stellt in beiden Fällen fest, was unter dem Ausdruck »das ewige Leben« zu verstehen ist; wenn er ihn anwendet, so sagt er den Hebräern dasselbe, was vielmal in ihrem Gesetze gesagt ist, nämlich: die Erfüllung des Willens Gottes ist das ewige Leben.

Im Gegensatze zum zeitlichen, persönlichen Leben lehrt Christus jenes ewige Leben, welches, nach dem 5. Buch Mose Gott Israel verheissen hat, nur mit dem Unterschiede, dass nach den Begriffen der Hebräer das ewige Leben nur im auserwählten Volke der Israeliten fortdauerte und zur Erlangung dieses Lebens das Innehalten der ausschliesslich den Israeliten vorgeschriebenen Gesetze erforderlich war, nach der Lehre Christi aber das ewige Leben in des Menschen Sohne fortbesteht und zu dessen Aufrechterhaltung das Befolgen der Gesetze Christi, die den Willen Gottes der ganzen Menschheit verkünden, nothwendig ist.

Christus stellt dem persönlichen Leben nicht das Leben im Jenseits entgegen, sondern das allgemeine, mit dem gegenwärtigen, vergangenen und zukünftigen Leben der ganzen Menschheit verbundene Leben – das Leben des Menschen-Sohnes.

Die Errettung des persönlichen Lebens vom Tode war nach der Lehre der Hebräer die Erfüllung des, im mosaischen Gesetze, in seinen Geboten verkündeten Willens Gottes. Unter dieser Bedingung allein blieb das Leben bestehen und ging von Geschlecht zu Geschlecht in dem von Gott auserwählten Volke über. Die Errettung des persönlichen Lebens vom Tode ist laut Christi Lehre dieselbe Erfüllung des in seinen Geboten verkündeten Willen Gottes. Unter dieser Bedingung allein geht laut Christi Lehre das persönliche Leben nicht zu Grunde, sondern bleibt ewig und unvergänglich in des Menschen Sohne bestehen. Der Unterschied liegt blos darin, dass der Dienst Gottes bei Moses der Dienst Gottes eines einzigen Volkes war; der Dienst des Vaters Christi aber der Dienst Gottes aller Menschen ist. Das Fortbestehen des Lebens in den Geschlechtern *eines* Volkes war zweifelhaft, weil das Volk selbst verschwinden konnte und weil dieses Fortbestehen von der fleischlichen Fortpflanzung abhing. Das Fortbestehen des Lebens nach Christi Lehre ist unzweifelhaft, weil das Leben nach seiner Lehre in des Menschen Sohn übertragen wird, der nach dem Willen des Vaters lebt.

Angenommen jedoch, die Worte Christi über das jüngste Gericht, über das Ende der Welt und andere Worte im Evangelium Johannis haben die Bedeutung des Versprechens eines zukünftigen Lebens für die dahingeschiedenen menschlichen Seelen, dennoch bleibt es unzweifelhaft, dass seine Lehre über das Licht der Welt, über das Reich Gottes jene, für seine Zuhörer wie auch für uns jetzt fassbare Bedeutung hat, dass das wahre Leben allein das Leben des Menschen-Sohnes nach dem Willen des Vaters ist Dies ist um so eher zuzugeben, als die Lehre über das wahre Leben nach dem Willen des Gottes des Lebens den Begriff der Unsterblichkeit und des Lebens im Jenseits in sich schliesst.

Vielleicht wäre es gerechter anzunehmen, dass den Menschen nach diesem, in der Erfüllung des Willens Gottes durchlebten Erdendasein dennoch ein ewiges, persönliches Leben im Paradiese mit allen möglichen Freuden erwartet; es mag gerechter sein. Das Denken aber, dass es so ist, und das Sichbemühen zu glauben, dass wir für unsere guten Werke durch eine ewige Seligkeit belohnt und für die schlechten durch ewige Qualen bestraft werden, – ein derartiges Denken trägt nicht zum Verständniss der Lehre Christi bei; derart denken heisst im Gegentheil die Lehre Christi ihrer Hauptstütze berauben.

Die ganze Lehre Christi besteht darin, dass seine Schüler, nachdem sie das Trügerische des persönlichen Lebens erkannt haben, sich von demselben lossagen und es in das Leben der ganzen Menschheit übertragen. Die Lehre aber von der Unsterblichkeit der persönlichen Seele, weit entfernt dies Sichlossagen von dem persönlichen Leben zu befördern, befestigt vielmehr dieses Persönliche für alle Zeiten.

Nach den Begriffen der Hebräer, Chinesen, Inder und aller Menschen der Welt, die da nicht an das Dogma des Sündenfalls und der Erlösung des Menschen glauben, ist das Leben genau so wie es ist. Der Mensch lebt, verbindet sich, zeugt Kinder, erzieht sie, wird alt und stirbt. Seine Kinder wachsen heran und setzen sein Leben fort, welches ohne Unterbrechung von Generation zu Generation fortgeführt wird wie alles in der Welt Bestehende: Steine, Erde, Metalle, Pflanzen, Thiere, Gestirne und alles was in der Welt ist. Leben ist Leben und man muss es ausnutzen so gut man vermag. Für sich allein leben ist unvernünftig. Und deshalb, seit es Menschen giebt, suchen sie den Zweck ihres Lebens ausser sich selbst: sie leben für ihre Kinder, für die Familie, für das Volk, für die Menschheit, – für alles, was nicht mit dem persönlichen Leben stirbt.

Nach der Lehre unserer Kirche hingegen wird das menschliche Leben, das höchste uns bekannte Gut, nur als ein geringer Theil jenes Lebens angesehen, welches uns für eine Zeitlang vorenthalten ist. Unser Leben ist, nach diesen Begriffen, nicht ein solches wie Gott es uns geben wollte und hätte geben müssen, sondern unser Leben ist ein verdorbenes, schlechtes, gesunkenes Leben, eine »Probe« des Lebens, eine Verspottung des wahren Lebens, von dem wir uns aus irgend einem Grunde einbilden, dass Gott es uns hätte geben müssen. Die Hauptaufgabe des Lebens besteht dieser Auffassung nach nicht darin, dass wir das uns verliehene irdische Leben so verleben wie der Geber des Lebens es will; auch nicht darin, dass wir es in den Geschlechtern der Menschen verewigen, wie die Hebräer es lehren, oder dass wir es mit dem Willen Gottes verschmelzen, wie Christus lehrt; nein, sie besteht vielmehr darin, dass wir uns überzeugen, dass erst nach diesem Leben das wahre Leben beginnen wird.

Christus spricht nicht über dieses vermeintliche Leben, das Gott uns hätte geben müssen, aus irgend welchem Grunde aber den Menschen nicht gegeben hat. Die Theorie von Adams Sündenfall, von dem ewigen Leben im Paradiese und der unsterblichen Seele, die Gott dem Adam eingeblasen, war Christus unbekannt; er erwähnt ihrer nicht und setzt sie mit keinem einzigen Worte voraus.

Christus spricht vom Leben wie es ist und immer sein wird. Wir aber sprechen von jenem Leben, das wir uns eingebildet haben und das nie gewesen ist. Wie können wir also Christi Lehre begreifen?

Christus konnte sich unmöglich bei seinen Schülern einen so sonderbaren Begriff vorstellen. Er setzt voraus, dass alle Menschen die Unvermeidlichkeit des Unterganges des persönlichen Lebens begreifen, und eröffnet ein Leben, das nicht untergeht. Er giebt das Heil denen, die im Argen sind; denen aber, die sich davon überzeugt haben, dass sie viel mehr besitzen als Christus ihnen giebt, kann seine Lehre nichts geben. Wenn ich einen Menschen ermahne, dass er arbeite, und ihm versichere, dass er dafür Kleidung und Nahrung erhalten wird, aber der Mann ist überzeugt, dass er ohnedies ein Millionär ist, so ist es offenbar, dass er meine Ermahnungen nicht annehmen wird. Dasselbe ist mit der Lehre Christi der Fall. Warum soll ich noch um Verdienst arbeiten, wenn ich auch ohnedies reich sein kann? Warum soll ich mich bemühen dieses Leben nach Gottes Willen zu leben, wenn ich auch ohnehin sicher bin ewig persönlich zu leben?

Man lehrt uns, dass Christus die Menschen dadurch erlöst hat, dass er, die 2. Person der Dreieinigkeit, also Gott, zum Menschen geworden ist, dass er die Sünde Adams und aller Menschen auf sich genommen, die Sünden der Menschen vor der 1. Person der Dreieinigkeit abgebüsst und zu unserer Erlösung die Kirche und die Sakramente gegründet hat. Indem wir daran glauben, werden wir erlöst und erhalten das ewige Leben im Jenseits. Es lässt sich aber nicht ableugnen, dass Christus die Menschen auch dadurch erlöst hat und erlöst, dass er, sie auf ihren unvermeidlichen Untergang hinweisend, mit seinen Worten: ich bin der Weg, die Wahrheit und das Leben – uns den richtigen Weg des Lebens gewiesen hat, an Stelle jenes falschen Weges des persönlichen Lebens, den wir früher gegangen.

Wenn sich auch Menschen finden können, die an einem Leben im Jenseits und an der auf der Busse gegründeten Erlösung zweifeln, so kann doch kein Zweifel mehr bestehen an der Erlösung der Menschen im allgemeinen und jedes einzelnen im besonderen durch die Hindeutung auf den unvermeidlichen Untergang des persönlichen Lebens und die Weisung des rechten Weges der Erlösung in der Verschmelzung des eigenen Willens mit dem Willen des Vaters.

Möge jeder vernünftige Mensch sich fragen, was sein Leben und Tod ist, und möge er diesem Leben und Tode irgend einen andern Sinn beilegen als den, den Christus gelehrt hat!

Jede Vorstellung eines persönlichen Lebens, welches sich nicht auf Selbstverleugnung zu Gunsten andrer, zum Dienste der Menschheit, des Menschen-Sohnes, gründet, ist ein Trugbild, das bei der ersten Berührung mit der Vernunft verfliegt. Daran kann ich nicht mehr zweifeln, dass mein persönliches Leben untergeht, das Leben der ganzen Welt dagegen nach Gottes Willen fortbesteht und dass nur meine innigste Vereinigung mit ihm mir die Möglichkeit der Erlösung giebt. »Dies ist aber so wenig im Vergleich mit jenem erhabenen religiösen Glauben an ein zukünftiges Leben!« Wenig zwar, – doch sicher.

Ich habe mich im Schneegestöber mit andern verirrt. Einer versichert mir, es scheint ihm, dass er hie und da Lichtscheine, hie und da Bäume erblicke; es scheint aber nur so, ihm sowohl wie mir, weil wir es so wünschen; wir sind schon auf diese Lichtscheine losgegangen und es erwies sich, dass keine da waren. Ein anderer aber ging seines Weges durch den Schnee, ging eine Zeit lang, kam auf den Weg heraus und ruft uns nun zu: gehet nirgends hin; der Lichtschein ist in euren Augen, ihr werdet euch überall verirren und werdet umkommen; hier aber ist ein fester Weg und ich stehe auf ihm und er wird uns herausführen! – Das ist sehr wenig. Als wir den Flämmchen trauten, die in unsren blöden Augen flimmerten, da war schon gleich das Dorf vor uns und die warme Stube und Schlaf und Erholung – hier aber war nur ein fester Weg. Wenn wir jedoch dem ersten Führer folgen, werden wir sicher erfrieren, folgen wir dagegen dem zweiten, kommen wir sicher heraus.

Was also soll ein Mensch thun, der allein Christi Lehre begriffen und allein an sie geglaubt hat, inmitten derer, die sie nicht begriffen haben und sie nicht erfüllen?

Was soll ich thun? Soll ich leben wie alle, oder soll ich nach Christi Lehre leben? Ich habe die Lehre Christi in seinen Geboten verstanden und sehe, dass das Befolgen derselben mir und allen Menschen der Welt Glückseligkeit giebt. Ich habe begriffen, dass die Erfüllung dieser Gebote der Wille des Uranfangs ist, von dem auch mein Leben ausgegangen ist.

Ich habe ausserdem begriffen, dass ich, was ich auch thun mag, unvermeidlich an einem sinnlosen Leben und Tod mit allem, was mich umgiebt, zu Grunde gehen muss, wenn ich nicht diesen Willen des Vaters erfülle, und dass darin allein die einzige Möglichkeit der Erlösung liegt.

Indem ich so thue wie alle, handle ich sicher dem Heile aller Menschen entgegen, thue sicher das Gegentheil von dem Willen des Vaters des Lebens und bringe mich um die einzige Möglichkeit meine verzweifelte Lage zu bessern. Wenn ich aber thue was Christus mich zu thun lehrt, setze ich das fort, was gute Menschen vor mir gethan; ich trage zu dem Heile aller jetzt lebenden Menschen bei und derer, die nach mir leben werden; ich thue das, was der von mir verlangt, der mich geschaffen hat, und was allein mich erlösen kann.

Es brennt im Zirkus; alle drücken und pressen einander und drängen sich an die Thür, die sich nach innen öffnet. Es erscheint der Erlöser und sagt: Tretet zurück von der Thüre, kehret um: je mehr ihr dränget, um so weniger Hoffnung habt ihr auf Rettung. Kehret um und ihr werdet einen Ausgang finden und euch retten. – Ob viele, ob ich allein das gehört und daran geglaubt habe, ist einerlei; nachdem ich es aber vernommen und daran geglaubt habe, was kann ich andres thun als umkehren und alle aufrufen der Stimme des Erlösers zu folgen? Man wird mich vielleicht erdrücken, zerquetschen, tödten. Dennoch besteht meine Erlösung blos darin, dass ich dort hingehe, wo sich der einzige Ausgang befindet, und ich kann nicht umhin dorthin zu gehen. Der Erlöser muss in Wirklichkeit Erlöser sein, d. h. er muss retten. Und die Erlösung Christi ist die wahre Erlösung: er ist erschienen, er hat gesprochen – und die Menschheit ward gerettet.

Der Zirkus brennt seit einer Stunde und man muss eilen und die Menschen können möglicherweise nicht die Zeit haben sich zu retten. Die Welt brennt aber bereits seit länger als 1800 Jahren, brennt seit der Zeit, als Christus sprach: ich habe das Feuer auf die Erde gebracht und schmachte, dass es zur Flamme werde – und wird brennen so lange, bis die Menschen sich gerettet haben werden. Sind nicht darum die Menschen da, brennt es nicht darum, damit den Menschen das Heil der Erlösung zu theil wird?

Und nachdem ich das begriffen hatte, begriff und glaubte ich, dass Jesus nicht nur der Messias, Christus, sondern dass er in Wahrheit auch der Erlöser der Welt ist.

Ich weiss, dass es keinen andern Ausgang giebt weder für mich, noch für alle anderen, die mit mir zusammen sich quälen in diesem Leben. Ich weiss, dass es für alle und für mich mit ihnen zusammen keine andre Rettung giebt, als die Erfüllung jener Gebote Christi, die das höchste meinen Begriffen erreichbare Heil der ganzen Menschheit verleihen.

Ob ich mehr Verdruss haben, ob ich früher sterben werde, wenn ich Christi Lehre befolge, das schreckt mich nicht. Das kann nur für denjenigen schrecklich sein, der nicht sieht wie sinnlos und verderblich sein persönliches, einzelnes Leben ist, und der sich einbildet, dass er »nicht sterben« wird. Ich aber weiss, dass mein Leben um eines persönlichen, einzelnen Glückes willen die grösste Thorheit ist, und dass ich nach diesem zwecklosen Leben ganz gewiss nur einen zwecklosen Tod haben werde. Und deshalb habe ich nichts zu fürchten. Ich werde ebenso sterben wie alle, ebenso wie diejenigen, die Christi Lehre nicht erfüllen; aber mein Leben und mein Tod werden einen

Sinn haben, für mich sowohl wie für alle. Mein Leben und mein Tod werden zur Errettung und zum Leben anderer beitragen – das eben ist das, was Christus lehrt.

<h1 style="text-align:center">IX.</h1>

[Der Glaube ohne Werke ist todt.
Der Glaube ist die zur Ueberzeugung gewordene Auffassung des Lebens, aus der unsere Handlungen entspringen.
Glauben an Christus ist Erkenntniss der Wahrheit.]

Erfüllten alle Menschen die Lehre Christi, so würde Gottes Reich auf Erden sein; erfülle ich sie allein, so thue ich das Beste für alle und für mich. Ohne die Erfüllung der Lehre Christi giebt es keine Rettung.

Wo aber soll man den Glauben hernehmen um sie zu erfüllen, um ihr stets zu folgen und sich nie von ihr loszusagen? »Ich glaube; Herr, hilf meinem Unglauben!«

Die Jünger baten Christus den Glauben in ihnen zu befestigen. »Ich will Gutes thun und thue Böses«, sagt der Apostel Paulus.

»Es ist schwer errettet zu werden«, so spricht und denkt man gewöhnlich. – Ein Mensch ist im Versinken und fleht um Rettung. Man reicht ihm ein Seil, das allein ihn retten kann, und der Ertrinkende spricht: befestige in mir den Glauben, dass dieses Seil mich retten wird. Ich glaube, sagt der Mensch, dass mich das Seil retten wird; helfet aber meinem Glauben.

Was bedeutet das? Wenn der Mensch nicht nach dem greift, was ihn rettet, so bedeutet das blos, dass der Mensch seine Lage nicht begreift.

Wie kann ein Christ, der sich zu Christi Gottheit und seiner Lehre bekennt, wie er sie auch auffassen mag, sagen, dass er glauben will und nicht kann? Gott selbst, als er zur Erde herniedergestiegen war, hat gesagt: euch stehen ewige Qualen bevor, Feuer und äusserste Finsterniss, und hier ist eure Rettung – in meiner Lehre und in der Erfüllung derselben. Es kann ein solcher Christ sich nicht des Glaubens an die gebotene Rettung und die Erfüllung derselben entschlagen und zugleich sprechen: »hilf meinem Unglauben«. Damit der Mensch das sagen kann, muss er nicht nur an seinen Untergang nicht glauben, sondern er muss glauben, dass er nicht untergehen wird.

Kinder sind vom Schiffe ins Wasser gesprungen. Noch werden sie von der Strömung, von den undurchnässten Kleidern und den sehwachen Bewegungen ihres Körpers gehalten und sie begreifen nicht ihren Untergang. Von oben, vom enteilenden Schiffe aus ist ihnen ein Seil zugeworfen worden. Man sagt ihnen, dass sie sicher

103

untergehen werden; vom Schiffe aus fleht man sie an sich zu retten (die Gleichnisse von dem Weib, das einen Pfennig gefunden, von dem Hirten, der das verlorene Schaf wiederfindet, vom Abendmahl, vom verlorenen Sohn sprechen nur hiervon): die Kinder glauben aber nicht. Es ist nicht, dass sie an das Seil nicht glauben, sondern sie glauben nur nicht, dass sie untergehen werden. Eben solche leichtsinnige Kinder wie sie selbst haben ihnen versichert, dass sie immer, auch wenn das Schiff fort sein wird, nur fröhlich baden werden. Die Kinder glauben nicht, dass ihre Kleider bald durchnässt sein und die Aermchen sich bald müde geschwenkt haben werden; dass sie bald den Athem verlieren, sich verschlucken und auf den Grund sinken werden. Daran glauben sie nicht und deshalb glauben sie auch nicht an das Seil der Rettung.

Wie die vom Schiffe gefallenen Kinder überzeugt sind, dass sie nicht untergehen werden, und in Folge dessen nicht nach dem Seile greifen, so sind auch die Menschen, die sich zur Unsterblichkeit der Seele bekennen, überzeugt, dass sie nicht untergehen werden, und erfüllen deshalb nicht die Lehre Christi, Gottes. Sie glauben nur deshalb nicht an das, woran man nicht umhin kann zu glauben, weil sie an das glauben, woran man nicht glauben darf.

Nun aber rufen sie jemand an: bestärke in uns den Glauben daran, dass wir nicht untergehen werden!

Dies aber zu thun ist unmöglich. Damit sie den Glauben daran haben, dass sie nicht untergehen werden, müssen sie aufhören das zu thun, was sie zu Grunde richtet, und müssen beginnen das zu thun, was sie erretten wird: sie müssen nach dem Seile der Rettung greifen. Sie wollen das jedoch nicht thun, wollen sich hingegen davon überzeugen, dass sie nicht untergehen werden, trotzdem vor ihren Augen ihre Gefährten einer nach dem andern versinken. Und eben diesen thörichten Wunsch sich von dem zu überzeugen, was nicht ist, nennen sie den Glauben. Es ist begreiflich, dass sie immer zu wenig Glauben haben und immer mehr haben wollen.

Erst nachdem ich Christi Lehre begriffen hatte, begriff ich auch, dass das, was die Menschen Glauben nennen, kein Glaube ist und dass der Apostel Jakobus in seinem Briefe eben diesen falschen Glauben verwirft (2. Kap.): »Was hilft es, lieben Brüder, so jemand meint, er habe den Glauben, und hat doch die Werke nicht? Der Glaube kann ihn nicht selig machen (14). So aber ein Bruder oder Schwester bloss wäre und Mangel hätte der täglichen Nahrung (15); Und jemand unter euch spräche zu ihnen: Gott berathe euch, wärmet euch und sättiget euch; gäbet ihnen aber nicht, was des Leibes Nothdurft ist; was hülfe ihnen das (16)? Also auch der Glaube, wenn er nicht Werke hat, ist er todt an ihm selber (17). Aber es möchte jemand sagen: du hast den Glauben und ich habe die Werke; zeige mir deinen Glauben ohne deine Werke und ich will dir durch meine. Werke meinen Glauben zeigen (18). Du glaubest, dass ein einiger Gott ist: gut! die Teufel glauben es auch und zittern (19). Willst du aber wissen, du eitler Mensch, dass der Glaube ohne Werke todt sei (20)? Ist nicht Abraham, unser Vater, durch die Werke gerecht geworden, da er seinen Sohn Isaak auf dem Altare opferte (21)? Da siehest du, dass der Glaube mit gewirket hat an seinen Werken; und durch die Werke ist der Glaube entstanden (22). ... So sehet ihr nun, dass der Mensch durch die Werke gerecht wird, nicht durch den Glauben allein (24). ... Denn gleichwie der Leib ohne Geist todt ist, also auch der Glaube ohne Werke ist todt (26).«

Jakobus sagt, dass das einzige Kennzeichen des Glaubens die Werke sind, die aus ihm kommen, und dass deshalb der Glaube, aus dem keine Werke entstehen, Worten gleich ist, mit denen man ebensowenig jemand sättigen wie selig werden und erlöst werden kann. Darum ist der Glaube, aus dem keine Werke entstehen, kein Glaube. Er ist blos der Wunsch an etwas zu glauben, blos eine falsche Versicherung in Worten, dass ich an etwas glaube, woran ich in der That nicht glaube.

Der Glaube ist, dieser Definition nach, das was die Werke hervorbringt, und die Werke sind das was den Glauben vervollständigt, d. i. das was den Glauben zum Glauben macht.

Die Juden sprachen zu Christus (Joh. 6, 30): »Was thust du für ein Zeichen, auf dass wir sehen und glauben dir? Was wirkest du?«

Dasselbige sprachen sie zu ihm, als er am Kreuze war (Mark. 15,32): »So steige er nun vom Kreuz, dass wir sehen und glauben.«

Matth. 27, 42: »Andern hat er geholfen und kann sich selber nicht helfen! Ist er der König Israels, so steige er nun vom Kreuz, so wollen wir ihm glauben.«

Und auf ein derartiges Verlangen der Befestigung ihres Glaubens antwortet ihnen Christus, dass ihr Wunsch vergeblich sei und dass man sie durch nichts veranlassen könne an das zu glauben, woran sie nicht glauben. Luk. 22, 67: »Sage ich es euch, so glaubet ihr es nicht.« Joh. 10, 26: »Ihr glaubet nicht, denn ihr seid meine Schafe nicht, als ich euch gesagt habe.«

Die Juden verlangen dasselbe was die kirchlichen Christen verlangen, – irgend etwas derartiges, was sie auf äusserliche Weise zwingen würde an Christi Lehre zu glauben. Und er antwortet ihnen, dass dies Verlangen unerfüllbar sei, und erklärt ihnen weshalb. Er sagt, dass sie nicht glauben können, weil sie »seine Schafe nicht sind«, d. h. nicht jenen Lebensweg wandeln, den er seinen Schafen vorgeschrieben hat. Er erklärt (Joh. 5, 44), worin der Unterschied zwischen seinen Schafen und den andern besteht; er erklärt warum die einen glauben und die andern nicht glauben, und worauf der Glaube sich gründet. »Wie könnet ihr glauben,« spricht er, »die ihr die Lehre –

δόξα Das Wort δόξα ist hier, wie an vielen andern Stellen, durchaus falsch übersetzt: δόξα von δοκέω bedeutet Meinung, Urtheil, Lehre.– von einander nehmet? Und die Lehre, die von Gott allein ist, suchet ihr nicht.«

Um zu glauben, sagt Christus, muss man *die* Lehre suchen, die von Gott allein ist. »Wer von ihm selbst redet, der sucht seine eigene Lehre (τὴν δόξα τὴν ἰδίαν), wer aber sucht die Lehre dess, der ihn gesandt hat, der ist wahrhaftig und ist keine Ungerechtigkeit in ihm.« (Joh, 7, 18.)

Die Lehre über das Leben (δόξα) ist die Basis des Glaubens. « Alle Werke entstehen aus dem Glauben. Die Religionen aber haben alle ihren Ursprung in der δόξα, in jenem Sinne, den wir dem Leben zuschreiben. Der Werke kann es eine unzählige Menge geben; der Religionen giebt es auch viele; Lehren aber über das Leben (δόξαι) sind nur zwei: die eine davon verwirft Christus, die andere erkennt er an. Die Lehre, die Christus verwirft, besteht darin, dass das persönliche Leben etwas wirklich Existirendes und dem Menschen Angehörendes ist. Dies ist *die* Lehre, an welcher die Mehrzahl der Menschen festhielt und noch festhält und welcher alle die verschiedenartigen Religionen der Welt und die Handlungen der Menschen entspringen. Die andere Lehre ist die, die von allen Propheten und von Christus gepredigt worden ist, nämlich: dass unser persönliches Leben nur durch die Erfüllung des Willens Gottes Bedeutung erhält.

Wenn der Mensch sich zu jener δόξα bekennt, dass seine Persönlichkeit die Hauptsache ist, so wird er überzeugt sein, dass sein persönliches Heil das Wichtigste und Wünschenswertheste im Leben ist, und je nach dem worin er dieses Heil sehen wird – ob in Reichthum, Ruhm, Befriedigung der Wollust u. a. –, wird er auch den diesen Ansichten entsprechenden Glauben haben und alle seine Handlungen werden dem angemessen sein.

Wenn die δόξα des Menschen aber eine andere ist: wenn er das Leben derart auffasst, dass die Bedeutung desselben nur in der Erfüllung des Willens Gottes liegt, wie Abraham es aufgefasst und wie Christus es gelehrt, so wird dieser Mensch, je nach dem worin er den Willen Gottes sehen wird, auch einen entsprechenden Glauben haben und alle seine Handlungen werden in diesem Glauben ihren Ursprung haben.

Deshalb eben können diejenigen, die an die Glückseligkeit eines persönlichen Lebens glauben, nicht an die Lehre Christi glauben, und alle ihre Bemühungen an dieselbe zu glauben werden erfolglos bleiben. Um zu glauben, müssen sie ihre Ansicht vom Leben verändern. So lange sie aber diese nicht verändert haben, werden ihre Werke stets mit ihrem Glauben und nicht mit ihren Wünschen und Worten übereinstimmen.

Der Wunsch derjenigen an Christi Lehre zu glauben, die ihn um Zeichen baten, und der Wunsch unserer Gläubigen stimmt nicht mit ihrem Leben überein und kann es nicht, wie sehr sie sich auch darum bemühen mögen. Sie können zu Gott-Christus beten, sie können das Abendmahl nehmen, philanthropische Werke vollbringen, Kirchen bauen, andere bekehren; sie thun auch das alles: sie können aber nicht Werke Christi thun, weil diese Werke ihren Ursprung in einem Glauben haben, der in einer ganz anderen Lehre (δόξα) wurzelt, als die, zu der sie sich bekennen. Sie können nicht den einzigen Sohn zum Opfer bringen, wie Abraham es gethan hat, der sich nicht einmal zu besinnen brauchte, ob er seinen Sohn opfern sollte oder nicht, *dem* Gotte, der allein Sinn und Heil seinem Leben gab. Und ebenso konnten Christus und seine Jünger nicht umhin ihr Leben den andern zu geben, denn darin allein bestand der Sinn und das Heil ihres Lebens. Eben aus diesem Nichtverstehen des Wesens des Glaubens entspringt jener seltsame Wunsch, vermuthen zu können, dass es besser ist nach der Lehre Christi zu leben; indem sie, ihrem Glauben an das Glück des persönlichen Lebens nach, sich unwiderstehlich hingezogen fühlen, zuwider dieser Lehre zu leben, dabei aber doch an die Lehre Christi zu glauben.

Die Basis des Glaubens ist der Sinn des Lebens, aus welchem die Abschätzung dessen entspringt, was im Leben wichtig und gut ist, und dessen, was unwichtig und schlecht ist. Die Abschätzung aller Erscheinungen des Lebens ist der Glaube. Und gleichwie jetzt Menschen, die einen auf ihre eigne Lehre sich gründenden Glauben haben, diesen durchaus nicht in Einklang bringen können mit dem Glauben, der aus der Lehre Christi entspringt, ebenso konnten auch seine Jünger solches nicht thun. Dieses Missverständniss ist vielmal scharf und klar im Evangelium ausgesprochen. Die Jünger Christi baten ihn vielmal, ihren Glauben an das, was er sagte, zu befestigen. Matth. 19, 16–28 und Mark. 10, 35–45. In beiden Evangelien steht Folgendes. Nach dem, für jeden, der an ein persönliches Leben glaubt und sein Heil in dem Reichthum der Welt erblickt, schrecklichen Worte, dass der Reiche nicht ins Himmelreich kommen wird, und nach den für jene Menschen, die nur an ein persönliches Leben glauben, noch schrecklicheren Worten: dass, wer nicht alles und sein Leben lässt um der Lehre Christi willen, nicht gerettet werden kann – fragt Petrus: »Was aber wird mit uns sein, die wir dir gefolgt sind und alles verlassen haben?« – Nach Markus bitten darauf Jakobus und Johannes selbst, nach Matthäus bittet ihre Mutter, »ihnen also zu thun, dass sie sitzen zu seiner Rechten und zu seiner Linken, wenn er in der Herrlichkeit sein wird«. Sie bitten darum, dass er ihren Glauben durch das Versprechen einer Belohnung befestige. Auf die Frage Petri antwortet Jesus durch ein Gleichniss (Matth. 20, 1–16); auf die Bitte Jakobi aber sagt er: »ihr wisset nicht was ihr bittet« (d. h. ihr bittet um das Unmögliche). Ihr begreift nicht meine Lehre. Meine Lehre besteht in der Verleugnung des persönlichen Lebens, ihr aber bittet um persönlichen Ruhm, um persönliche Belohnung. Den Kelch trinken (das Leben durchleben) könnet ihr ebenso wie ich; zu sitzen aber zu meiner Rechten und zu meiner Linken, d. i. mir gleich zu sein, das stehet keinem zu. Und hier sagt Christus: nur im weltlichen Leben herrschen die Mächtigen und geniessen Ruhm und Gewalt des persönlichen Lebens; ihr aber, meine Jünger, sollt wissen, dass der Sinn des menschlichen Lebens nicht in dem persönlichen Glücke, nicht im Vornehmsein, sondern im Knechtsein besteht, nicht im Sichbedienenlassen, sondern in dem Dienen aller. »Des Menschen Sohn ist nicht gekommen, dass er ihm dienen lasse, sondern dass er diene und gebe sein Leben zu einer Erlösung für viele.« Auf die Forderung der Jünger, die ihm ihr gänzliches Nichtverstehen seiner Lehre zeigen, befiehlt ihnen Christus nicht, zu glauben, d. i. jene Abschätzung des Guten und Bösen, die ihrer Lehre entspringt, zu verändern (er weiss, dass dies unmöglich war), sondern er erklärt ihnen jenen Sinn des Lebens, auf dem der Glaube an ihn, d. i. die wahre Abschätzung dessen, was gut und böse, was wichtig und unwichtig ist, beruht.

Auf die Frage Petri: was wird mit uns? welcher Lohn wird uns werden für unsre Opfer? – antwortet Christus durch das Gleichniss (Matth. 20, 1–16) von den Arbeitern, die zu verschiedenen Zeiten angenommen waren und gleichen Lohn empfangen hatten. Christus erklärt Petrus das Nichtverstehen seiner Lehre, woraus auch der Mangel seines Glaubens entspringt. Christus sagt: nur im persönlichen und sinnlosen Leben ist der Lohn der Arbeit, in dem Maasse der Arbeit, theuer und wichtig. Der Glaube an den Lohn der Arbeit, in dem Maasse der Arbeit, entspringt aus der Lehre des persönlichen Lebens. Dieser Glaube gründet sich auf die Voraussetzung der Rechte, die wir auf etwas zu haben vermeinen; Rechte aber hat der Mensch auf nichts und kann keine haben; er hat blos die Verpflichtung für das ihm verliehene Gut und kann deshalb mit niemand rechten. Selbst wenn er sein ganzes Leben gegeben hat, kann er dennoch das nicht vergelten, was ihm gegeben worden ist, und deshalb kann der Hausherr nicht ungerecht gegen ihn sein. Wenn aber der Mensch seine Rechte an das Leben geltend macht und mit dem Urquell des Alls, mit dem, was ihm das Leben verliehen hat, rechtet, so beweist er dadurch blos, dass er den Sinn des Lebens nicht begriffen hat.

Die Menschen, nachdem sie das Glück empfangen haben, verlangen noch etwas. – Es stehen Menschen auf dem Markte; müssig und unglücklich, d. h. sie leben nicht. Der Hausherr kommt und giebt den Leuten Arbeit, d. h. das Leben. Sie nehmen des Hausherrn Gnade an – und bleiben trotzdem unzufrieden. Sie sind unzufrieden, weil sie keinen klaren Begriff von ihrer Lage haben. Sie sind zur Arbeit gekommen mit ihrer falschen Lehre, dass sie ein Recht an ihr Leben und an ihre Arbeit haben und dass folglich ihre Arbeit belohnt werden müsse. Sie begreifen nicht, dass diese Arbeit das höchste Gut ist, das ihnen verliehen ward, in Erwiderung dessen sie sich nur bemühen müssen ein gleiches Gut wiederzugeben, aber keine Belohnung verlangen dürfen. Und deshalb können Menschen, die einen so verkehrten Begriff vom Leben haben, keinen rechten, wahren Glauben besitzen.

Das Gleichniss vom Hausherrn und dem Arbeiter, der vom Felde heimkehrt, womit auf die direkte Bitte der Jünger um Befestigung, um Vermehrung des Glaubens in ihnen erwidert wurde, bestimmt noch klarer die Grundlage jenes Glaubens, den Christus lehrt (Luk. 17, 3–10). Auf die Worte Christi, dass man dem Bruder nicht ein Mal, sondern »siebenzigmalsieben« Mal vergeben solle, entsetzten sich die Jünger über die Schwierigkeit der Erfüllung dieses Gebotes und sprachen: ja, aber man muss glauben um das zu erfüllen; stärke und vermehre in uns den Glauben. Wie sie früher gefragt hatten: was wird uns dafür werden? so sagen sie auch jetzt dasselbe, wovon alle sogenannten Christen sprechen: ich will glauben, aber ich kann es nicht; stärke in uns den Glauben daran, dass das Seil der Rettung uns errettet. Sie sagen: mache, dass wir glauben – dasselbe was sie zu Christus sagten, als sie Wunder von ihm verlangten. Durch Wunder oder Verheissungen des Lohns mache, dass wir an unsere Errettung glauben.

Die Jünger sprachen ebenso wie wir: es wäre gut es so einzurichten, dass zu jenem einzelnen, willkürlichen Leben, welches wir leben, noch der Glaube hinzukäme: dass, wenn wir die Lehre Gottes erfüllen, wir es noch besser haben werden. Wir alle stellen diese, dem ganzen Sinne der Lehre Christi widersprechende Forderung auf und wundern uns, dass wir gar nicht zum Glauben gelangen können. Und auf dieses ursprüngliche Missverständniss, welches damals bestand wie es jetzt besteht, antwortet Christus mit einem Gleichniss, in welchem er erklärt, was der wahre Glaube ist. – Der Glaube kann nicht aus dem Vertrauen zu dem, was Christus sagen wird, entstehen; der »Glaube entsteht nur aus der Erkenntniss unserer Lage. Der Glaube gründet sich nur auf die vernünftige Erkenntniss dessen, was besser ist zu thun, wenn man sich in einer gewissen Lage befindet. Christus zeigt, dass man nicht in andern Menschen diesen Glauben durch Verheissungen von Lohn und angedrohte Strafen erwecken könne; dass dies ein sehr schwaches Vertrauen sein würde, welches bei der ersten Versuchung zusammenbrechen müsste: dass jener Glaube, welcher Berge versetzt, den nichts zu erschüttern vermag, sich auf die Erkenntniss des unvermeidlichen Unterganges und jener einzigen Errettung, die in dieser Lage möglich ist, gründet. Um den Glauben zu haben bedarf es keinerlei Verheissung eines Lohns. Man muss begreifen, dass die einzige Rettung vom unvermeidlichen Untergange des Lebens das gemeinschaftliche Leben nach dem Willen des Herrn ist. Keiner, der dies begriffen hat, wird Bestätigung dessen suchen, sondern er wird ohne alle Ermahnungen sich retten.

Auf die Bitte der Jünger den Glauben in ihnen zu stärken, sagt Christus: wenn der Hausherr mit dem Knechte vom Felde kommt, erlaubt er ihm nicht sofort seine Abendmahlzeit einzunehmen, sondern lässt ihn zuerst das Vieh besorgen und ihm dienen und dann erst sich zu Tische setzen. Der Knecht thut das alles und hält sich nicht für gekränkt, rühmt sich nicht und verlangt weder Dankbarkeit noch Lohn, wohl wissend, dass es so sein muss und dass er nur das thut was er thun muss, dass dies eine nothwendige Bedingung des Dienstes und zugleich das wahre Heil seines Lebens ist. »So auch ihr«, spricht Christus; »wenn ihr alles gethan habt, was euch befohlen ward, rechnet, dass ihr blos das gethan habt was ihr thun musstet.« Wer seine Beziehungen zum Hausherrn begreift, der wird auch begreifen, dass er nur wenn er sich seinem Willen unterwirft, das Leben haben kann; dass er nur dann wissen wird worin sein Heil besteht und den Glauben erlangen wird, für den es nichts Unmögliches giebt. Dieser Glaube ist es, den Christus lehrt. Seiner Lehre nach gründet sieh der Glaube auf die vernünftige Erkenntniss der Bedeutung des Lebens.

Die Grundlage des Glaubens ist, nach Christi Lehre, das Licht.

Joh. 1, 9–12: »Das war das wahrhaftige Licht, welches alle Menschen erleuchtet, die in diese Welt kommen (9). Es war in der Welt, und die Welt ist durch dasselbige gemacht; und die Welt kannte es nicht (10). Er kam in sein Eigenthum, und die Seinen nahmen ihn nicht auf (11). Wie viele ihn aber aufnahmen, denen gab er Macht Gottes Kinder zu werden, die an seinen Namen glauben (12).«

Joh. 3, 19–21: »Das ist aber das Gericht Das griechische Wort κρίσις bedeutet eigentlich »Theilung, Sonderung«., dass das Licht in die Welt gekommen ist, und die Menschen liebten die Finsterniss mehr, denn das Licht; denn ihre Werke waren böse (19). Wer Arges thut, der hasset das Licht, und kommt nicht an das Licht, auf dass seine Werke nicht gestrafet werden (20). Wer aber die Wahrheit thut, der kommt an das Licht, dass seine Werke offenbar werden; denn sie sind in Gott gethan (21).«

Für denjenigen, der Christi Lehre begriffen hat, kann die Frage über die Befestigung im Glauben nicht existiren. Der Glaube gründet sich, seiner Lehre nach, auf das Licht – die Wahrheit. Er fordert nie zum Glauben an Christum auf; er ruft nur auf zum Glauben an die Wahrheit.

Joh. 8, 40 spricht er zu den Juden: »Ihr suchet mich zu tödten, einen solchen Menschen, der ich euch die Wahrheit gesagt habe, die ich von Gott gehört habe.«

Joh. 8, 46: »Welcher unter euch kann mich einer Sünde zeihen? So ich euch aber die Wahrheit sage, warum glaubet ihr mir nicht?«

Joh. 18, 37: »Ich bin dazu geboren und in die Welt gekommen, dass ich die Wahrheit zeugen soll. Wer aus der Wahrheit ist, der höret meine Stimme.«

Joh. 14, 6: »Ich bin der Weg, die Wahrheit und das Leben.« »Der Vater« – spricht er zu seinen Jüngern in demselben Kapitel (16) – »soll euch einen andern Tröster geben, dass er bei euch bleibe ewiglich. Dieser Tröster ist der Geist der Wahrheit, den die Welt nicht siehet und nicht kennet. Ihr aber kennet ihn, denn er bleibet bei euch und wird in euch sein (17).«

Er sagt, dass seine ganze Lehre, dass er selbst die Wahrheit ist.

Die Lehre Christi ist die Lehre der Wahrheit. Und darum ist der Glaube an Christus nicht ein Zutrauen zu irgend etwas, das sich auf Christus bezieht, sondern die Erkenntniss der Wahrheit.

Man kann nicht jemand von der Lehre Christi überzeugen; man kann ihn durch nichts zur Erfüllung derselben bestechen. Wer Christi Lehre begreift, der wird auch den Glauben an ihn haben, denn seine Lehre ist die Lehre der Wahrheit. Wer aber die Wahrheit kennt, die zum Heile nothwendig ist, der kann nicht umhin an sie zu glauben. Und deshalb kann der Mensch, wenn er begriffen hat, dass er wirklich versinkt, nicht umhin nach dem Rettungsseile zu greifen. Und die Frage, wie man thun soll um zu glauben, ist nur eine Frage, die das Nichtbegreifen der Lehre Christi ausdrückt.


<h1 style="text-align:center">X.</h1>


[Die Gebote Christi sind für Jedermann ausführbar,
ihre Ausführung ist leicht und glückbringend.
Das Leben der Welt fordert viel grössere Opfer als Christi Gebote.
Aufzahlung der Bedingungen eines glücklich zu nennenden Lebens.
Märtyrer der Welt.
Arbeit im Dienste Andrer sichert stets die Erhaltung unsres Lebens.
Speisung der fünftausend Mann.]


Wir sagen: es ist schwer nach Christi Lehre zu leben. Wie sollte es auch nicht schwer sein, wenn wir selbst durch unser ganzes Leben unsre Lage sorgfältig vor uns selbst verbergen und sorgfältig in uns das Zutrauen bestärken, dass unsre Lage durchaus keine solche ist, wie sie ist, sondern eine ganz andere. Und dieses Zutrauen, das wir »Glaube« nennen, erheben wir zu einem Heiligthum und mit allen Mitteln, mit

Gewalt, durch Einwirkungen auf das Gemüth, durch Drohungen, Schmeicheleien, Täuschungen suchen wir zu diesem falschen Zutrauen heranzulocken. In diesem Fordern des Vertrauens auf das Unmögliche und Unvernünftige gelangen wir so weit, dass wir die Unvernunft selbst dessen, wozu wir Zutrauen verlangen, als ein Zeichen der Wahrhaftigkeit ansehen. Es fand sich ein Christ, welcher sagte: credo quia absurdum, und die andern Christen wiederholen das mit Entzücken, voraussetzend, dass der Unsinn das beste Mittel ist um die Menschen die Wahrheit zu lehren. In einem Gespräche mit mir äusserte unlängst ein gelehrter und kluger Mann, dass die christliche Lehre, als Sittenlehre, nicht viel werth sei. »Alles das, sagte er, kann man bei den Stoikern, bei den Brahminen und im Talmud finden. Das Wesen der christlichen Lehre liegt nicht darin, sondern in der theosophischen Lehre, die in den Dogmen ausgedrückt ist.« Das heisst: nicht das ist theuer in der christlichen Lehre, was ewig und allgemein menschlich, was zum Leben notwendig und vernünftig ist, sondern im Christenthum ist das wichtig und werthvoll, was durchaus unverständlich und darum unnütz ist und das, im Namen dessen Millionen von Menschen getödtet worden sind.

Wir haben uns eine, auf nichts als auf unsre Bosheit und unsre persönlichen Begierden gegründete, falsche Vorstellung von unsrem und von dem Leben der Welt gemacht und halten den Glauben an diese falsche, äusserlich mit Christi Lehre verbundene Vorstellung für das Nothwendigste und Wichtigste für unser Leben. Wäre nicht dieses, durch Jahrhunderte von den Menschen aufrecht erhaltene Vertrauen in die Lüge, so hätte sich die Unwahrheit unsrer Vorstellung vom Leben und die Wahrheit der Lehre Christi offenbart.

Es ist furchtbar zu sagen, mir scheint es jedoch zuweilen so: wenn Christi Lehre mit der aus ihr erwachsenen kirchlichen Lehre gar nicht existirte, so ständen diejenigen, die sich jetzt Christen nennen, der Lehre Christi, d. h. der vernünftigen Lehre über das Heil des Lebens, viel näher als sie jetzt stehen. Ihnen wären die sittlichen Lehren der Propheten der ganzen Menschheit nicht verschlossen. Sie hätten ihre eigenen Verkünder der Wahrheit und hätten ihnen geglaubt. Jetzt aber ist die ganze Wahrheit offenbar und die ganze Wahrheit ist denen, deren Werke böse waren, so furchtbar erschienen, dass sie die Wahrheit in Lüge umgewandelt haben; – und die Menschen haben das Zutrauen zu der Wahrheit verloren. In unserer europäischen Gesellschaft haben längst alle auf die Verkündigung Christi, dass er in die Welt gekommen ist »um von der Wahrheit zu zeugen, und dass deshalb jeder, der von der Wahrheit ist, ihn höret«, sich selbst mit den Worten des Pilatus geantwortet: »Was ist Wahrheit?« – Diese Worte, die eine so traurige und tiefe Ironie über einen einzelnen Römer ausdrücken, haben wir für Ernst genommen und haben sie zu unsrem Glauben gemacht. In unserer Welt leben alle nicht nur ohne Wahrheit und ohne Wunsch sie zu erkennen, sondern auch in der festen Ueberzeugung, dass von allen müssigen Beschäftigungen die müssigste das Suchen der Wahrheit ist, welche das menschliche Leben lenkt.

Die Lehre des Lebens, von dem, was bei allen Völkern vor unserer europäischen Gesellschaft stets für das Wichtigste gehalten worden, von dem, wovon Christus sprach, es sei »das eine was noth thut«, – diese, und diese allein, ist aus unserem Leben und aus der ganzen menschlichen Thätigkeit ausgeschlossen. Das ist es, womit sich die Einrichtung beschäftigt, die sich Kirche nennt und an die schon längst keiner mehr glaubt, selbst diejenigen nicht, die diese Einrichtung gegründet haben und festhalten.

Das einzige Fenster zum Lichte, auf das die Blicke aller Denkenden und Leidenden gerichtet sind, ist verdeckt. Auf die Fragen: »was bin ich? was soll ich? kann ich nicht mein Leben erleichtern nach der Lehre jenes Gottes, der euren Worten nach gekommen ist um uns zu erlösen?« antwortet man mir: »erfülle die Vorschriften der Obrigkeiten und glaube an die Kirche.« »Weshalb aber leben wir so schlecht auf dieser Welt?« fragt die verzweifelte Stimme des Suchenden, »wozu ist all' das Böse? ist es mir wirklich nicht möglich mich mit meinem Leben von diesem Uebel fern zu halten? ist es wirklich nicht möglich dies Uebel zu erleichtern?« Man antwortet: »Es ist nicht möglich. Dein Wunsch ein gutes Leben zu führen und dadurch den andern zu helfen – ist Stolz und Hochmuth. Das einzige, was möglich ist, ist: sich selbst, d. i. seine Seele für ein zukünftiges Leben zu retten. Wenn du aber an dem Bösen der Welt nicht theilnehmen willst, so verlasse die Welt. Dieser Weg steht jedem offen (spricht die Lehre der Kirche): wisse jedoch, dass du, wenn du diesen Weg wählest, nicht mehr an dem Leben der Welt theilnehmen darfst, dass du aufhören sollst zu leben und dich selbst langsam tödten sollst.« – »Es giebt nur zwei Wege, sagen unsere Lehrer: glauben, uns der Macht unterwerfen und uns an jenem Uebel betheiligen, das wir geschaffen haben, oder die Welt verlassen um ins Kloster zu gehen, nicht essen und nicht trinken, sein Fleisch und Blut am Pfahle faulen lassen, sich beugen und aufrichten und – nichts für die Menschen thun.«

Das heisst: entweder die Lehre Christi als unausführbar und damit die von der Religion geheiligte Gesetzlosigkeit des Lebens anerkennen; oder dem Leben entsagen, was einem langsamen Selbstmorde gleichkommt.

Wie merkwürdig demjenigen, der Christi Lehre begriffen hat, die Verirrung erscheinen mag, laut welcher zugestanden wird, dass diese Lehre sehr gut, für die Menschen aber unausführbar sei; so ist doch jene Verirrung, laut welcher festgestellt wird, dass ein Mensch, der nicht in Worten, sondern in der That Christi Lehre befolgen will, aus der Welt gehen soll, noch merkwürdiger.

Der Irrthum, dass es für einen Menschen besser ist sich von der Welt zurückzuziehen, als sich ihren Versuchungen auszusetzen, ist ein alter, den Hebräern längst bekannter Irrthum, aber nicht nur dem Geiste des Christenthums, sondern auch der jüdischen Religion vollkommen fremd. Gegen diese Verirrung ist, noch lange vor
Christus, die Erzählung über den Propheten Jonas geschrieben worden, die Christus
liebte und die oft von ihm angeführt wurde. Die Idee der Erzählung ist von Anfang bis
zum Ende die eine: der Prophet Jonas will allein gerecht sein und zieht sich von den
verderbten Menschen zurück. Gott aber zeigt ihm, dass er, ein Prophet, nur dazu da
ist um den verirrten Menschen seine Kenntniss der Wahrheit mitzutheilen und dass
er deshalb nicht die verirrten Menschen fliehen, sondern in Gemeinschaft mit ihnen
leben soll. Jonas verachtet die verderbten Niniver und meidet sie. Wie aber auch Jonas
seiner Bestimmung zu entrinnen sucht, Gott führt ihn dennoch mit Hilfe des Wallfisches zu den Ninivern zurück, und es geschieht das was Gott will, d. h. die Niniver
nehmen durch Jonas' Vermittelung die Lehre Gottes an und ihr Leben wird ein besseres. Jonas aber, weit entfernt sich darüber zu freuen das Werkzeug des Willens Gottes
gewesen zu sein, ist unzufrieden und eifersüchtig auf die Niniver; er möchte allein vernünftig und gut sein. Er entfernt sich in die Wüste, beweint sein Schicksal und rechtet
mit Gott. Und da wächst über seinem Haupte in einer Nacht ein Kürbiss, der ihn vor
der Sonne beschützt, und in einer andern Nacht frisst der Wurm den Kürbiss auf. Jonas macht Gott noch verzweifeltere Vorwürfe darüber, dass der ihm theure Kürbiss
umgekommen ist. Da spricht Gott zu ihm: du trauerst um den Kürbiss, den du dein
eigen nennest; er ist in einer Nacht entstanden und in einer Nacht vergangen; soll ich
aber nicht trauern um das grosse Volk, das dem Verderben entgegenging, weil es lebte
wie das Vieh und die rechte Hand nicht von der linken zu unterscheiden vermochte?
Deine Erkenntniss der Wahrheit war nur dazu nutze um weiter gegeben zu werden
denen, die sie nicht besassen.

Christus kannte diese Erzählung und brachte sie oft vor; ausserdem wird aber in
den Evangelien erzählt, wie Christus selbst, nach dem Besuche des in der Wüste lebenden Johannes des Täufers, vor dem Beginne seiner Predigten, derselben Versuchung
verfiel und vom Satan (Betrug) in die Wüste geführt wurde zur Versuchung; wie Christus diesen Betrug besiegte, wie er in der Macht des Geistes nach Galiläa heimkehrte
und seitdem, keinerlei noch so verderbte Menschen verabscheuend, sein Leben unter
Zöllnern, Pharisäern und Sündern zubrachte und ihnen die Wahrheit predigte Luk. 4,
1 u. 2. Christus wird von der »Täuschung« in die Wüste geführt um dort versucht zu
werden, Matth. 4, 3 u. 4. Die Täuschung spricht zu Christus: er sei nicht der Sohn
Gottes, wenn er nicht Steine in Brod verwandeln könne. Christus antwortet: ich kann

ohne Brod leben, denn ich lebe durch das, was Gott mir eingeflösst hat. 5-7. Darauf spricht die Täuschung: wenn du durch das lebst, was Gott dir eingeflösst hat, dann wirf dich hinab; du wirst dein Fleisch tödten, aber der dir von Gott eingeflösste Geist wird nicht umkommen. Christus antwortet: mein Leben im Fleische ist Gottes Wille. Sein Fleisch tödten heisst gegen den Willen Gottes handeln – Gott versuchen. 8-10. Darauf spricht die Täuschung: wenn es so ist, so diene dem Fleische wie alle Menschen und das Fleisch wird dich belohnen. Christus antwortet: ich habe keine Macht über das Fleisch, mein Leben ist im Geiste; das Fleisch vernichten aber kann ich nicht, denn der Geist ist durch den Willen Gottes in mein Fleisch gelegt und deshalb kann ich, im Fleische lebend, nur dem Vater, meinem Gotte dienen. – Und Christus geht aus der Wüste hinaus in die Welt..

Nach der kirchlichen Lehre jedoch hat Christus, der Gott-Mensch, uns das Beispiel des Lebens gegeben. Sein ganzes uns von ihm bekanntes Leben verbringt Christus im Strudel des Lebens selbst: mit Zöllnern, Buhlerinnen und mit den Pharisäern in Jerusalem. Christi Hauptgebote sind: die Liebe zum Nächsten und das Verbreiten seiner Lehre durch das lebendige Wort. Das eine wie das andere verlangt eine fortwährende Gemeinschaft mit der Welt. Und plötzlich wird der Schluss gezogen, dass man nach Christi Lehre von allen fortgehen, mit niemandem zu thun haben und – sich an den Pfahl stecken soll. Es erweist sich, dass man, um Christi Beispiel zu folgen, gerade das Gegentheil von dem thun soll, was er gelehrt und was er gethan hat.

Die Lehre Christi nach den kirchlichen Erklärungen erscheint den weltlichen, wie den im Mönchsstande lebenden Menschen nicht als eine Lehre über das Leben, wie man dieses besser für sich und für andere einrichten solle, sondern für die weltlichen Menschen als eine Lehre über das, woran sie glauben sollen um, schlecht lebend, dennoch im zukünftigen Leben erlöst zu werden, und für die im Mönchsstande Lebenden wie sie dieses Leben für sich noch schlechter machen sollen als es ist.

Christus aber lehrt nicht das.

Christus lehrt die Wahrheit, und wenn eine abstrakte Wahrheit Wahrheit ist, so wird sie auch in der Wirklichkeit Wahrheit sein. Wenn ein Leben in Gott das allein wahre und glückselige ist an sich selbst, so ist es wahr und glückselig auch hier auf Erden, bei allen Zufälligkeiten des Lebens. Wenn das Leben hier die Lehre Christi über das Leben nicht bestätigen würde, so würde diese Lehre keine wahre sein.

Christus beruft nicht vom Guten zum Schlimmeren, sondern im Gegentheil vom Schlimmeren zum Guten. Er bemitleidet die Menschen, die ihm wie verlorene, ohne Hirten zu Grunde gehende Schafe vorkommen, und verspricht ihnen einen Hirten und eine gute Weide. Er sagt, dass seine Jünger um seiner Lehre willen verfolgt werden, und ermahnt sie die Verfolgungen der Welt zu dulden und mit Standhaftigkeit zu ertragen. Er sagt aber nicht, dass sie mehr leiden werden, wenn sie seiner Lehre, als wenn sie der Lehre der Welt folgen werden; im Gegentheil: er sagt, dass diejenigen, die der Lehre der Welt folgen, unglücklich sein, die aber seiner Lehre folgen, glückselig sein werden.

Christus lehrt nicht die Erlösung durch den Glauben oder das Asketenthum, d. i. den Betrug der Einbildung oder das freiwillige Märtyrerthum in diesem Leben; er lehrt ein Leben, in welchem der Mensch, ausser der Errettung des persönlichen Lebens vom Untergange, bereits hier, in dieser Welt, weniger Leiden und mehr Freuden empfindet, als im persönlichen Leben.

Christus sagt den Menschen, dass sie, selbst wenn sie allein seine Lehre befolgen inmitten derer, die sie nicht befolgen, dennoch dadurch nicht unglücklicher, sondern im Gegentheil glücklicher sein werden, als diejenigen, die seine Lehre nicht befolgen, Christus sagt, es sei eine sichere weltliche Berechnung um das persönliche Leben nicht zu sorgen.

Mark. 10, 28-31. »Da sagte Petrus zu ihm: Siehe, wir haben alles verlassen und sind dir nachgefolgt (28). Jesus antwortete und sprach: Wahrlich, ich sage euch: es ist niemand, so er verlässt Haus, oder Brüder, oder Schwestern, oder Vater, oder Mutter, oder Weib, oder Kinder, oder Aecker, um meinetwillen und um des Evangelii willen (29); Der nicht hundertfältig empfange, jetzt in dieser Zeit, Häuser und Brüder, und Schwestern, und Mütter, und Kinder, und Aecker, mit Verfolgungen, und in der zukünftigen Welt das ewige Leben (30). Viele aber werden die letzten sein, die die ersten sind; und die ersten sein, die die letzten sind (31).« (Matth. 19, 27-30; Luk. 18, 28-30.)

Es ist wahr: Christus erwähnt, dass denen, die ihm folgen werden, die Verfolgungen derer bevorstehen, die ihm nicht folgen werden; er sagt aber nicht, dass seine Jünger dadurch etwas verlieren werden. Im Gegentheil, er sagt: seine Jünger werden hier, in dieser Welt, mehr Freuden haben als die, so nicht seine Jünger sind.

Dass Christus dies sagt und denkt, daran kann kein Zweifel bestehen, nach der Deutlichkeit seiner Worte sowohl wie nach dem Sinne der ganzen Lehre; nach dem, wie er gelebt hat und wie seine Jünger lebten. – Ist das aber wahr?

Wenn wir die Frage: wessen Lage besser sei, die der Befolger der Lehre Christi oder die der Befolger der weltlichen Lehre, abstrakt erörtern, können wir nicht umhin zu sehen, dass die Lage der Jünger Christi schon darum besser sein muss, weil die Jünger Christi, indem sie allen Gutes thun, keinen Hass in den Menschen erwecken werden. Indem die Jünger Christi keinem Böses zufügen, können sie nur durch böse Menschen verfolgt werden; die Befolger der weltlichen Lehre dagegen müssen von allen verfolgt werden, da das Gesetz der weltlichen Lehre ein Gesetz des »Kampfes« ist, d. h. der gegenseitigen Verfolgung. Die Zufälligkeiten der Leiden aber sind dieselben für die einen wie für die andern, blos mit dem Unterschiede, dass die Jünger Christi vorbereitet sein werden sie entgegenzunehmen, die Jünger der Welt dagegen alle ihre Seelenkräfte darauf verwenden, werden ihnen zu entgehen; indem sie leiden, werden die Jünger Christi denken, dass ihre Leiden für die Welt nothwendig sind; die Jünger der Welt aber werden, wenn sie leiden, nicht wissen, wozu sie leiden. Aus alledem müssen wir schliessen, dass die Lage der Jünger Christi eine vortheilhaftere sein wird, als die der Jünger der Welt. Ist sie es aber auch in Wirklichkeit?

Um sich davon zu überzeugen möge jeder von uns sich die schweren Momente seines Lebens, die Körper- und Seelenleiden, die er erduldet hat und noch erduldet, ins Gedächtniss zurückrufen und sich fragen: warum habe ich alle diese Leiden erduldet, um Christi willen oder um der Welt willen? Möge jeder aufrichtige Mensch sich genau sein ganzes Leben vergegenwärtigen, und er wird sehen, dass er nie, nicht ein einziges Mal durch die Erfüllung der Lehre Christi gelitten hat, sondern dass die meisten Trübsale seines Lebens nur dadurch entstanden sind, dass er gegen seine Neigung der ihn bindenden Lehre der Welt gefolgt ist.

In meinem, ausschliesslich im weltlichen Sinne glücklichen Leben kann ich so viele Leiden aufzählen, die ich um der Lehre der Welt willen ertragen, dass sie für einen guten Märtyrer um Christi willen genügen würden. Alle schwersten Momente meines Lebens, von den Gelagen und Ausschweifungen der Studentenzeit ab bis zum Duelle, zum Kriege und jenen ungesunden, unnatürlichen und quälenden Lebensbedingungen, in denen ich jetzt lebe, das alles ist ein Märtyrerthum um der Lehre der Welt willen. So spreche ich über mein, im weltlichen Sinne ausnahmsweise glückliches Leben. Wie viele Märtyrer aber giebt es, die gelitten haben und leiden um der Lehre der Welt willen, deren Leiden ich mir nicht einmal lebhaft vorzustellen vermag!

Wir sehen blos deshalb nicht die ganze Schwierigkeit und Gefahr der Erfüllung der Lehre der Welt, weil wir annehmen, dass alles, was wir um ihretwillen ertragen, unumgänglich nothwendig ist.

Wir halten uns davon überzeugt, dass alle Trübsale, die wir uns selbst bereiten, unvermeidliche Bedingungen unsres Lebens sind, und können deshalb nicht begreifen, dass Christus gerade lehrt, wie wir uns von unseren Trübsalen befreien und glücklich leben sollen.

Um im Stande zu sein die Frage zu entscheiden, welches Leben das glücklichere ist, müssen wir uns mindestens in Gedanken von dieser falschen Vorstellung befreien und ohne Vorurtheil in und um uns schauen.

Gehet heran an einen Menschenhaufen, namentlich städtischer Leute, und blicket in diese erschöpften, erregten und kranken Gesichter und gedenket dann eures eigenen Lebens und des Lebens derjenigen Leute, aus deren Vergangenheit euch zufällig einige Einzelheiten bekannt geworden sind; erinnert euch jener gewaltsamen Todesfälle, erinnert euch der Selbstmorde, über die ihr vernommen, und fragt euch: weshalb alle diese Qualen des Todes, woher diese Verzweiflung, die zum Selbstmorde geführt? Und ihr werdet sehen – wie sonderbar dies anfangs erscheinen mag –, dass neun Zehntel der menschlichen Leiden um der Lehre der Welt willen erduldet werden, dass alle diese Leiden unnütz sind und gar nicht zu sein brauchten – dass die Mehrzahl der Menschen Märtyrer der Lehre der Welt sind.

Unlängst fuhr ich an einem regnerischen Herbstsonntage auf der Pferdebahn über den Marktplatz am Sucharewo-Thurm. Auf einer Strecke von einer halben Werst schob der Wagen einen dichten Menschenknäuel auseinander, der sich sofort hinter ihm wieder schloss. Vom Morgen bis zum Abend drängen sich hier im Schmutze Tausende von Menschen, von denen die meisten hungrig und zerlumpt sind, und stossen, schimpfen, betrügen und hassen einander. Dasselbe geschieht auf allen Märkten, namentlich in grossen Städten. Den Abend verbringen diese Leute in der Schenke und im Wirthshaus, die Nacht in ihren Winkeln und Löchern. Der Sonntag ist der beste Tag ihrer Woche. Am Montag erwachen sie aus ihrem Rausch in ihren verpesteten Kammern, stärken sich durch neuen Rausch und gehen dann an ihre ihnen überdrüssig gewordene Arbeit.

Versetzt euch in das Leben dieser Leute, in den Zustand, den sie verlassen haben um denjenigen zu wählen, in dem sie sich jetzt befinden; denkt euch hinein in die unaufhörlichen Mühseligkeiten, die diese Leute, Männer und Weiber, freiwillig ertragen, – und ihr werdet sehen, dass sie wahrhafte Märtyrer sind.

Alle diese Leute haben Haus, Acker, Vater, Brüder, oft Weib und Kind verlassen, haben allem, selbst dem Leben entsagt und sind in die Stadt gekommen um das zu erringen, was nach der Lehre der Welt jedem von ihnen für unentbehrlich gilt. Und sie alle – gar nicht zu sprechen von jenen Tausenden Unglücklicher, die alles verloren haben und sich nur noch mit Gekröse und Branntwein in den Nachtherbergen durchschlagen – alle, vom Fabrikarbeiter, Fuhrmann, von der Näherin und dem Freudenmädchen an bis zum reichen Kaufmann und bis zum Minister und ihren Frauen, alle ertragen das schwerste, unnatürlichste Leben und haben dennoch das, was ihnen nach der Lehre der Welt für das Nothwendigste gilt, nicht errungen.

Suchet unter diesen Leuten, vom Armen bis zum Reichen, und findet einen Menschen, dem das, was er erwirbt, hinreicht zu dem, was er für nothwendig, für unentbehrlich hält nach der Lehre der Welt, und ihr werdet sehen, dass ihr nicht einen unter Tausenden finden werdet. Jeder plagt sich aus allen Kräften um das zu erringen, was er nicht braucht, was aber die Lehre der Welt von ihm verlangt und dessen Nichtbesitz sein Unglück ausmacht. Und sobald er das Verlangte errungen hat, wird von ihm wieder anderes verlangt, und so geht diese Sisyphus-Arbeit, die das Leben der Menschen vernichtet, fort ohne Ende. Nehmet eine Abstufung der Vermögensverhältnisse der Menschen an, die von 300 bis 50 000 Rubel jährlich verleben, und ihr werdet selten einen Menschen finden, der sich nicht abquälte und erschöpfte bei der Arbeit, um 400 Rubel zu verdienen, wenn er 300 hat, und 500 zu erwerben, wenn er 400 besitzt, und so ohne Ende. Und es giebt nicht einen, der 500 hätte und freiwillig zu dem Leben desjenigen überginge, der 400 hat. Und wenn es auch solche Beispiele giebt, so geschieht dieser Uebergang nicht darum, um das Leben zu erleichtern, sondern um Geld zu sammeln und es bei Seite zu legen. Alle Massen mehr und mehr ihr ohnehin belastetes Leben durch neue Mühen beschweren und ihre Seele vollständig der Lehre der Welt hingeben. Heute hat er Rock und Galoschen erworben, morgen Uhr und Kette, übermorgen eine Wohnung mit Sopha und Lampe, darauf Teppiche in vier Gastzimmer und Sammetkleider, dann ein Haus, Pferde und Bilder in Goldrahmen, dann – erkrankt er aus Ueberanstrengung seiner Kräfte und stirbt. Ein anderer setzt dieselbe Arbeit fort und opfert sein Leben demselben Moloch und weiss gleichfalls selbst nicht wozu er das alles gethan. Vielleicht aber ist dieses Leben, im Verlaufe dessen der Mensch das alles thut, an sich selbst ein glückliches?

Wägt dieses Leben nach dem Gewichte dessen, was alle Menschen stets »Glück« genannt haben, und ihr werdet sehen, dass dies Leben ein entsetzlich unglückliches ist. In der That: welches sind die Hauptbedingungen eines irdischen Glücks, die Bedingungen, über die niemand streiten würde?

Eine der ersten und von allen anerkannten Bedingungen zum Glücke ist ein Leben, in welchem die Beziehungen des Menschen zu der Natur aufrecht erhalten bleiben, d. i. ein Leben unter freiem Himmel, bei Sonnenlicht und freier Luft; Gemeinschaft mit der Erde, mit Pflanzen und Thieren. Alle Menschen haben stets die Entbehrung alles dessen für ein grosses Unglück angesehen. Die im Kerker Schmachtenden empfinden diese Entbehrung am heftigsten. – Betrachtet nun das Leben der Menschen, die nach der Lehre der Welt leben. Je grössere Erfolge sie, nach der Lehre der Welt, erzielt, umsomehr wird ihnen diese Bedingung zum Glück entzogen. Je höher das weltliche Glück steht, das sie errungen, umsoweniger sehen sie das Licht der Sonne, Wiesen und Wälder, wilde und Haus-Thiere. Viele von ihnen, fast alle Frauen erreichen das Greisenalter ohne mehr als ein- oder zweimal im Leben den Sonnenaufgang und Morgen und ohne je die Wiesen und Wälder anders gesehen zu haben, als von der Kalesche oder vom Waggon aus, und nicht nur ohne je etwas gesäet oder gepflanzt, oder eine Kuh, ein Pferd, ein Huhn aufgefüttert und aufgezogen, sondern auch ohne einen Begriff davon zu haben, wie die Thiere zur Welt kommen, wie sie aufwachsen und leben. Diese Menschen sehen nur Gewebe, Steine und Holz, das durch menschliche Mühe verarbeitet ist, und auch das sehen sie nicht bei Sonnenlicht, sondern bei künstlicher Beleuchtung; sie hören nur Laute von Maschinen, Equipagen, Kanonen und musikalischen Instrumenten, sie riechen nur spirituöse Gerüche und Tabakrauch; zu Händen und Füssen sind sie umringt von Gewebe, Stein und Holz; ihres schwachen Magens wegen gemessen sie grösstentheils Verdorbenes und Uebelriechendes. Ihr Herumziehen von Ort zu Ort rettet sie nicht von diesen Entbehrungen. Sie fahren in geschlossenen Kasten, im Dorfe sowohl wie im Auslande; wohin sie auch kommen mögen, überall haben sie dieselben Steine und dasselbe Holz unter den Füssen, dieselben Vorhänge, die ihnen das Licht der Sonne verhüllen, dieselben Lakaien, Kutscher und Hausknechte, die sie nicht zur Gemeinschaft mit der Erde, den Pflanzen und Thieren zulassen. Wo sie auch sein mögen, überall entbehren sie, Gefangenen gleich, diese Bedingung des Glücks. Und wie der Gefangene sich mit dem auf dem Gefängnisshofe hervorgesprossenen Grase, mit einer Spinne, einer Maus tröstet, so trösten sich auch diese Menschen mitunter mit siechen Stubenpflanzen, mit einem Papageien, einem Hündchen, einem Affen, die sie auch noch nicht selbst füttern und aufziehen.

Eine andere unzweifelhafte Bedingung zum Glücke ist – Arbeit: erstens angenehme und freie Arbeit; zweitens physische Arbeit, die Appetit und festen, beruhigenden Schlaf giebt. Auch hier: ein je grösseres Glück, ihren Begriffen der Lehre der Welt nach, die Menschen errungen haben, umsomehr entbehren sie auch diese zweite Bedingung des Glücks. Alle Glücklichen der Welt, Würdenträger und Millionäre entbehren, Gefangenen gleich, entweder gänzlich die Arbeit und kämpfen erfolglos gegen Krankheiten, die von Mangel an physischer Anstrengung herrühren, und kämpfen noch erfolgloser gegen die sie überwältigende Langeweile (ich sage »erfolglos«, weil die Arbeit nur dann eine freudige ist, wenn sie unzweifelhaft nothwendig ist; sie aber haben nichts nöthig), oder sie thun eine ihnen verhasste Arbeit, wie die Banquiers, die Prokurore, Gouverneure und Minister mit ihren Frauen, die Salons einrichten und Prachtgeschirre und Putz für sich und ihre Kinder anschaffen. (Ich sage »verhasste«, weil ich noch nie unter ihnen einem Menschen begegnet bin, der seine Arbeit gepriesen und sie mindestens mit dem gleichen Vergnügen verrichtet hätte, wie mancher Hausknecht den Schnee vor dem Hause wegfegt.) Alle diese Glücklichen, entbehren entweder der

Arbeit oder sind zu einer unliebsamen Arbeit gezwungen, d. h. sie befinden sich beinahe in derselben Lage wie die Galeerensträflinge.

Die dritte zweifellose Bedingung zum Glück ist die Familie. Und abermals, je weiter die Menschen im weltlichen Erfolge vorgeschritten sind, umsoweniger ist ihnen dieses Glück zugänglich. Die Mehrzahl sind Ehebrecher und entsagen vollkommen bewusst den Freuden der Familie, sich nur deren Unbequemlichkeiten unterwerfend. Wenn sie aber auch nicht Ehebrecher sind, so sind doch die Kinder für sie keine Freude, sondern eine Last, der sie sich selbst entziehen, indem sie oft durch alle möglichen, selbst die qualvollsten Mittel sich bemühen ihre Ehe unfruchtbar zu machen. Wenn sie aber Kinder haben, so entbehren sie die Freude der Gemeinschaft mit ihnen. Ihren Gesetzen nach müssen sie ihre Kinder Fremden, grösstentheils ganz Fremden weggeben, zuerst Ausländern, dann Staatserziehern, sodass sie von der Familie nur Kummer haben, d. h. Kinder, die von Jugend auf ebenso unglücklich werden wie die Eltern und in Beziehung auf die Eltern nur ein Gefühl haben – den Wunsch ihres Todes, um sie zu beerben Merkwürdig ist die Rechtfertigung eines solchen Lebens, die man oft von den Eltern vernimmt: »Ich brauche nichts, sagt der Vater, nur fällt dieses Leben schwer, aber aus Liebe zu den Kindern führe ich es für sie.« D. h. ich weiss unzweifelhaft aus Erfahrung, dass unser Leben ein unglückliches ist, und deshalb – erziehe ich meine Kinder so, dass sie ebenso unglücklich werden wie ich. Und deshalb, aus Liebe zu ihnen, gebe ich sie fort in eine Stadt, die voll physischer und sittlicher Verderbtheit ist, in die Hände fremder Leute, die in der Erziehung blos einen eigennützigen Zweck verfolgen, und auf diese Weise verderbe ich sorgfältig meine Kinder körperlich, sittlich und geistig. – Und diese Betrachtung soll zur Rechtfertigung des unvernünftigen Lebens der Eltern selbst dienen?!. Sie sind nicht in einen Kerker eingesperrt, aber die Folgen ihres Lebens in Beziehung auf ihre Familie sind qualvoller als jenes Entbehren der Familie, dem die Gefangenen unterworfen sind.

Die vierte Bedingung zum Glücke ist eine freie, liebevolle Gemeinschaft mit allen verschiedenartigen Menschen der Welt. Und abermals: eine je höhere Stufe die Menschen in der Welt erreicht haben, um so mehr entbehren sie diese Hauptbedingung des Glücks. Je höher, um so enger, beschränkter ist jener Kreis von Menschen, mit denen eine Gemeinschaft möglich ist, und umso niedriger ihrer geistigen und sittlichen Entwickelung nach stehen jene wenigen Menschen, die diesen Zauberkreis bilden, aus dem es keinen Ausweg giebt. Dem Bauer und seinem Weibe steht die Gemeinschaft mit der ganzen Welt offen, und wenn eine Million Menschen mit ihnen nicht in Gemeinschaft treten will, so bleiben ihm noch 80 Millionen ebensolcher arbeitender Menschen wie er, mit denen er von Archangelsk bis Astrachan, ohne Visiten und

Vorstellungen abzuwarten, sofort in die nächste, brüderliche Gemeinschaft tritt. Für den Beamten, für den Kaufmann und ihre Frauen giebt es hunderte von ihresgleichen; die Höheren aber lassen sie nicht zu sich heran und die Niedrigeren sind alle von ihnen abgeschnitten. Für den reichen Weltmann und seine Frau giebt es einige zehn, zwanzig, fünfzig weltliche Familien; alles übrige ist von ihnen abgeschnitten. Für den Minister und den Millionär mit ihren Familien giebt es vielleicht zehn ebenso hochgestellte oder reiche Leute wie sie. Für Kaiser und Könige wird der Kreis noch enger. – Ist denn das nicht eine Kerkerhaft, bei welcher der Gefangene die Möglichkeit der Gemeinschaft nur mit zwei, drei Gefangenen hat?

Die fünfte Bedingung zum Glücke ist endlich: Gesundheit und ein schmerzloser Tod. Und wiederum: je höher die gesellschaftliche Stufe ist, auf der die Menschen stehen, umsomehr entbehren sie diese Bedingung des Glücks. Nehmet im Durchschnitt einen Mann aus dem wohlhabenden Stande und einen Bauern mit seinem Weibe: ungeachtet all' des Hungers und der übermässigen Arbeit, die der Bauernstand, nicht durch eigne Schuld, sondern durch menschliche Grausamkeit erträgt – vergleichet die beiden mit einander und ihr werdet sehen, dass Mann und Weib, je niedriger sie stehen, um so gesunder, und je höher, um so kränklicher sind. – Ruft euch jene Reichen und ihre Frauen ins Gedächtniss, die ihr gekannt habt und kennt, und ihr werdet sehen, dass die Mehrzahl von ihnen krank sind. Ein gesunder Mensch, der sich nicht fortwährend oder periodisch – den Sommer hindurch – behandelt, ist eine ebensolche Ausnahme, wie ein Kranker im Arbeiterstande. Alle diese Glücklichen beginnen ohne Ausnahme mit dem Onanismus, der in ihrem Dasein zu einer natürlichen Bedingung der Entwickelung geworden ist; alle Zahnlosen, alle Ergrauten oder Kahlköpfigen werden es in den Jahren, wenn der arbeitende Mensch anfängt in volle Kraft zu treten. Fast alle sind von Nerven-, Magen- und Geschlechtskrankheiten heimgesucht, die durch Unmässigkeit, Trunksucht, Ausschweifung und Kuren entstanden, und diejenigen, die nicht jung sterben, verbringen die Hälfte ihres Lebens mit Morphium-Einspritzungen u. dergl. oder sterben als verkommene Krüppel, unfähig von eignen Mitteln zu leben und nur den Parasiten jener Ameisen gleich zu leben im Stande, die durch Sklaven gefüttert werden. Erinnert euch, wie sie gestorben sind: der eine hat sich erschossen, der andere ist an der Syphilis verfault, der dritte ist als Greis an Konfortativen gestorben, der vierte als Jüngling an Peitschenhieben, denen er sich selbst zur Erregung des Sinnenreizes unterworfen; einer ist bei lebendigem Leibe von Läusen, ein anderer von Würmern aufgezehrt worden; der eine hat sich zu Tode getrunken, der andere zu Tode gegessen; der ist an Morphium und die am künstlichen Abort gestorben. Einer nach dem andern geht zu Grunde um der Lehre der Welt willen. Und haufenweise folgen ihnen die Menschen und suchen, Märtyrern gleich, Qualen und Untergang.

Ein Leben nach dem andern wirft sich unter den Wagen dieses Gottes, und der Wagen geht über sie hin, ihr Leben zerfetzend – und neue, immer neue Opfer werfen sich stöhnend und schluchzend unter das todbringende Rad!

»Die Erfüllung der Lehre Christi ist schwer.« Christus spricht: wer mir folgen will, der soll Haus und Acker und Brüder verlassen und mir, seinem Gotte, folgen und er wird in dieser Welt hundertfach wiederempfangen Häuser, Aecker, Brüder und ausser alledem das ewige Leben. – Und niemand folgt – Die Lehre der Welt sagt: verlasse Haus, Acker und Brüder, verlasse dein Dorf und gehe in die verderbte Stadt, lebe dein Leben lang als Bader, nackt, im Dampfe die Rücken andrer einseifend, oder als Krämer, dein Leben lang fremde Kopeken im Keller zählend, oder als Richter und Prokuror, dein ganzes Leben im Gerichte und über Papieren verbringend, damit beschäftigt das Leben der Unglücklichen zu verschlimmern, oder als Minister, dein Leben lang geschäftig unnütze Papiere unterschreibend, oder als Militär, dein Leben lang Menschen tödtend – lebe dies abscheuliche Leben, das stets im qualvollen Tode endet, und du wirst nichts erringen in diesem Leben und auch kein ewiges Leben erhalten. – Und alle folgen. – Christus hat gesagt: »nimm dein Kreuz auf dich und folge mir«, d. h. trage geduldig das Loos, das dir beschieden, und gehorche mir, deinem Gotte – und niemand folgt. Aber dem ersten besten, verlorenen, zu nichts als zum Todtschlage tauglichen Menschen in Epauletten, dem es einfällt zu sagen: Nimm – nicht das Kreuz, sondern den Ranzen und ein Gewehr und folge mir zu allen erdenklichen Qualen und zum sicheren Tode – dem folgen alle.

Familie, Eltern, Weib und Kind verlassend, in Narrenkleider gehüllt und sich der Macht des ersten besten Menschen mit hohem Titel unterwerfend, durchfroren, hungrig, erschöpft durch übermässige Märsche, gehen sie gleichviel wohin, wie eine Heerde Ochsen zur Schlachtbank«, sie sind aber nicht Ochsen, sondern Menschen. Sie können nicht umhin zu wissen, dass sie zur Schlachtbank getrieben werden; mit der unlösbaren Frage: wozu? und mit Verzweiflung im Herzen gehen sie und sterben vor Kälte und Hunger und ansteckenden Krankheiten, so lange bis sie unter die Kugeln kommen und ihnen befohlen wird unbekannte Menschen zu tödten. Sie tödten und sie werden getödtet. Und niemand von den Tödtenden weiss: warum und weshalb? – Die Türken braten sie lebendig am Feuer, reissen ihnen die Haut herunter, zerfetzen ihre Eingeweide ... Und morgen pfeift wieder irgend jemand und wieder gehen alle zu entsetzlichen Qualen, zum Tode und zum offenbaren Bösen. Und keiner findet das schwer. Nicht nur die, welche leiden, sondern selbst Väter und Mütter finden nicht, dass dies schwer sei; sie rathen selbst ihren Söhnen zu gehen. Ihnen erscheint das nicht allein nothwendig und unumgänglich, sondern sogar gut und sittlich.

Man könnte glauben, die Erfüllung der Lehre Christi sei schwer, furchtbar und qualvoll, wenn die Erfüllung der Lehre der Welt sehr leicht, gefahrlos und angenehm wäre. Die Erfüllung der Lehre der Welt jedoch ist viel schwerer, gefährlicher und qualvoller als die Erfüllung der Lehre Christi.

Es gab dereinst, sagt man, Märtyrer Christi, dies waren aber Ausnahmen: man zählt ihrer bei uns 380 Tausend freiwillige und unfreiwillige im Verlauf von 1800 Jahren; zählet aber die Märtyrer der Welt und auf einen Märtyrer Christi kommen tausend Märtyrer der Lehre der Welt, deren Leiden hundertfach schrecklicher sind. Der allein im heutigen Jahrhundert im Kriege Getödteten zählt man bis 30 Millionen Menschen.

Das alles sind Märtyrer der Lehre der Welt, die, ohne Christi Lehre zu befolgen, nur der Lehre der Welt nicht zu folgen brauchten, um den Leiden und dem Tode zu entgehen.

Der Mensch braucht nur das zu thun was er möchte, z. B. sich vom Kriege loszusagen, so wird man ihn schicken um Kanäle zu graben oder etwas anderes zu thun und wird ihn nicht bei Sebastopol oder Plewna in den Tod jagen. Der Mensch braucht nur an die Lehre der Welt nicht zu glauben: dass es nothwendig sei Galoschen und eine Kette zu tragen und ein für ihn unnöthiges »Gastzimmer« zu besitzen; er braucht nur alle jene Albernheiten, welche die Lehre der Welt von ihm verlangt, nicht zu thun und er wird keine übermässige Arbeit und Qual, keine fortwährende Sorge und Mühe ohne Erholung und ohne Zweck kennen; er wird nicht der Gemeinschaft mit der Natur entzogen, wird nicht seiner Lieblingsarbeit, seiner Familie und seiner Gesundheit beraubt und wird nicht ein sinnloses Leben in einem qualvollen Tode endigen.

Nicht Märtyrer soll man sein im Namen Christi; nicht das lehrt uns Christus. Er lehrt, dass man aufhören soll sich zu quälen im Namen der falschen Lehre derzeit.

Die Lehre Christi hat eine tiefe metaphysische Bedeutung; die Lehre Christi hat einen allgemein menschlichen Sinn; die Lehre Christi hat auch den einfachsten, klarsten, praktischen Sinn für das Leben jedes einzelnen Menschen. Dieser Sinn lässt sich sogar auch folgendermaassen ausdrücken: Christus lehrt die Menschen keine Thorheiten zu begehen. Darin besteht der durchaus einfache, allen zugängliche Sinn der Lehre Christi.

Christus sagt: zürne nicht, halte keinen für geringer als dich selbst, das ist thöricht; wenn du zürnen, wenn du Menschen kränken wirst, wird es schlimmer für dich sein. Christus sagt ferner: lauf nicht allen Weibern nach, sondern verbinde dich mit einem Weibe und lebe mit ihm – es wird besser für dich sein. Er sagt: versprich keinem dies oder jenes zu thun, sonst wird man dich zwingen Thorheiten und Verbrechen zu begehen. Noch sagt er: vergilt nicht Böses mit Bösem, da sonst das Böse noch schlimmer auf dich zurückfällt, wie der über den Honig aufgehängte Klotz, von dem Bären zurückgestossen, auf denselben zurückfällt und endlich ihn todtschlägt. Und noch sagt er: achte nicht die Menschen fremd, blos weil sie in einem andern Lande leben und eine andere Sprache sprechen als du. Wenn du sie für Feinde hältst, werden sie auch dich für ihren Feind halten und es wird schlimmer für dich sein. Also: begehe nicht alle diese Thorheiten, und es wird besser für dich sein.

»Ja – antwortet man darauf –, aber die Welt ist so eingerichtet, dass es noch qualvoller ist sich ihren Einrichtungen zu widersetzen als mit ihnen im Einklang zu leben. Sage sich ein Mensch vom Kriegsdienste los, so wird er in die Festung gesperrt, möglicherweise erschossen. Sichere einer nicht sein Leben durch den Erwerb dessen, was er und seine Familie braucht, so wird er und seine Familie Hungers sterben.« – So sprechen die Menschen, indem sie die Einrichtungen der Welt zu vertheidigen suchen, selbst aber denken sie anders. Sie sprechen so, blos weil sie die Gerechtigkeit der Lehre Christi, an die sie anscheinend nicht glauben, nicht ableugnen können und sich irgendwie rechtfertigen müssen, dass sie diese Lehre nicht erfüllen. Nicht genug aber, dass sie nicht so denken, sondern sie haben überhaupt nie daran gedacht. Sie glauben an die Lehre der Welt und benutzen blos eine Ausrede, die ihnen von der Kirche gelehrt worden: dass sie, Christi Lehre befolgend, viel leiden müssten, und deshalb haben sie auch nie versucht Christi Lehre zu erfüllen. Wir sehen zahllose Leiden, die von den Menschen im Namen der Lehre der Welt erduldet werden, Leiden aber im Namen der Lehre Christi sehen wir heutzutage niemals. Dreissig Millionen Menschen sind um der Lehre der Welt willen in blutigen Schlachten umgekommen; tausende von Millionen sind umgekommen im qualvollen Leben um der Lehre der Welt willen, aber nicht nur keine Millionen, selbst keine tausende, keine hunderte, ja keinen einzigen Menschen kenne ich, der eines qualvollen Todes vor Kälte oder Hunger um der Lehre Christi willen gestorben wäre. Dies ist nur eine lächerliche Ausrede, die beweist wie vollständig unbekannt uns die Lehre Christi ist. Nicht nur, dass wir mit ihr nicht einverstanden wären, sondern wir haben sie auch nie ernstlich angenommen. Die Kirche hat sich bemüht uns die Lehre Christi derart vorzustellen, dass sie uns nicht als eine Lehre des Lebens, sondern als ein Schreckbild erscheint.

Christus ruft die Menschen heran zum Quell, der hier, neben ihnen ist. Die Menschen sind von Durst geplagt, sie essen Koth und trinken einer des andern Blut, ihre Lehrer aber haben ihnen gesagt, dass sie umkommen werden, wenn sie zu jenem Quell gehen, zu dem Christus sie ruft. Und die Menschen glauben das und quälen sich und verschmachten vor Durst, zwei Schritte vom Wasser, ohne sich heranzuwagen. Man braucht jedoch nur Christus zu glauben, dass er die Glückseligkeit auf die Erde gebracht hat, zu glauben, dass er uns die wir schmachten, den Quell des lebendigen Wassers giebt und zu ihm zu kommen, um zu erkennen wie arglistig uns die Kirche hintergeht und wie thöricht unsre Leiden sind, wenn die Rettung uns so nahe liegt. Man braucht nur Christi Lehre gerade und einfach aufzunehmen, auf dass jene entsetzliche Täuschung offenbar werde, in der wir alle und jeder einzelne von uns leben. –

Von Geschlecht zu Geschlecht mühen wir uns um Sicherung unseres Lebens und Eigenthums durch Gewalt. Das Glück unseres Lebens erscheint uns in der grössten Macht und im grössten Reichthum. Wir haben uns derart an diese Anschauung gewöhnt, dass Christi Lehre darüber, dass des Menschen Glück nicht abhängig sein könne von Macht und Reichthum, dass der Reiche nicht glücklich sein könne, – uns als die Forderung eines Opfers im Namen der zukünftigen Glückseligkeit erscheint. Christus jedoch denkt nicht daran uns zum Opfer aufzurufen; er lehrt uns, im Gegentheil, das zu unterlassen was schlimmer ist und das zu thun was für uns hier in diesem Leben besser ist. Christus, in seiner Liebe zu den Menschen, lehrt sie Enthaltung von der Sicherung ihrer selbst und ihres Eigenthumes durch Gewalt, ebenso wie man, aus Liebe zu den Menschen, die Enthaltung von Prügeleien und Trunkenheit lehrt. Er sagt, dass die Menschen glücklicher wären, wenn sie ohne Widerstand und ohne Eigenthum lebten, und bestätigt dies durch das Beispiel seines Lebens. Er sagt, ein Mensch der nach seiner Lehre lebt, müsse jeden Augenblick bereit sein durch die Gewalt eines anderen, durch Kälte und Hunger zu sterben und könne nicht auf eine einzige Stunde seines Lebens rechnen. Uns erscheint das als eine schreckliche Forderung irgend welcher Opfer, es ist aber blos die Bestätigung jener Bedingungen, in denen jeder Mensch nothwendig lebt. Ein Jünger Christi muss jeden Augenblick zu Leiden und zum Tode bereit sein. Befindet sich aber der Jünger der Welt nicht in derselben Lage? Wir sind derart an unsre Täuschung gewöhnt, dass alles was wir zur vermeintlichen Sicherung unseres Lebens thun: unsere Kriegsheere, Festungen, Vorräthe, Kleidungen, Kuren, unser ganzer Besitz, unser Geld – alles uns als etwas Wirkliches, das unser Leben ernstlich sichert, erscheint. Wir vergessen was unvermeidlich ist, vergessen was mit jenem geschah, dem es einfiel Speicher zu bauen um sich auf lange Zeit zu sichern: er starb in derselben Nacht. Alles, was wir zur Sicherung unseres Lebens thun, ist genau dasselbe, was der Vogel Strauss thut, wenn er stehen bleibt und den Kopf verbirgt um nicht zu sehen wie man ihn tödtet. Wir thun schlimmer als der Strauss: um einer zweifelhaften Sicherung unseres zweifelhaften Lebens willen in einer zweifelhaften

Zukunft geben wir unser sicheres Leben in einer sicheren Gegenwart dem sicheren Verderben preis.

Die Täuschung besteht in der irrthümlichen Ueberzeugung, dass unser Leben durch unsern Kampf mit andern Menschen gesichert werden kann. Wir sind derartig an diese Täuschung einer scheinbaren Sicherung unseres Lebens und Eigenthums gewöhnt, dass wir gar nicht bemerken was wir alles dadurch verlieren. Und wir verlieren alles – das ganze Leben. Das ganze Leben wird von der Sorge um diese Sicherung des Lebens und den Vorbereitungen dazu verschlungen, sodass nichts von ihm übrig bleibt.

Man braucht ja nur auf einen Augenblick seiner Gewohnheit zu entsagen und das Leben unparteiisch zu betrachten um zu sehen, dass alles, was wir für die scheinbare Sicherung unseres Lebens thun, wir gar nicht deshalb thun um unser Leben zu sichern, sondern nur um über der Beschäftigung damit zu vergessen, dass das Leben nie gesichert ist und nie gesichert sein kann. Nicht genug aber, dass wir uns selbst betrügen und unser wirkliches Leben um eines eingebildeten willen zu Grunde richten, sondern in diesem Streben nach Sicherung zerstören wir auch am häufigsten gerade das, was wir sichern wollen. Die Franzosen begannen im Jahre 70 den Angriff »um ihr Leben zu sichern«, und durch dieses Sichsichernwollen kamen hunderttausende von Franzosen ums Leben. Dasselbe geschieht mit allen Völkern, die sich zu einem Kriege rüsten. Der Reiche sichert sein Leben dadurch, dass er Geld sammelt. Und gerade dieses Geld lockt den Räuber heran, der ihn todtschlägt. Der ängstliche Mensch sichert sein Leben durch ärztliche Behandlung und diese selbst ist es, die ihn langsam ums Leben bringt, und wenn sie ihn auch nicht gerade tödtet, so macht sie ihm doch sein Leben verkümmern, wie jenem Kranken, welcher 38 Jahre lang nicht lebte, sondern auf den Engel am Teiche Bethesda wartete.

Die Lehre Christi darüber, dass man sein Leben nicht sichern könne, sondern immer, jeden Augenblick bereit sein müsse zu sterben, ist unzweifelhaft besser als die Lehre der Welt, dass man sein Leben sichern müsse; nicht nur deshalb besser, weil die Unvermeidlichkeit des Todes und die Unsicherheit des Lebens bei der Lehre der Welt sowohl wie bei der Lehre Christi bestehen bleiben, sondern auch deshalb, weil das Leben selbst, nach Christi Lehre, nicht gänzlich von der müssigen zwecklosen Beschäftigung der scheinbaren Sicherstellung des Lebens verschlungen wird, sondern frei bleibt und dem einzigen, ihm angemessenen Ziel, dem eigenen Heile und dem Heile der Menschen gewidmet werden kann.

Der Jünger Christi wird arm sein, gewiss; d. h. er wird immer alle jene Güter benutzen, die Gott ihm verliehen hat. Er wird nicht sein Leben zu Grunde richten. Wir haben mit einem Worte, welches Unglück und Elend bedeutet, das bezeichnet, was Glück ist; das Wesen aber bleibt deshalb unverändert. Arm das heisst: er wird nicht in der Stadt, sondern auf dem Lande leben; er wird nicht zu Hause sitzen, sondern er wird arbeiten, im Wald, im Felde, wird das Licht der Sonne, Erde, Himmel und Thiere sehen; wird nicht darüber grübeln was er essen soll um seinen Appetit zu reizen und was er thun soll um seine Verdauung zu befördern, sondern er wird dreimal am Tage hungrig sein; er wird sich nicht auf weichen Kissen wälzen und nachsinnen wie er sich von der Schlaflosigkeit retten solle, sondern wird schlafen; wird Kinder haben, wird mit ihnen leben, wird in freier Gemeinschaft mit allen Menschen stehen, und was die Hauptsache ist, er wird nichts thun was er nicht thun mag; wird nicht Furcht haben vor dem, was mit ihm geschehen kann. Krank sein, leiden, sterben wird er ebenso wie alle (danach zu urtheilen wie Arme krank sind und sterben, haben sie es leichter als Reiche), aber ohne Zweifel wird er glücklicher leben. Arm sein ist das, was Christus gelehrt hat. Er hat gesagt dass es nur den Armen möglich sei in das Reich Gottes einzutreten und auf Erden glücklich zu sein.

»Niemand aber wird dich speisen und du wirst Hungers sterben«, entgegnet man darauf. Auf den Einwand, dass der Mensch, wenn er nach der Lehre Christi lebt, Hungers sterben würde, antwortete Christus durch einen kurzen Spruch, denselben, der so ausgelegt wird, dass er den Müssiggang der Geistlichkeit rechtfertigt: Matth. 10, 10; Luk. 10, 7.

10. Er sprach: »Ihr sollt nicht nehmen: keine Tasche zur Wallfahrt, auch nicht zween Röcke, keine Schuhe, auch keinen Stecken. Denn ein Arbeiter ist seiner Speise werth.« 7: »In demselbigen Hause aber bleibet, esset und trinket, was sie haben. Denn ein Arbeiter ist seines Lohnes werth.«

Der Arbeiter ist ἄξιος τῆς τροφῆς (τοῦ μισϑοῦ) αὑτοῦ, d. h.: er kann und soll Nahrung haben. Dies ist ein sehr kurzer Spruch; für den aber, der ihn so versteht wie Christus ihn verstanden hat, kann nicht mehr die Auffassung bestehen, dass ein Mensch, der kein Eigenthum hat, Hungers sterben muss. Um dieses Wort in seiner wahren Bedeutung zu begreifen, muss man vor allem sich ganz von jener, in Folge des Dogmas der Erlösung entstandenen, uns so überaus gewohnten Vorstellung, dass die Glückseligkeit des Menschen im Müssiggange bestehe, lossagen. Man muss jene, allen unverdorbenen Menschen eigene Vorstellung wiederherstellen, dass die unumgängliche Bedingung zum Glücke des Menschen nicht der Müssiggang, sondern die Arbeit ist; dass der Mensch nicht umhin kann zu arbeiten, dass es ihm langweilig ist und schwer fällt nicht zu arbeiten, gleichwie der Ameise, dem Pferde im Stalle und jedem Thiere das Nichtsthun langweilig ist und schwer fällt. Wir müssen uns des seltsamen

Aberglaubens entschlagen, dass der Zustand eines Menschen, der wie im Märchen einen unwechselbaren Thaler d. i. eine Kronsstelle oder das Anrecht an ein Land oder Papiere mit Coupons hat, die ihm das Nichtsthun ermöglichen, ein natürlicher und glücklicher Zustand ist. Man muss in seiner Vorstellung jene Ansicht über die Arbeit wiederherstellen, wie sie allen vernünftigen unverdorbenen Menschen eigen ist und wie Christus sie hatte, als er sagte, der Arbeiter sei seines Lohnes werth. Christus konnte sich keine Menschen vorstellen, denen die Arbeit als ein Fluch erschienen wäre, und konnte sich deshalb keinen nicht arbeitenden oder nicht arbeitenwollenden Menschen vorstellen. Er setzt immer voraus, dass sein Jünger arbeitet und arbeiten will. Und deshalb sagt er: wenn der Mensch arbeitet, so nährt ihn die Arbeit. Und wenn ein anderer die Arbeit dieses Menschen für sich benutzt, so wird dieser andere auch den ernähren, der für ihn arbeitet, eben weil er seine Arbeit benutzt. Und deshalb wird der Arbeitende immer seine Nahrung haben. Eigenthum wird er nicht besitzen; die Nahrung hingegen kann ihm nie fehlen.

Der Unterschied zwischen der Lehre Christi und der Lehre unserer Welt über die Arbeit besteht darin, dass nach der Lehre der Welt die Arbeit ein besonderes Verdienst des Menschen ist, worüber er mit andern rechnet und voraussetzt ein Anrecht auf umso grösseren Unterhalt zu besitzen, je grösser oder vortheilhafter seine Arbeit ist; nach der Lehre Christi hingegen ist die Arbeit eine nothwendige Bedingung des Lebens des Menschen und die Nahrung ist deren nothwendige Folge. Arbeit erzeugt Nahrung und Nahrung erzeugt Arbeit – das ist ein ewiger Kreislauf; das eine ist Ursache und Folge des andern. Wie böse auch der Hausherr sein mag, er wird dennoch den Arbeiter ernähren, gleichwie er das Pferd ernähren wird, welches für ihn arbeitet, und wird ihn so ernähren, dass der Arbeiter möglichst viel zu leisten im Stande sein wird, d. h. er wird eben zu dem beitragen, was für das Leben des Menschen nothwendig ist.

»Des Menschen Sohn ist nicht gekommen, dass man ihm diene, sondern dass er diene und sein Leben hingebe zur Errettung für viele.« Nach der Lehre Christi wird jeder einzelne Mensch, unabhängig davon wie die Welt ist, das beste Leben haben, wenn er seine Bestimmung begreift: keine Arbeit von andern zu verlangen, sondern selbst sein ganzes Leben der Arbeit für andre zu weihen, sein Leben hinzugeben zur Errettung für viele. Der Mensch, der so thut, sagt Christus, ist der Nahrung werth, d. h. er wird gewiss Nahrung erhalten. Mit den Worten: »der Mensch lebt nicht, damit man ihn bediene, sondern damit er diene den andern« - stellt Christus den Grundsatz auf, der unzweifelhaft die materielle Existenz des Menschen sichert, und mit den Worten: »der Arbeiter ist seines Lohnes werth« beseitigt Christus jene so allgemeine Einwendung gegen die Möglichkeit der Erfüllung seiner Lehre, nämlich: dass der Mensch, der

Christi Lehre befolgt inmitten derer, die sie nicht befolgen, vor Hunger und Kälte umkommen müsse. Christus zeigt, dass der Mensch nicht dadurch seinen Unterhalt sichert, dass er ihn den andern fortnimmt, sondern dadurch, dass er sich andern nützlich und nothwendig macht. Je notwendiger er andern ist, um so gesicherter wird seine Existenz sein.

Bei der jetzigen Einrichtung der Welt sterben nicht Menschen, die kein Eigenthum haben, vor Hunger und Kälte, wenn sie Christi Lehre nicht erfüllen, aber für andere arbeiten. Wie ist also der Einwand gegen Christi Lehre möglich, dass Menschen, die seine Lehre erfüllen, d. i. für den Nächsten arbeiten, verhungern müssen? Ein Mensch kann nicht verhungern, wenn der Reiche Brod hat. In allen Ländern der Welt, in jedem gegebenen Momente giebt es stets Millionen Menschen, die ohne jegliches Eigenthum, nur von ihrer Arbeit leben. Unter Heiden wird der Christ ebenso gesichert sein wie unter Christen. Er arbeitet für andere; folglich ist er ihnen nothwendig und deshalb wird man ihn ernähren. Selbst einen Hund, den man nöthig hat, ernährt und pflegt man; wie sollte man nicht einen Menschen ernähren und pflegen, der andern nothwendig ist?

Aber ein kranker Mensch, ein Mensch mit Familie, mit Kindern, ist nicht nothwendig; er kann nicht arbeiten und man hört auf ihn zu ernähren – werden diejenigen sagen, die durchaus die Gerechtigkeit des thierischen Lebens beweisen wollen. Sie sagen das und sehen nicht, dass sie selbst, obgleich sie auch so handeln möchten, es doch nicht können und ganz anders handeln. Diese selben Menschen, welche die Anwendung der Lehre Christi auf das Leben ableugnen, erfüllen diese Lehre: sie hören nicht auf das erkrankte Vieh zu ernähren, sie tödten nicht einmal einen alten Gaul, sondern geben ihm eine seinen Kräften angemessene Arbeit; sie ernähren ganze Familien junger Lämmer, Ferkel und Hunde, weil sie von ihnen Nutzen erwarten; wie sollten sie also nicht den erkrankten Menschen ernähren, der ihnen nothwendig ist? wie sollten sie nicht für alt und jung angemessene Arbeit finden und Menschen grossziehen, die doch wiederum für sie arbeiten werden?

Das thun sie auch. Neun Zehntel Menschen gehören zum »Volk«, und dieses wird gleich dem Arbeitsvieh von einem Zehntel reicher und gewaltgebrauchender Leute gefüttert. Und wie finster auch die Verirrung sein mag, in welcher dieses eine Zehntel lebt, wie sehr sie auch jene übrigen neun Zehntel verachten mögen, dieses eine Zehntel entzieht den neun Zehnteln dennoch nie die nöthige Nahrung, obgleich es so thun könnte. Diese Menschen entziehen dem gemeinen Volke nicht die Nahrung, weil sie dies Volk brauchen, damit es sich fortpflanze und für sie arbeite. In der letzten Zeit müht sich dies eine Zehntel mit Bewusstsein darum, dass die neun Zehntel richtig ernährt werden, d. i. dass also möglichst viel Arbeit hervorgebracht werde, auf dass neue Arbeiter erzeugt und aufgefüttert werden. Selbst die Ameisen sorgen für die Fortpflanzung und das Aufziehen ihrer Milchkühe; wie sollten die Menschen nicht dasselbe thun: Menschen fortpflanzen, die für sie arbeiten? Arbeiter sind nothwendig; und die, denen die Arbeit zu nutze kommt, werden stete darum besorgt sein, dass diese Arbeiter nicht aussterben.

Der Einwand gegen die Erfüllung der Lehre Christi, dass, wenn ich nicht für mich erwerben und das Erworbene festhalten werde, niemand meine Familie ernähren wird – ist ein gerechter, jedoch nur in Beziehung auf müssige, unnütze und darum schädliche Menschen, wie die Mehrzahl der Leute des reichen Standes. Müssige Menschen wird, ausser unvernünftigen Eltern, niemand aufziehen, denn müssige Menschen sind für niemand nothwendig, nicht einmal für sich selbst; Arbeiter hingegen werden selbst von den schlechtesten Menschen ernährt und aufgezogen werden. – Werden doch Kälber aufgezogen; der Mensch ist aber ein viel nützlicheres Arbeitsvieh als der Ochs, wie er auch stets auf allen Sklavenmärkten höher geschätzt wurde. Darum können also auch Kinder nie ohne Fürsorge bleiben.

Der Mensch lebt nicht darum, dass man für ihn arbeite, sondern dass er arbeite für andere. Wer arbeiten wird, den wird man ernähren.

Dies sind durch das Leben der ganzen Welt bestätigte Wahrheiten.

Bis jetzt hat der Mensch immer und überall wo er arbeitete, Nahrung erhalten, wie jedes Pferd Futter bekommt. Und diese Nahrung empfing der Mensch wider Willen, mit Unlust, weil der Arbeitende nur den einen Wunsch hatte, sich von der Arbeit zu befreien, möglichst viel zu erwerben und sich dem auf den Hals zu setzen, der ihm auf dem Halse sass. Auch solch' ein widerwillig und mit Unlust sich mühender, neidischer und böser Arbeiter blieb nicht ohne Nahrung und erwies sich sogar glücklicher als der andere, der nicht arbeitete und von fremder Mühe lebte. Um wie viel glücklicher aber wird der sein, der nach der Lehre Christi sich mühen und dessen Zweck es sein wird möglichst viel zu schaffen und möglichst wenig zu bekommen? Und um wie viel glücklicher noch wird seine Lage sein, wenn um ihn herum wenigstens noch einige, vielleicht auch viele seinesgleichen sein werden, die ihm dienen werden?

Die Lehre Christi über die Arbeit und ihre Früchte ist in der Erzählung über die Speisung der Fünf- und der Siebentausend mit zwei Fischen und fünf Broden ausgedrückt. Die Menschen werden das höchste ihnen zugängliche Glück auf Erden besitzen, wenn sie nicht danach streben werden, jeder für sich alles zu verschlingen und zu verbrauchen, sondern wenn sie so thun werden, wie Christus am Ufer des galiläischen Sees sie gelehrt (Matth. 14, 15–21; Mark. 6, 35–44; Luk. 9, 12–17).

Es sollten tausende von Menschen gespeist werden, die um der Predigt Christi willen herbeigeströmt waren, während die Jünger erklärten, es seien nur ein paar Fische und etliche Brode da. Christus setzte voraus, dass von den Leuten, die weither kamen, manche Nahrungsmittel bei sich hatten, manche nicht. Dass viele mit Vorräthen versehen waren, erweist sich daraus, dass, wie es in allen Evangelien heisst, nach Beendigung des Mahles die Reste desselben in zwölf Körbe gesammelt wurden. Wenn niemand ausser dem Knaben (Joh. 6, 9) etwas bei sich gehabt hätte, so hätten sich auch keine zwölf Körbe auf dem Felde befinden können. Wenn Christus nicht gethan hätte, was er that, d. i. das Wunder der Sättigung Tausender mit fünf Broden, so wäre das geschehen was heutzutage in der Welt vor sich geht. Die mit Vorräthen versehenen hätten alles, selbst über ihre Kräfte, aufgegessen, damit nur nichts verbliebe; die Geizigen hätten vielleicht die Ueberreste nach Hause mitgenommen. Die, welche nichts hatten, wären hungrig geblieben und hätten mit erbittertem Neide auf die Essenden geblickt; vielleicht auch hätten manche den andern von ihren Vorräthen genommen und es wären Streitigkeiten und Schlägereien entstanden; die einen wären übersättigt, die andern hungrig und ärgerlich heimgegangen: es wäre dasselbe gewesen, was wir täglich erleben.

Christus wusste jedoch was er thun wollte (wie es auch Joh. 6, 6 heisst): er hiess alle sich im Kreise setzen und wies die Jünger an, was sie hatten, den andern anzubieten und den andern zu sagen, sie sollten desgleichen thun. Und da thaten alle, die Vorräthe hatten, dasselbe wie Christi Jünger, d. h. sie boten das ihrige den andern an, so dass alle mässig assen; und als man den Kreis herumgegangen war, bekamen auch diejenigen, welche vorher nicht gegessen hatten. Und alle wurden satt und es blieb noch Brod übrig, so viel, dass man es in zwölf Körbe sammeln konnte. Christus lehrt die Menschen, dass sie mit Bewusstsein ebenso im Leben handeln sollen, weil dies das Gesetz des Menschen und der ganzen Menschheit ist Arbeit ist die nothwendige Bedingung des menschlichen Lebens. Und Arbeit verleiht dem Menschen Glückseligkeit. Und deshalb ist das Vorenthalten der Früchte der Arbeit ein Hinderniss für die Glückseligkeit des Menschen. Seine Arbeit jedoch den andern hinzugeben trägt zur Glückseligkeit des Menschen bei.

Wenn die Menschen aufhören werden einer dem andern das seine zu nehmen, so werden sie Hungers sterben, sagen wir. Es scheint jedoch, als müsste man das Gegentheil sagen: wenn die Menschen einer dem andern mit Gewalt das seine entreissen, dann wird es Menschen geben, die Hungers sterben müssen, – wie es sich auch wirklich verhält.

Jeder Mensch, wie er auch leben möge – ob nach der Lehre Christi oder nach der Lehre der Welt –, lebt ja nur von der Arbeit anderer Menschen. Andere Leute haben ihn gepflegt, getränkt und aufgefüttert und pflegen, tränken und nähren ihn immerfort. Nach der Lehre der Welt aber zwingt der Mensch mit Gewalt die andern, dass sie fortfahren ihn und seine Familie zu ernähren. Nach der Lehre Christi wird der Mensch gleichfalls von andern gepflegt, getränkt und ernährt; er zwingt aber die andern nicht, dass sie fortfahren ihn zu pflegen, zu tränken und zu ernähren, sondern bemüht sich selbst andern zu dienen, allen so nützlich wie möglich zu sein, und wird dadurch nothwendig für alle. Die Menschen der Welt werden immer wünschen den ihnen unnützen Menschen, der sie mit Gewalt zwingt für seinen Unterhalt zu sorgen, nicht mehr zu ernähren, und bei der ersten Möglichkeit hören sie nicht nur auf ihn zu erhalten, sondern tödten ihn als vollkommen nutzlos. Immer aber, so schlecht die Menschen auch sein mögen, werden sie den für sie arbeitenden Menschen sorgfältig ernähren und pflegen.

Wie also lebt man sicherer, vernünftiger und freudiger? Nach der Lehre der Welt oder nach der Lehre Christi?

# XI.

[Die Kirche hindert die Befolgung der Gebote Christi. Russisches Gebetbuch.
Rassischer Katechismus. Zeremonien und Metaphysik verdrängen die Sittenlehre.
Daher allgemeiner Abfall von der Kirche.
Selbständiger Fortschritt der Welt.
Es ist Zeit, die von der Kirche so lange verhüllten Gebote Christi anzunehmen,
sie sind mit jeder theoretischen Anschauung vereinbar.]

Die Lehre Christi stellt das Reich Gottes auf Erden her. Es ist nicht wahr, dass die Erfüllung dieser Lehre schwer ist; nicht nur dass sie nicht schwer ist, sondern sie ist unumgänglich für denjenigen, der sie erkannt hat. Diese Lehre zeigt die einzige mögliche Errettung von dem unvermeidlich bevorstehenden Untergange des persönlichen Lebens, und die Erfüllung dieser Lehre, weit entfernt, zu Leiden und Entbehrungen in diesem Leben zu berufen, befreit vielmehr von neun Zehnteln jener Leiden, die wir im Namen der Lehre der Welt erdulden.

Und nachdem ich dies begriffen, fragte ich mich: weshalb habe ich denn bisher diese Lehre nicht erfüllt, die mir Heil, Erlösung und Freude verleiht, und habe im

Gegentheil gerade das gethan, was mich unglücklich gemacht hat? Und es gab darauf nur eine Antwort: ich hatte die Wahrheit nicht gekannt – sie war mir verborgen geblieben.

Als mir zum erstenmale der Sinn der Lehre Christi offenbar wurde, glaubte ich nicht im mindesten, dass die Erkenntniss dieses Sinnes mich zur Verwerfung der Lehre der Kirche führen würde. Mir schien blos, die Kirche sei nicht zu jenen Schlüssen gelangt, die der Lehre Christi entspringen; ich war aber weit entfernt zu denken, dass der neue mir offenbar gewordene Sinn der Lehre Christi und dessen Folgerungen mich von der Lehre der Kirche unbedingt trennen würden. Indessen ich fürchtete dies. Und deshalb vermied ich nicht nur die Fehler der kirchlichen Lehre aufzusuchen, sondern ich schloss sogar absichtlich die Augen über jene Einrichtungen, die mir zwecklos und sonderbar erschienen, aber dem, was ich für das Wesen der christlichen Lehre hielt, nicht geradezu widersprachen.

Je weiter ich jedoch in dem Studium der Evangelien vorschritt, um so klarer that sich mir der Sinn der Lehre Christi kund, um so unvermeidlicher wurde für mich die Wahl zwischen der Lehre Christi – vernünftig, klar, mit meinem Gewissen übereinstimmend, mir Rettung bringend – oder jener durchaus entgegengesetzten, mit meiner Vernunft und meinem Gewissen nicht übereinstimmenden Lehre, die mir nichts gab als das Bewusstsein meines Untergangs mitsammt allen andern. Und ich konnte nicht umhin die Gesetze der Kirche eines nach dem andern zu verwerfen. Ich that dies gegen meinen Willen, kämpfend und mit dem Wunsche meine Uneinigkeit mit der Kirche möglichst zu mildern, mich nicht von ihr zu trennen, um mich nicht der tröstlichsten Stütze des Glaubens, der Gemeinschaft mit vielen zu berauben. Als ich aber meine Arbeit beendet hatte, sah ich, dass trotz meiner Bemühungen sei es auch nur ein geringes von der kirchlichen Lehre zu erhalten, nichts von ihr übrig geblieben war. Mehr als das: ich hatte mich davon überzeugt, dass nichts übrig bleiben konnte.

Als ich bereits am Schluss der Arbeit angelangt war, geschah folgendes: mein kleiner Sohn erzählte mir, dass zwischen zweien unserer Dienstleute, die kaum zu lesen verstanden, ein Streit ausgebrochen war über ein Kapitel eines gewissen geistlichen Buches, in welchem gesagt sei, es sei keine Sünde, Menschen im Kriege, oder Verbrecher zu tödten. Ich glaubte nicht, dass solches gedruckt sein könnte, und bat mir das Buch zu zeigen. Das Buch, das diesen Streit hervorgerufen hatte, hiess: Erläuterndes Gebetbuch, dritte Ausgabe (das achtzigste Tausend), Moskau 1879. Auf Seite 163 dieses Buches ist gesagt:

Fr.: Welches ist das sechste Gebot Gottes?

A.: Tödte nicht. – Du sollst nicht tödten.

Fr.: Was verbietet Gott durch dieses Gebot?

A.: Er verbietet zu tödten, d. h. einen Menschen seines Lebens zu berauben.

Fr.: Ist es eine Sünde den Verbrecher nach dem Gesetze mit dem Tode zu bestrafen und den Feind im Kriege zu tödten?

A.: Das ist keine Sünde. Man nimmt dem Verbrecher das Leben um dem grösseren Uebel, das er anrichtet, Einhalt zu thun; den Feind tödtet man im Kriege, weil man im Kriege für Kaiser und Vaterland kämpft.

Und auf diese Worte beschränkt sich die Erklärung, weshalb man Gottes Gebot umstösst.

Ich traute meinen Augen nicht.

Die Streitenden fragten um meine Meinung. Ich sagte dem, der die Richtigkeit des Gedruckten anerkannte, dass diese Erklärung falsch sei.

»Wie druckt man denn das, was falsch ist, gegen das Gesetz?« fragte er. Ich konnte ihm nichts erwidern. Ich behielt das Buch und sah es aufmerksam durch. Das Buch enthält: 1) 31 Gebete mit Belehrungen über Kniebeugungen und Zusammenlegen der Finger; 2) Erklärungen zum Symbol des Glaubens; 3) durch nichts erläuterte Auszüge aus dem 5. Kap. Matth., die, Gott weiss weshalb, »Gebote zur Erlangung der Seligkeit« genannt werden; 4) die 10 Gebote Mosis mit Erläuterungen, die sie grösstentheils umstossen, und 5) kurze Lobgesänge für die Feiertage.

Wie gesagt, ich suchte nicht blos das Tadeln des kirchlichen Glaubens zu vermeiden, sondern ich bemühte mich auch ihn von seiner besten Seite zu betrachten, und deshalb war ich, den Schwächen der Kirche aus dem Wege gehend, obgleich mit ihrer akademischen Literatur wohl vertraut, doch vollkommen unbekannt mit ihren belehrenden Volks-Schriften. Die Verbreitung solch' einer ungeheuren Quantität von Exemplaren, bereits im Jahre 1879, eines Gebetbuchs, das die Zweifel des einfachsten Mannes wachruft, machte mich stutzig.

Ich konnte nicht glauben, dass der rein heidnische, alles Christlichen baare Inhalt des Gebetbuchs mit Bewusstsein im Volke als eine kirchliche Lehre verbreitet würde. Um mich davon zu überzeugen, kaufte ich alle von der Synode oder »unter ihrem Segen« herausgegebenen Bücher, Bücher welche kurze Auseinandersetzungen des kirchlichen Glaubens für Kinder und für das Volk enthalten, und las sie durch.

Der Inhalt dieser Bücher war für mich fast neu. Zu der Zeit, als ich in der Religion unterrichtet wurde, gab es derartiges noch nicht, es gab, so viel ich mich erinnere, keine Gebote der Glückseligkeit, es gab auch keine Belehrung, dass der Todtschlag keine Sünde sei. In den alten russischen Katechismen steht das nicht, weder im Katechismus von Peter Mogila, noch von Plato, noch von Beljakow, noch in den kurzen katholischen Katechismen. Die Neuerung ist vom Metropoliten Philaret eingeführt, der auch einen Katechismus für den Militärstand herausgegeben hat. Das »erläuternde Gebetbuch« ist auf Grundlage dieses Katechismus zusammengesetzt. Das zur Haupt-Grundlage dienende Buch ist ein umfangreicher christlicher Katechismus der orthodoxen Kirche zum Gebrauche aller orthodoxen Christen, herausgegeben auf Allerhöchsten Befehl Seiner kaiserlichen Majestät.

Das Buch besteht aus drei Theilen: Glaube – Hoffnung – und Liebe. Im ersten Theile befindet sich die Analyse des nicäischen Symbols des Glaubens. Im zweiten die Analyse des Gebetes Gottes und 8 Verse aus dem 5. Kap. Matth., welche die Einleitung zur Bergpredigt bilden und, wer weiss weshalb, »Gebote zur Erlangung der Glückseligkeit« betitelt werden. (In beiden Theilen handelt es sich um die Dogmen der Kirche, um ihre Gebete und Sakramente, nirgends aber findet man eine Lehre über das Leben.) Im dritten Theile werden die Pflichten des Christen auseinandergesetzt. In diesem Theile, betitelt »über die Liebe«, werden nicht Christ Gebote erörtert, sondern die 10 Gebote Mosis. Und die Gebote Mosis werden gleichsam nur deshalb dargelegt um die Menschen zu lehren wie sie dieselben nicht zu erfüllen brauchen und ihnen zuwider handeln sollen: auf jedes Gebot folgt eine Klausel, die das Gebot aufhebt. Bezüglich des ersten Gebotes, welches befiehlt Gott allein zu ehren, lehrt der Katechismus Engel und Heilige zu ehren, gar nicht zu sprechen von der Mutter Gottes und den drei Personen der Dreieinigkeit (ausf. Katechismus, S. 107-108). Bezüglich des zweiten Gebotes, sich kein Ebenbild Gottes, keine Götzen zu schaffen, lehrt der Katechismus die Anbetung der Heiligenbilder (das. S. 108). Bezüglich des dritten Gebotes, nicht unnütz zu schwören, lehrt der Katechismus die Menschen bei jeder Forderung der gesetzlichen Obrigkeit zu schwören (das. S. 111). Bezüglich des vierten Gebotes über das Heiligen des Sabbaths lehrt der Katechismus, nicht den Sabbath, sondern den Sonntag, ausserdem 13 grosse und eine Unzahl kleiner Feiertage zu heiligen und alle Fasten, Mittwoche und Freitage einzuhalten (das. S. 112-115). Bezüglich des fünften Gebotes, Vater und Mutter zu ehren, lehrt der Katechismus den Kaiser, das Vaterland, die Geistlichkeit, die verschiedenartigen (sic) Obrigkeiten zu ehren; über das Ehren der Obrigkeiten sind drei Seiten geschrieben, mit Aufzählung aller Arten von Vorgesetzten: Schul-Obrigkeit, Staats-Obrigkeit, Richter, Militär-Obrigkeit, »Herren« (sic) in Bezug auf die, welche ihnen dienen und von ihnen beherrscht werden (sic) (das. S. 116–119). Ich zitire aus dem Katechismus der 64. Ausgabe 1880. Zwanzig Jahre sind seit der Aufhebung der Leibeigenschaft vergangen und niemand hat sich auch nur die Mühe genommen jene Phrase zu entfernen, welche bei Gelegenheit des Gebotes

Gottes, die Eltern zu ehren, in den Katechismus aufgenommen war zur Aufrechterhaltung und Rechtfertigung der Sklaverei.

Was das sechste Gebot »tödte nicht« anlangt, so wird den Menschen von der ersten Zeile an das Tödten gelehrt.

Fr. Was verbietet das sechste Gebot?

A. Es verbietet zu tödten, d. h. den Nächsten auf irgend eine Weise seines Lebens zu berauben.

Fr. Ist jede Beraubung des Lebens eine gesetzwidrige Tödtung?

A. Es ist keine gesetzwidrige Tödtung, wenn man seinem Berufe nach tödtet, als wie:

1) Wenn man den Verbrecher nach dem Gesetze mit dem Tode bestraft.

2) Wenn man den Feind tödtet im Kriege für Kaiser und Vaterland (kursiv im Original).

Und ferner:

Fr. Welche Fälle können sich auf gesetzwidrige Tödtung beziehen?

A. Wenn jemand einen Mörder verbirgt oder befreit.

Und das alles wird gedruckt und mit Gewalt in hunderttausenden von Exemplaren, und unter Furcht, Drohungen und Strafen allen Russen unter dem Schein einer christlichen Lehre eingeflösst; das wird dem russischen Volke gelehrt Das lernen alle unschuldigen Engel – die Kinder –, jene Kinder, von denen Christus sagt, man solle sie zu ihm kommen lassen, denn ihnen sei das Reich Gottes; jene Kinder, denen wir gleich sein sollen um in das Reich Gottes einzugehen, ihnen gleich im Nichtwissen solcher Dinge; jene Kinder, von denen Christus, indem er sie beschützte, sprach: wehe dem, der einen dieser kleinsten verführet. Diesen Kindern wird gewaltsam diese Lehre eingeflösst und es wird ihnen beigebracht, dass dies das heilige Gesetz Gottes ist!

Das sind keine Proklamationen, die im geheimen, unter Furcht vor Zwangsarbeit verbreitet werden, sondern es sind Proklamationen, deren Nichtannahme mit Zwangsarbeit bestraft wird. Ich schreibe das jetzt und fühle mich beängstigt, blos weil ich mir erlaube zu sagen, dass man das erste aller Gesetze, das allen Herzen eingeprägte Hauptgebot Gottes nicht mit Worten wie »dem Berufe nach« und »für Kaiser und Vaterland« umstossen kann und dass man die Menschen solches nicht lehren soll.

Ja, es ist das geschehen, was Christus den Menschen prophezeit hat (Matth. 23, 13-15. 23-35; Luk. 11, 35. 42-52), indem er sprach: »Siehe zu, dass nicht das Licht in dir Finsterniss werde; wenn das Licht, das in dir ist, Finsterniss ist: wie gross wird dann die Finsterniss selber sein!«

Das Licht, das in uns ist, ist zur Finsterniss geworden. Und die Finsterniss, in der wir leben, ist furchtbar geworden.

»Wehe euch – sprach Christus – wehe euch, ihr Schriftgelehrten und Pharisäer, ihr Heuchler, die ihr das Himmelreich vor den Menschen verschlossen habt. Selbst kommet ihr nicht hinein und lasset auch andere nicht hinein. Wehe euch, ihr Schriftgelehrten und Pharisäer, ihr Heuchler, dass ihr der Wittwen Häuser verschlinget und Götzen anbetet vor aller Angesicht. Darum habt ihr um so grössere Schuld. Wehe euch, ihr Schriftgelehrten und Pharisäer, ihr Heuchler, dass ihr Erde und Meere umwandelt um zu eurem Glauben zu bekehren, und den ihr bekehret, machet ihr noch schlimmer als er war. Wehe euch, ihr blinden Führer!

»Wehe euch, ihr Schriftgelehrten und Pharisäer, ihr Heuchler, dass ihr Grabmäler bauet den Propheten und schmücket die Denkmäler der Gerechten. Und ihr meinet, wenn ihr in jenen Zeiten gelebt hättet, da die Propheten zu Tode gemartert wurden, so hättet ihr nicht theil an ihrem Blute? So zeuget ihr selbst gegen euch dahin, dass ihr ebenso seid wie jene, die die Propheten getödtet So füllet denn das Maass, das euresgleichen begonnen! Und ich werde euch schicken weise Propheten und Schriftgelehrte; und die einen werdet ihr tödten und kreuzigen, und andre werdet ihr schlagen in euren Versammlungen und werdet sie fortschicken von Stadt zu Stadt. Und es soll über euch kommen alles Blut, das vergossen ward auf Erden seit Abel!« –

Jede Verleumdung wird den Menschen vergeben werden die Verleumdung aber des heiligen Geistes kann nicht vergeben werden.

Es ist als ob das alles erst gestern geschrieben wäre, nicht gegen Leute, die jetzt nicht mehr Erde und Meer umwandeln, sondern gegen die, welche heute den heiligen Geist verleumden und die Menschen zu einem Glauben fuhren, der sie noch schlimmer macht, die sogar durch Gewalt die Menschen zu diesem Glauben zwingen und alle jene Propheten und Gerechten verfolgen und zu Grunde richten, die ihren Betrug zu zerstören suchen.

Und ich überzeugte mich, dass die kirchliche Lehre, ungeachtet sie sich selbst »christlich« nennt, dieselbe Finsterniss ist, gegen die Christus kämpfte und die zu bekämpfen er allen seinen Jüngern gebot.

*

Die Lehre Christi hat, wie jede religiöse Lehre, zwei Theile: 1) die Lehre über das Leben der Menschen, wie jeder Mensch einzeln und in Gemeinschaft mit andern leben soll: die ethische Lehre, und 2) die Erklärung, weshalb die Menschen gerade so und nicht anders leben sollen: die metaphysische Lehre. Eines ist zugleich Ursache und Folge des andern. Der Mensch soll so leben, weil es seine Bestimmung ist, oder: das ist die Bestimmung des Menschen und deshalb soll er so leben. Diese zwei Seiten der Lehre finden sich in allen Religionen der Welt. So sind die Religionen des

Konfuzius, der Brahminen, Buddhas und Mosis; so ist auch die Religion Christi. Er lehrt das Leben; er lehrt wie man leben soll und giebt eine Erklärung, weshalb man gerade so leben soll. Wie es jedoch mit allen Lehren der Fall war: mit dem Brahmanismus, dem Buddhismus, dem Judenthum, so war es auch mit der Lehre Christi. Die Menschen fallen von der Lehre über das Leben ab, und es finden sich eine Menge Lehrer, die diese Abtrünnigkeit rechtfertigen. Diese Leute, die sich, nach Christi Ausspruch, auf den Stuhl Mosis setzen, erläutern die metaphysische Seite der Lehre derart, dass die ethischen Forderungen der Lehre aufhören bindend zu sein und durch äusserliche Gottesverehrung und Zeremonien ersetzt werden. Diese Erscheinung ist allen Religionen gemein; aber nie, scheint mir, ist diese Erscheinung so grell hervorgetreten wie im Christenthum. Sie trat schon deshalb besonders auffällig hervor, weil die Lehre Christi die erhabenste Lehre ist; und sie ist die erhabenste, weil die Metaphysik und die Ethik der Lehre Christi derart mit einander verschmolzen und eine durch die andere bedingt sind, dass man sie unmöglich von einander trennen kann, ohne die ganze Lehre ihres Inhalts und ihrer Bedeutung zu berauben, und weil Christi Lehre bereits an sich ein Protestantismus ist, d. h. die Verleugnung nicht nur der zeremoniellen Gebräuche des Judenthums, sondern auch jeder äusserlichen Gottesverehrung.

Dieser Zwiespalt im Christenthum musste nothwendig die Lehre Christi vollständig umstossen und sie jeglichen Sinnes berauben. So war es auch. Der Zwiespalt zwischen der Lehre über das Leben und der Erklärung des Lebens begann von der Predigt des Apostels Paulus, der die in dem Evangelium Matthäi ausgeprägte ethische Lehre nicht kannte und eine Christus fremde, metaphysisch-kabbalistische Theorie verkündete; endgiltig jedoch wurde dieser Bruch zur Zeit des Kaisers Konstantin, als man für möglich fand den ganzen heidnischen Inhalt des Lebens unverändert in christliche Gewänder zu hüllen und ihn darum als Christenthum anzuerkennen. Von der Zeit Konstantins an, dieses Heiden unter Heiden, den die orthodoxe Kirche um all' seiner Verbrechen und Laster willen der Schaar der christlichen Heiligen beizählt, beginnen die Konzilien, und der Schwerpunkt des Christenthums wird allein auf die metaphysische Seite der Lehre verlegt; und diese metaphysische Lehre, sich mehr und mehr von seiner Grundidee entfernend, kommt schliesslich dahin, wo sie jetzt ist: zu einer Lehre, welche die für die Vernunft unfasslichen Geheimnisse des himmlischen Lebens erklärt, die komplizirtesten kirchlichen Zeremonien anordnet, aber durchaus keine religiöse Lehre über das irdische Leben giebt.

Alle Religionen, mit Ausnahme der kirchlich-christlichen, verlangen von ihren Bekennern ausser der Einhaltung ihrer Gebräuche noch das Ausüben gewisser guter und das Vermeiden gewisser schlechter Thaten. Das Judenthum verlangt die

Beschneidung, die Beobachtung des Sabbaths, des Jubeljahrs, das Almosenspenden und manches andere. Der Muhamedanismus verlangt die Beschneidung, tägliche fünfmalige Gebete, den Zehnten für die Armen, Wallfahrten zum Grabe des Propheten und vieles andre. Gleiches thun alle Religionen. Mögen diese Forderungen gut oder schlecht sein – immerhin sind sie Forderungen von gewissen Handlungen. Das Pseudo-Christenthum allein verlangt nichts. Es giebt nichts, was der Christ durchaus verpflichtet wäre zu thun und was er durchaus verpflichtet wäre zu unterlassen, wenn man nicht die Fasten und die Gebete rechnet, die von der Kirche selbst nicht als bindend betrachtet werden. Alles, was für den Pseudo-Christen nothwendig ist, sind die Sakramente. Die Sakramente aber verrichtet nicht der Gläubige selbst, sondern, sie werden über ihm von andern vollzogen. Der Pseudo-Christ ist nicht verpflichtet irgend etwas zu thun oder zu unterlassen um erlöst zu werden; über ihm aber verrichtet die Kirche alles, was nothwendig ist; sie tauft und salbt ihn, reicht ihm das Abendmahl und giebt ihm die letzte Oelung; selbst in der Beichte genügen Zeichen für Worte (sogen. »taube Beichte«): die Kirche betet für ihn und er ist gerettet. Die christliche Kirche hat seit Konstantins Zeiten gar keine Thaten von ihren Mitgliedern verlangt; sie hat auch gar keine Forderungen der Enthaltung, wovon es auch sei, aufgestellt. Die christliche Kirche hat alles anerkannt und geheiligt, was im Heidenthum bestanden hat. Sie hat Ehescheidung, Sklaverei, Gerichte und alle Obrigkeiten anerkannt, die bereits bestanden; hat Kriege und Todesstrafen anerkannt und verlangte bei der Taufe blos ein wörtliches Sichlossagen vom Bösen; auch das war nur im Anfange, später, bei der Taufe Neugeborener, wurde selbst diese Forderung eingestellt.

Die Kirche, indem sie die Lehre Christi in Worten anerkennt, hat sie im Leben stets verleugnet.

Anstatt die Welt in ihrem Leben zu lenken, hat die Kirche, der Welt zu Gefallen, die metaphysische Lehre Christi derart umgewandelt, dass keinerlei Forderungen des Lebens aus ihr entsprossen und sie die Menschen nicht verhinderte so zu leben wie sie bisher gelebt hatten. Die Kirche gab der Welt nach; und nachdem sie ihr nachgegeben, folgte sie ihr. Die Welt that alles was sie wollte und überliess es der Kirche ihr in ihren Erklärungen des Sinnes des Lebens nachzufolgen, wie sie es verstände. Die Welt führte ihr in allem der Lehre Christi entgegengesetztes Leben und die Kirche erdachte Spitzfindigkeiten, nach denen es sich erweisen sollte, dass die Menschen, indem sie dem Gesetze Christi entgegen lebten, mit ihm im Einklang lebten. Und es endete damit, dass die Welt ein Leben zu führen begann, welches schlechter war als das Leben der Heiden, und die Kirche begann nicht nur dies Leben zu rechtfertigen, sondern sogar zu behaupten, dass darin gerade die Lehre Christi bestehe.

Es kam aber eine Zeit, wo das Licht der wahren Lehre Christi, das im Evangelium verschlossen war, durch sogenannte »Sektirer« und sogar durch die Freigeister der Welt in das Volk drang, ungeachtet die Kirche, im Gefühle ihrer Heuchelei und Unwahrheit, es zu verbergen suchte (indem sie z. B. das Uebersetzen der Bibel verbot); es kam die Zeit, wo die Unrichtigkeit der Lehre der Kirche den Menschen offenbar wurde und sie begannen ihr früheres, von der Kirche gerechtfertigtes Leben zu verändern auf Grundlage der gegen den Willen der Kirche zu ihnen gelangten Lehre Christi.

So haben die Menschen selbst, ohne die Hilfe der Kirche, die von ihr gerechtfertigte Sklaverei aufgehoben, die Standesunterschiede vernichtet und die von der Kirche gebilligten Todesstrafen; so haben sie die von der Kirche geheiligte Macht der Kaiser und Päpste umgestossen und haben jetzt die an der Reihe befindlichen Fragen der Aufhebung des Eigenthums und der Vernichtung des Staates angeregt. Und die Kirche hat nichts beschützt und kann nichts beschützen, weil die Zerstörung dieser Unwahrheiten des Lebens auf derselben Grundlage der christlichen Lehre begann, die noch heute von der Kirche gepredigt wird, obgleich sie sieh bemüht hat deren Sinn zu fälschen.

Die Lehre über das Leben der Menschen hat sich von der Kirche befreit und hat sich unabhängig von ihr entwickelt.

Der Kirche sind die Erklärungen geblieben; was aber hat sie zu erklären? Die metaphysische Erklärung der Lehre hat nur dann Bedeutung, wenn es eine Lehre des Lebens, die sie erklärt, wirklich giebt. Der Kirche ist aber keine Lehre über das Leben geblieben. Sie besass nur eine Erklärung des Lebens, das sie dereinst gegründet und das nicht mehr besteht. Wenn der Kirche noch Erklärungen jenes Lebens, das dereinst bestand, wie Erklärungen des Katechismus darüber z. B, dass man seinem Berufe nach tödten muss, geblieben sind, so glaubt doch niemand mehr daran. Und der Kirche ist nichts geblieben, als: Kirchen, Heiligenbilder, Gewänder und Worte.

Die Kirche hat das Licht christlicher Lehre und christlichen Lebens 18 Jahrhunderte hindurch getragen, und in dem Wunsche, es unter ihren Gewändern zu verbergen, ist sie selbst an diesem Lichte verbrannt. Die Welt mit ihren von der Kirche geheiligten Einrichtungen hat, kraft jener Grundideen des Christenthums, welche die Kirche wider Willen selbst verbreitet hat, die Kirche verworfen und glaubt nicht mehr an sie. Das Faktum ist da und lässt sich nicht mehr verbergen. Alles was lebt und nicht muthlos sich sorgt, sich und andere am Leben verhindernd, alles Lebende in unserer europäischen Welt ist von der Kirche und von allen Kirchen abgefallen und lebt sein eigenes, von der Kirche unabhängiges Leben. Und man möge nicht sagen, dass es nur im »faulen« Westen Europas so ist; Russland mit seinen Millionen gebildeter und ungebildeter Vernunft-Christen, die die kirchliche Lehre verworfen haben, beweist unstreitig, dass es, in Hinsicht des Abfalles von der Kirche, Gott sei dank, noch viel »fauler« ist als Europa. Alles Lebende ist von der Kirche unabhängig. Die Macht des Staates beruht auf Tradition, auf Wissenschaft, auf Volkswahlen, auf roher Kraft, auf allem was ihr wollt, – nur nicht auf der Kirche. Der Krieg, die Beziehungen der Staaten zu einander gründen sich auf das Prinzip der Nationalität, auf das Gleichgewicht, worauf ihr wollt, – nur nicht auf kirchliche Grundlagen. Die Einrichtungen des Staates ignoriren die Kirche geradezu. Der Gedanke, dass die Kirche die Basis des Gerichts, des Eigenthums sein könnte, ist in unserer Zeit einfach lächerlich. Die Wissenschaft trägt nicht nur nichts zur Lehre der Kirche bei, sondern ist stets zufällig und unwillkürlich in ihrer Entwickelung der Kirche feindlich. Die Kunst, die früher nur der Kirche diente, hat sich jetzt ganz von ihr abgewandt. Nicht genug dass sich, das ganze Leben von der Kirche emanzipirt hat und dieses Leben keine andere Beziehung zur Kirche als eine gewisse Verachtung gegen sie hat, sondern die Kirche mischt sich auch nicht in Sachen des Lebens und es entsteht nichts als Hass, sobald die Kirche versucht die Welt an ihre früheren Rechte zu erinnern. Wenn die Form, die wir »Kirche« nennen, noch besteht, so ist es blos deshalb, weil die Menschen das Gefäss, das dereinst kostbaren Inhalt besessen, zu zerschlagen sich scheuen; denn nur dadurch lässt sich das Bestehen der orthodoxen, katholischen und der verschiedenen protestantischen Kirchen in unserem Jahrhundert erklären.

Alle Kirchen, protestantische, katholische und orthodoxe, sind Wächtern gleich, die sorgfaltig einen Gefangenen bewachen, wenn dieser Gefangene bereits längst fortgegangen ist und mitten unter den Wächtern selbst umhergeht und mit ihnen kämpft. Alles, wodurch jetzt die Welt wahrhaft lebt: der Sozialismus, der Kommunismus, die politisch-ökonomischen Theorien, der Utilitarismus, die Freiheit und Gleichheit der Menschen, die Emanzipation der Frauen – alle sittlichen Begriffe der Menschen: die Heiligkeit der Arbeit, die Heiligkeit der Vernunft, der Wissenschaft, der Kunst – alles was die Welt bewegt und der Kirche feindselig erscheint: das alles sind Theile jener Lehre, welche die Kirche selbst, ohne es zu wissen, durch die von ihr verborgen gehaltene wahre Lehre Christi verbreitet hat.

In unsrer Zeit geht das Leben der Welt seinen Gang vollständig unabhängig von der Lehre der Kirche. Diese Lehre ist so weit zurückgeblieben, dass die Menschen der Welt die Stimme der Lehrer der Kirche nicht mehr hören. Es giebt auch nichts zu hören, denn die Kirche giebt nur Erklärungen jener Einrichtungen des Lebens, aus denen die Welt bereits herausgewachsen ist und die entweder gar nicht mehr existiren oder im unaufhaltsamen Verfalle begriffen sind.

Es fuhren Menschen im Boote und ruderten, und der Steuermann lenkte das Fahrzeug. Die Menschen vertrauten dem Steuermann und dieser steuerte gut und sicher; es kam aber eine Zeit, wo der gute Steuermann von einem andern ersetzt wurde, der gar nicht steuerte. Das Boot ging rasch und leicht. Anfangs bemerkten die Menschen nicht, dass der neue Steuermann unthätig sass, und freuten sich über das leichte Schwimmen des Bootes; dann aber, die Nutzlosigkeit des neuen Steuermanns einsehend, lachten sie ihn aus und jagten ihn fort.

Das alles wäre nichts; das Böse liegt nur darin, dass die Menschen unter dem Einflüsse der Unzufriedenheit mit dem neuen Steuermann vergassen, dass man ohne Steuermann nicht weiss wohin man fährt. Das gleiche geschah mit unserer christlichen Gesellschaft. Die Kirche führt nicht das Steuer und es rudert sich leicht und wir sind vorwärtsgekommen und alle Erfindungen und Kenntnisse, auf die unser 19. Jahrhundert so stolz ist, sind nur die Folge davon, dass wir ohne Steuer schiffen. Wir rudern ohne selbst zu wissen wohin. Wir leben und schaffen und wissen entschieden nicht wozu. Man kann aber nicht auf dem Meere fahren ohne zu wissen wohin, und ebensowenig kann man leben und schaffen ohne zu wissen: wozu?

Wenn noch die Menschen selbst nichts gethan hätten, sondern durch eine äussere Macht in die Lage gebracht wären, in der sie sich befinden, so könnten sie auf die Frage: warum seid ihr in dieser Lage? vollständig vernünftig antworten: wir wissen es nicht, wir haben uns plötzlich in dieser Lage befunden und befinden uns noch in derselben. Die Menschen aber schaffen sich ihre Lage selbst, für sich und für andere, namentlich für ihre Kinder, und deshalb können alle die Fragen nicht unbeantwortet bleiben: wozu sammelt ihr tausend Heere und gehet selbst darunter, um euch gegenseitig zu tödten und zu verstümmeln? wozu verschwendet ihr so fruchtbare menschliche Kräfte, die in Milliarden sich ausprägen, zum Baue unnützer und für euch schädlicher Städte? wozu setzt ihr eure komödienhaften Gerichte ein und schickt die Menschen, die ihr für Verbrecher haltet, aus Frankreich nach Cayenne, aus Russland nach Sibirien, aus England nach Australien, wenn ihr doch selbst wisst, dass es gar keinen Sinn hat? warum verlasst ihr euren geliebten Ackerbau und mühet euch ab in Fabriken und Hüttenwerken, die euch selbst verhasst sind? warum erzieht ihr eure Kinder so, dass sie dieses Leben, das ihr selbst nicht gutheisset, ebenso fortsetzen? wozu thut ihr das alles? – Alle diese Fragen könnt ihr nicht unbeantwortet lassen. Selbst wenn alle diese Beschäftigungen euch lieb und angenehm wären, selbst dann müsstet ihr sagen können, weshalb ihr alles das thut. Wenn es nun aber furchtbar schwere Arbeiten sind, die ihr mit Anstrengung und unter Murren vollbringt, so könnt ihr doch nicht umhin daran zu denken, weshalb ihr alles das thut? – Wir sollen aufhören alles dieses zu thun, oder antworten, weshalb wir es thun. Nie haben Menschen ohne Antwort auf diese Frage gelebt; sie können es nicht. Und die Menschen hatten stets eine Antwort.

Der Jude lebte so wie er lebte, d. h. er kämpfte, ernährte sich, baute Synagogen, richtete sein ganzes Leben so und nicht anders ein, weil alles das in einem Gesetze vorgeschrieben war, welches seiner Ueberzeugung nach ihm von Gott selbst gegeben war. Dasselbe gilt für den Inder, den Chinesen; dasselbe für den Römer und den Muhamedaner; dasselbe galt auch für den Christen vor hundert Jahren und gilt auch heute für den rohen Haufen. Der unwissende Christ von heutzutage antwortet auf diese Fragen: »Das Soldatenthum, der Krieg, die Gerichte, die Todesstrafen – alles das besteht nach einem Gesetze Gottes, das uns die Kirche übergiebt. Diese Welt ist eine Welt der Verderbtheit. Alles Böse, was in der Welt ist, besteht nach dem Willen Gottes, als Strafe für die Sünden des Menschen, und deshalb können wir das Böse nicht bessern. Wir können blos unsre Seele retten durch den Glauben, durch die Sakramente, durch Gebete und durch unsre Ergebenheit in den Willen Gottes, wie es die Kirche uns lehrt. Die Kirche aber lehrt uns, dass jeder Christ sich ohne Widerrede den Herrschern, als den Gesalbten Gottes, sowie den von ihnen angestellten Vorgesetzten unterwerfen, dass er sein und fremdes Eigenthum mit Gewalt beschützen, dafür kämpfen, tödten und die von den nach Gottes Willen eingesetzten Obrigkeiten verhängten Strafen erleiden muss.«

Ob diese Erklärungen gut oder schlecht sind, für den gläubigen Christen wie für den Juden, den Buddhisten und Muhamedaner haben sie alle Eigenheiten des Lebens erklärt und der Mensch verleugnete nicht seine Vernunft, wenn er nach einem Gesetze, das er für göttlich hielt, lebte. Jetzt aber ist eine Zeit gekommen, Wo nur die allerunwissendsten Leute an diese Erklärungen glauben, und die Anzahl dieser Leute verringert sich von Tag zu Tag, von Stunde zu Stunde. Diese Bewegung aufzuhalten ist eine Unmöglichkeit. Alle Menschen folgen unaufhaltsam denen die voraus wandern, und alle gehen dorthin wo die Vordersten stehen. Die Vordersten aber stehen über einem Abgrunde. Und die Vordersten sind in einer furchtbaren Lage; sie schaffen das Leben für sich, bereiten das Leben vor für diejenigen die ihnen folgen – und befinden sich in völliger Unwissenheit darüber, wozu sie alles das thun. Nicht ein einziger zivilisirter, voranschreitender Mensch ist im Stande heutzutage die einfache Frage zu beantworten: wozu lebst du ein Leben, wie du es lebst? warum thust du alles, was du thust? – Ich habe diese Frage an hunderte von Menschen zu stellen versucht und habe nie eine gerade Antwort erhalten. Anstatt einer geraden Antwort auf die persönliche Frage:

warum lebst und warum handelst du so? erhielt ich eine Antwort nicht auf meine Frage, sondern auf eine Frage, die ich nicht gestellt hatte.

Der gläubige Katholik, der Protestant, der Rechtgläubige, alle, statt direkt zu antworten auf die Frage: warum er so lebt, wie er lebt, d. h. gegen die Lehre Gott-Christi, zu der er sich bekennt? – beginnen stets über den traurigen Zustand der Ungläubigkeit der heutigen Generation zu sprechen, über schlechte Menschen, die solchen Unglauben hervorrufen, und über die Bedeutung und Zukunft der wahren Kirche. Weshalb aber er selbst nicht thut was sein Glaube ihm gebietet, – darauf antwortet er nicht; anstatt einer Antwort über sich selbst spricht er über den allgemeinen Zustand der Menschheit und über die Kirche, als hätte sein eigenes Leben für ihn gar keine Bedeutung und als wäre er nur um die Errettung der ganzen Menschheit und dessen, was er »die Kirche« nennt, besorgt.

Ein Philosoph, gleichviel welcher Richtung, ob Idealist, Spiritualist, Materialist, Pessimist, Positivist, wird stets, statt einer direkten Antwort auf die Frage: warum er so lebt wie er lebt, d. h. nicht im Einklange mit seiner philosophischen Lehre, – anfangen über den Fortschritt der Menschheit, über das historische Gesetz, das er zu diesem Fortschritt gefunden und laut welchem die Menschheit dem Heile zustrebt, zu sprechen. Nie aber wird er gerade die Frage beantworten: weshalb er selbst in seinem Leben nicht das thut, was er für vernünftig hält? Der Philosoph wie der Gläubige ist gleichsam nicht um sein eignes, persönliches Leben besorgt, sondern nur mit der Beobachtung der allgemeinen Gesetze der ganzen Menschheit beschäftigt.

Der Durchschnitts-Mensch, die ungeheure Mehrzahl der halb-gläubigen und halb-ungläubigen zivilisirten Menschen, die stets ohne Ausnahme über ihr Leben und die Einrichtungen ihres Lebens klagen und den Untergang der Welt voraussehen, dieser Durchschnitts-Mensch ward stets auf die Frage: weshalb er selbst dieses von ihm selbst verdammte Leben lebt und nichts thut um es zu verbessern, – an Stelle einer geraden Antwort, nicht über sich, sondern über irgend etwas allgemeines zu sprechen anfangen: über Gerechtigkeitspflege, über den Handel, über den Staat, über die Zivilisation. Wenn er Polizist oder Prokuror ist, wird er sagen: »Auf welche Weise wird denn das Staatsleben bestehen, wenn ich, um mein Leben zu verbessern, aufhören werde mich an demselben zu betheiligen?« – Wenn er Kaufmann ist, wird er sagen: »Und die Zivilisation? was wird mit der geschehen, wenn ich, um mein Leben zu verbessern, nichts dazu beitragen werde?« – Er wird immer so sprechen, als läge die Aufgabe seines Lebens nicht darin, jenes Gute zu thun, zu dem er stets strebt, sondern darin: dem Staate, dem Handel und der Zivilisation zu dienen. Der Durchschnitts-Mensch antwortet genau dasselbe wie der Gläubige und der Philosoph. An Stelle der persönlichen Frage stellt er eine allgemeine; und der Gläubige, der Philosoph und der Durchschnitts-Mensch stellen eine solche Frage, weil sie auf eine persönliche Frage des Lebens keine Antwort, d. h. weil sie keine wahrhafte Lehre über das Leben haben. Und sie schämen sich dessen.

Sie schämen sich, weil sie sich in der erniedrigenden Lage eines Menschen fühlen, der gar keine Lehre über das Leben besitzt, wo doch ein Mensch nie ohne eine Lehre über das Leben gelebt hat und leben kann. In unsrer christlichen Welt allein wurde an Stelle der Lehre über das Leben und der Erklärung, weshalb das Leben so und nicht anders sein müsse, d. i. an Stelle der Religion, blos die Erklärung dessen aufgestellt, weshalb das Leben so sein muss, wie es dereinst gewesen ist, und von der Religion wurde das bekannt, was niemandem zu etwas nutze ist; das Leben aber selbst war unabhängig von jeglicher Lehre, d. h. es blieb ohne alle Bestimmung. Nicht genug: wie immer nahm die Wissenschaft gerade diesen zufälligen, krüppelhaften Zustand unserer Gesellschaft für ein Gesetz der ganzen Menschheit an. Gelehrte wie Thiele, Spencer u. a. behandeln höchst ernsthaft die Religion, indem sie darunter die metaphysische Lehre über den Ursprung der Dinge verstehen, ohne zu ahnen, dass sie nicht über die Religion überhaupt, sondern nur über einen Theil derselben sprechen.

Daraus ist jene merkwürdige Erscheinung entstanden, dass wir in unserem Zeitalter kluge und gelehrte Menschen sehen, die die vollkommen naive Ueberzeugung hegen von jeder Religion frei zu sein, blos weil sie jene metaphysischen Erklärungen über den »Ursprung der Dinge« nicht anerkennen, die jemandem einst als Erklärung des Lebens dienten. Es kommt ihnen gar nicht in den Sinn, dass sie ja irgendwie leben müssen, und dass eben die Grundlage, nach welcher sie gerade so und nicht anders leben, ihre Religion ist. Diese Leute bilden sich ein sehr erhabene Ueberzeugungen, aber gar keinen Glauben zu haben. Welcher Art ihre Reden auch sein mögen, sie haben jedenfalls eine Religion, einen Glauben, sobald sie irgendwelche vernünftige Handlung vollbringen, denn die vernünftigen Handlungen werden stets durch den Glauben bedingt. Und die Handlungen dieser Menschen werden nur durch den Glauben bestimmt, dass man das thun muss, was von der Obrigkeit verlangt wird. Die Religion derer, die keine Religion anerkennen, ist die Religion der Unterwerfung unter alles, was die mächtige Mehrzahl thut, d. i. in wenig Worten: die Religion der Unterwerfung unter die bestehende Macht.

Man kann nach der Lehre der Welt leben, d. h. ein thierisches Leben führen, indem man nichts höheres und bindenderes anerkennt als die Vorschriften der bestehenden Macht. Wer jedoch so lebt, kann nicht mehr behaupten vernünftig zu leben. Bevor wir behaupten vernünftig zu leben, müssen wir die Frage beantworten: Welche Lehre über das Leben halten wir für vernünftig? Wir Unglücklichen haben aber nicht allein keine derartige Lehre, sondern wir haben sogar das Bewusstsein der Nothwendigkeit irgend einer vernünftigen Lehre des Lebens verloren.

Fraget die Menschen unserer Zeit, Gläubige oder Ungläubige, welche Lehre sie im Leben befolgen? Sie werden eingestehen müssen, dass sie nur eine Lehre befolgen – die Gesetze, die von den Beamten der zweiten Abtheilung oder von der gesetzgebenden Versammlung geschrieben und von der Polizei ausgeführt werden. Dies ist die einzige Lehre, die unsre europäischen Menschen anerkennen; sie wissen, dass diese Lehre nicht vom Himmel, auch nicht von den Propheten oder den Weisen kommt, sie tadeln fortwährend die Verordnungen dieser Beamten oder der gesetzgebenden Versammlungen; dennoch erkennen sie diese Lehre an und unterwerfen sich den Vollstreckern derselben, der Polizei, unterwerfen sich ohne Murren ihren schrecklichen Forderungen. Beamte oder gesetzgebende Versammlungen haben geschrieben, dass jeder junge Mann zu Schimpf, Tod und Tödtung anderer bereit sein muss, – und alle Väter und Mütter, die ihre Söhne grossgezogen haben, unterwerfen sich einem solchen, von einem Beamten oder einer Versammlung heute geschriebenen Gesetz, das morgen wieder umgestossen werden kann.

Unsere Gesellschaft hat den Begriff eines unzweifelhaft vernünftigen und nach dem innern Bewusstsein für alle bindenden Gesetzes derart verloren, dass das Bestehen eines Gesetzes, das, wie bei dem hebräischen Volk, über das ganze Leben verfügt, eines Gesetzes, welches bindend wäre ohne Zwang, nur durch die innere Ueberzeugung eines jeden, als ausschliessliche Eigenthümlichkeit des hebräischen Volkes angesehen wird. Dass die Hebräer sich nur dem unterwarfen, was sie in der Tiefe ihrer Seele als das wahre, unmittelbar von Gott erhaltene Gesetz anerkannten, was mit ihrem Gewissen übereinstimmte, wird als eine Besonderheit der Hebräer angesehen. Als der normale Zustand aber, wie er gebildeten Menschen entspricht, wird es angesehen, dass man sich dem unterwirft, was, wie sie wissen, von verächtlichen Leuten geschrieben und von Polizisten mit der Pistole in der Hand in Ausführung gebracht wird, und was von jedem oder mindestens von der Mehrzahl dieser Leute für ungerecht, d. h. ihrem Gewissen widersprechend betrachtet wird.

Vergebens habe ich in unserer zivilisirten Welt irgend welche klar ausgedrückte sittliche Grundsätze für das Leben gesucht. Es giebt keine. Es fehlt sogar das Bewusstsein ihrer Notwendigkeit.

Es besteht sogar die eigenthümliche Ueberzeugung, dass sie gar nicht nothwendig sind; dass die Religion nur in gewissen Worten über das zukünftige Leben, über Gott, über gewisse Gebräuche besteht, die nach der Meinung der einen höchst nothwendig für die Errettung der Seele, nach der Meinung anderer vollkommen nutzlos sind; dass das Leben von selbst geht und dass es dafür keinerlei Grundsätze und Regeln bedarf: man braucht nur zu thun was befohlen wird. Von dem, was das Wesen des Glaubens ausmacht, d. i. von der Lehre des Lebens und der Erklärung des Sinnes desselben, gilt das erste für unwichtig und nicht zum Glauben gehörig und das zweite, d. i. die Erklärung des einst dagewesenen Lebens, oder die Betrachtungen und Vermuthungen über den historischen Gang des Lebens gelten als das Wichtigste und Ernsthafteste. In allem, was das Leben des Menschen ausmacht: ob er hingehen soll um Menschen zu tödten oder nicht; ob er hingehen soll um Menschen zu richten oder nicht; ob er seine Kinder so oder anders erziehen soll – in alledem überlassen sich die Menschen unserer Welt ohne Murren andern Menschen, welche ebensowenig wie sie selbst wissen wozu sie leben und wozu sie andere so und nicht anders zu leben veranlassen.

Und ein solches Leben halten die Menschen für vernünftig und schämen sich seiner nicht!

Der Zwiespalt zwischen der Erklärung jenes Glaubens, der »Glaube« genannt wird, und des wirklichen Glaubens, der das »gemeinschaftliche Staatsleben« genannt wird, hat jetzt seinen Höhepunkt erreicht und die ungeheure Mehrzahl der zivilisirten Menschen hat für das Leben allein den Glauben an den Polizisten behalten.

Diese Lage wäre entsetzlich, wenn ohne Ausnahme alle so dächten. Zum Glück giebt es auch in unserer Zeit Menschen, die besten Menschen unserer Zeit, die sich nicht mit einem solchen Glauben begnügen und ihren eigenen Glauben haben darüber, wie die Menschen leben sollen. Das sind die Nihilisten, Revolutionäre, Sozialisten, Kommunisten, Anarchisten, Internationalisten – alles Leute, die ihrer Ueberzeugung nach leben und das Leben der andern danach einrichten wollen.

Diese Leute gelten für die bösartigsten, gefährlichsten und namentlich ungläubigsten Menschen, während sie doch die einzigen gläubigen Menschen unserer Zeit sind und nicht nur gläubig im allgemeinen, sondern gerade gläubig in Bezug auf die Lehre Christi, und wenn nicht auf die Gesammtheit derselben, so doch gläubig in Bezug auf einen geringen Theil.

Diesen Leuten ist oft die Lehre Christi vollkommen unbekannt; sie begreifen sie nicht und verwerfen oft, gleich ihren Feinden, die Grundlage derselben, die Lehre über das Nichtwiderstreben dem Uebel, oft sogar hassen sie Christus; und dennoch ist ihr ganzer Glaube wie das Leben sein muss, aus der Lehre Christi geschöpft. Wie man diese Leute auch verfolgen, wie man sie auch verleumden mag, sie sind dennoch die einzigen Menschen, die sieh nicht ohne Murren allem unterwerfen, was befohlen wird, und darum sind sie die einzigen Menschen unserer Welt, die kein thierisches, sondern ein vernünftiges Leben leben, – die einzigen Menschen, die da glauben. –

Die Schnur, die die Welt mit der Kirche verband, welche wiederum der Welt Sinn verlieh, wurde immer schwächer und schwächer in dem Maasse, wie der Inhalt, die Säfte des Lebens immer mehr und mehr in die Welt hinüberflossen, und jetzt, wo die Säfte alle hinübergegangen, ist für sie die verbindende Schnur nur ein Hinderniss geworden.

Dies ist der geheimnissvolle Prozess der Geburt, der vor unsern Augen sich vollzieht. Zu ein und derselben Zeit reisst das letzte Band mit der Kirche und es entsteht der Prozess des selbständigen Lebens.

Die Lehre der Kirche mit ihren Dogmen, Tempeln und ihrer Hierarchie ist mit der Lehre Christi unzweifelhaft verbunden, diese Verbindung ist ebenso augenscheinlich wie die Verbindung der neugebornen Frucht mit dem Mutterleibe. Gleichwie aber Nabelschnur und Nachgeburt nach der Geburt zu unnützen Fleischstücken werden, welche aus Achtung für dasjenige, was in ihnen geborgen lag, sorgsam in die Erde vergraben werden müssen, so ist auch die Kirche zu einem nutzlosen, abgelebten Organ geworden, welches man aus Achtung für das, was sie früher barg, irgendwo, recht weit, verbergen muss. Sobald die Athmung und der Umlauf des Bluts eintreten, wird das Band, welches bisher der Quell der Ernährung gewesen, zu einem Hinderniss. Und thöricht sind die Bemühungen dieses Band aufrechtzuerhalten und das in die Welt eingetretene Kind zu veranlassen sich durch den Nabel und nicht durch Mund und Lungen zu ernähren.

Die Loslösung des Kindes jedoch vom Mutterleibe ist noch nicht das Leben. Das Leben des Kindes hängt von der Herstellung eines neuen Bandes der Ernährung zwischen Mutter und Kind ab. Dasselbe ist der Fall mit dem Leben unserer christlichen Welt. Die Lehre Christi hat unsere Welt in sich getragen und hat sie geboren. Die Kirche, eines der Organe der Lehre Christi, hat das ihrige gethan und ist unnütz, ist zum Hinderniss geworden. Die Welt kann sich nicht nach der Kirche richten, aber auch die Loslösung der Welt von der Kirche ist noch nicht das Leben. Ihr Leben wird dann eintreten, wenn die Welt sich ihrer Hilflosigkeit bewusst wird und die Notwendigkeit neuer Nahrung empfindet. Und dies muss in unserer christlichen Welt eintreten, sie muss aufschreien im Bewusstsein ihrer Hilflosigkeit; dies Bewusstsein allein, das Bewusstsein der Unmöglichkeit der früheren und jeder andern Ernährung ausser der Muttermilch, wird sie zu den vollen Brüsten der Mutter führen.

Mit unserer äusserlich so selbstbewußten, kühnen, entschiedenen und im tiefsten Innern erschreckten und zerfahrenen europäischen Welt geschieht dasselbe wie mit dem soeben zur Welt gekommenen Kinde: es wirft und schiebt sich, es schreit und stösst, als ob es sich ärgere und nicht wisse was es thun solle. Es fühlt, dass sein bisheriger Nahrungsquell verschwunden ist und weiss noch nicht wo es einen neuen zu suchen hat. Das kaum geborene Lämmchen bewegt Augen und Ohren und schüttelt den Schwanz und springt und schlägt aus. Uns scheint bei seiner Entschiedenheit, als ob es alles wissen müsse; das ärmste aber weiss nichts. Diese ganze Entschiedenheit und Energie sind die Fracht der mütterlichen Säfte, deren Uebergabe soeben aufgehört hat und nicht mehr erneuert werden kann. Es befindet sich in einer glückseligen und zugleich verzweifelten Lage: es ist voll Frische und Kraft, ist aber verloren, wenn es nicht die Brust der Mutter nimmt.

Dasselbe geschieht mit unserer europäischen Welt. Seht, welch' ein komplizirtes, scheinbar vernünftiges, energisches Leben in der europäischen Welt sich regt! Als wüssten diese Menschen alles was sie thun und wozu sie es thun. Seht, wie entschieden, frisch und herzhaft die Leute unserer Welt alles thun! Künste, Wissenschaften, gemeinnützige Thätigkeit des Staats, alles ist voll Leben. Aber alles das ist nur deshalb lebendig, weil es noch unlängst durch die Nabelschnur von den Säften der Mutter ernährt wurde. Es gab eine Kirche, welche die vernünftige Lehre Christi in das Leben der Welt einführte. Jedes Organ der Welt wurde durch sie ernährt und wuchs und gedieh. Die Kirche aber hat ihre Pflicht erfüllt und ist abgestorben. Alle Organe der Welt leben; ihr früherer Nahrungsquell ist versiegt, einen neuen aber haben sie noch nicht gefunden; und sie suchen ihn überall, nur nicht bei der Mutter, von der sie sich kaum befreit. Gleich dem Lämmchen zehren sie noch an der bisherigen Nahrung, sind aber noch nicht dazu gelangt zu begreifen, dass diese Nahrung doch wieder nur bei der Mutter ist und ihnen nur in einer andern Weise übergeben werden kann.

Die Aufgabe, die jetzt der Welt zukommt, besteht im Begreifen, dass der Prozess der früheren unbewussten Ernährung überlebt ist und dass ein neuer bewusster Ernährungsprozess beginnen muss.

Dieser neue Prozess besteht in der bewussten Annahme jener Wahrheiten der christlichen Lehre, die früher unbewusst der Menschheit durch das Organ der Kirche eingeflösst wurden und durch die jetzt die Menschheit lebt. Die Menschen müssen von neuem jenes Licht erheben, durch welches sie lebten, das aber vor ihnen verborgen war, und müssen es hoch vor sich hinstellen und mit Bewusstsein durch dieses Licht leben.

Die Lehre Christi, als eine Religion, die das Leben bestimmt und eine Erklärung des Lebens der Menschen giebt, besteht jetzt ebenso, wie sie seit mehr denn 1800 Jahren vor der Welt bestanden hat. Früher jedoch hatte die Welt Erklärungen der Kirche, welche, die Lehre vor ihr verhüllend, ihr dennoch genügend für ihr früheres Leben erschienen; jetzt aber ist eine Zeit gekommen, wo die Kirche ausgelebt hat, wo die Welt keinerlei Erklärungen ihres neuen Lebens hat und nicht umhin kann ihre Hilflosigkeit zu fühlen, und deshalb kann sie jetzt nicht umhin die Lehre Christi anzunehmen.

Christus lehrt vor allen Dingen, dass die Menschen an das Licht glauben sollen, so lange das Licht in ihnen ist. Christus lehrt, dass die Menschen dieses Licht der Vernunft höher stellen als alles, entsprechend leben und das nicht thun sollen, was sie selbst für unvernünftig halten. – Haltet ihr es für unvernünftig hinzugehen und Deutsche oder Türken zu tödten – so gehet nicht; haltet ihr es für unvernünftig die Arbeit armer Leute mit Gewalt auszubeuten um einen Zylinder aufzusetzen und euch in ein Korsett zu schnüren oder ein euch lästiges prachtvolles Kabinett einzurichten – so thut es nicht; haltet ihr es für unvernünftig die durch Müssiggang auf Abwege gerathenen und für die Gemeinschaft der Menschen schädlichen Leute ins Gefängniss zu sperren, d. i. in die allerschädlichste Gemeinschaft und den gänzlichen Müssiggang – so thut es nicht; haltet ihr es für unvernünftig in ungesunder Stadtluft zu leben, wenn ihr in freier Luft leben könnt, haltet ihr es für unvernünftig die Kinder hauptsächlich und am meisten in der Grammatik todter Sprachen zu unterrichten – so thut es nicht. Kurz, thut nicht das, was heutzutage unsere ganze europäische Welt thut: ein Leben führen, das man nicht für vernünftig hält, handeln und seine Handlungen nicht für vernünftig halten, mit einem Wort: an seine Vernunft nicht glauben und im Widerspruche mit ihr leben.

Christi Lehre ist das Licht. Das Licht leuchtet, und die Finsterniss verschwindet. Man kann nicht umhin das Licht anzunehmen, wenn es leuchtet. Mit dem Lichte lässt sich nicht streiten: man muss sich mit ihm einverstanden erklären. So muss man sich mit Christi Lehre einverstanden erklären, denn sie umfasst alle Verirrungen, in denen die Menschen leben, und durchdringt sie dem Aether gleich, von dem die Physiker sprechen. Christi Lehre ist gleich unentbehrlich für jeden Menschen unserer Welt, welchen Standes er auch sei. Christi Lehre kann nicht umhin von den Menschen angenommen zu werden, nicht weil sich jene metaphysische Erklärung des Lebens, die sie giebt, nicht ableugnen liesse (ableugnen lässt sich alles), sondern weil sie allein jene Regeln des Lebens giebt, ohne welche die Menschheit weder gelebt hat, noch leben kann, ohne die kein einziger Mensch gelebt hat, noch zu leben vermag, wenn er als Mensch, d. h. mit Vernunft leben will. Die Macht der Lehre Christi liegt nicht in ihrer Erklärung der Bedeutung des Lebens, sondern in dem, was daraus entspringt: in der Lehre über das Leben. Die metaphysische Lehre Christi ist nicht neu. Es ist immer ein und dieselbe Lehre der Menschheit, die in den Herzen der Menschen geschrieben steht und die von allen wahrhaften Weisen der Welt verkündet worden ist. Aber die Macht der Lehre Christi liegt in der Anwendung dieser metaphysischen Lehre auf das Leben.

Die metaphysische Grundlage der alten Lehre der Hebräer und der Lehre Christi ist dieselbe: die Liebe zu Gott und zum Nächsten. Die Anwendung jedoch dieser Lehre auf das Leben nach Moses und nach dem Gesetze Christi ist äusserst verschieden. Nach dem Gesetze Mosis, wie die Hebräer es auffassten, bestand die Anwendung jener Lehre auf das Leben in der Erfüllung von 613, oft sinnlosen, grausamen Geboten, die sich sämmtlich auf die Autorität der Schrift stützten. Nach dem Gesetze Christi ist die, derselben metaphysischen Grundlage entsprossene Lehre in blos fünf vernünftigen, gütigen Geboten ausgedrückt, die in sich selbst ihre Bedeutung und ihre Rechtfertigung tragen und das ganze Leben des Menschen umfassen.

Die Lehre Christi kann nicht umhin von jenen gläubigen Juden, Buddhisten, Muhamedanern u. a., die an der Wahrhaftigkeit ihres eigenen Gesetzes zweifeln sollten, angenommen zu werden; noch weniger kann sie von jenen Leuten unsrer christlichen Welt nicht angenommen werden, die augenblicklich gar kein sittliches Gesetz haben.

Die Lehre Christi streitet nicht mit den Leuten unserer Welt über ihre Weltanschauung; sie erklärt sich im voraus mit derselben einverstanden, und indem sie diese in sich aufnimmt, giebt sie ihnen das, was ihnen fehlt, was ihnen nothwendig ist und wonach sie suchen: sie weist ihnen den Weg des Lebens, und zwar nicht einen neuen, sondern einen längst ihnen allen wohl bekannten Weg.

Ihr seid ein gläubiger Christ einer beliebigen Religion; ihr glaubt an die Erschaffung der Welt, an die Dreieinigkeit, an den Sündenfall und die Erlösung der Menschen, an die Sakramente, an die Gebete, an die Kirche. Christi Lehre, weit entfernt mit euch zu streiten, ist mit eurer Weltanschauung vollkommen einverstanden; sie giebt euch nur was euch fehlt. Festhaltend an eurem gegenwärtigen Glauben fühlt ihr, dass in dem Leben der Welt wie in dem euren das Böse herrscht, und ihr wisset nicht, wie ihr es vermeiden sollt; die Lehre Christi (zu der ihr verpflichtet seid, als zu der Lehre eures Gottes) giebt euch einfache, ausführbare Lebensregeln, die euch und andere von jenem Uebel befreien werden, das euch quält. Glaubt an den Sonntag, an das Paradies, an die Hölle, an den Papst, an die Kirche, an die Sakramente, an die Erlösung; betet, wie eure Religion es verlangt, fastet, singt Psalmen – alles das hindert euch nicht das zu erfüllen, was durch Christus zu eurem Heile verkündet ward: zürnet nicht, ehebrechet nicht, schwöret nicht, vertheidigt euch nicht durch Gewalt, führet keine Kriege.

Es kann geschehen, dass ihr irgend eine dieser Regeln nicht erfüllt. Ihr werdet euch hinreissen lassen und in einem Momente der Leidenschaft eine oder die andre dieser Regeln übertreten, wie ihr jetzt die Gesetze eurer Religion, Staatsgesetze oder Anstandsregeln verletzt. In ruhigen Momenten aber thuet nicht das, was ihr jetzt thut; richtet euch nicht ein Leben ein, bei dem es schwer fällt sich des Zornes, des Ehebruchs, des Schwures, der Selbstverteidigung, des Krieges zu enthalten, sondern ein Leben, bei dem es schwer wäre alles das zu thun: ihr könnt nicht umhin das anzuerkennen, weil Gott es euch also befohlen hat.

Ihr seid ein ungläubiger Philosoph einer beliebigen Schule. Ihr sagt, dass alles in der Welt nach einem Gesetze entsteht, das ihr entdeckt habt. Christi Lehre streitet nicht mit euch und erkennt das von euch entdeckte Gesetz bereitwillig an. Ausser diesem eurem Gesetze jedoch, laut welchem nach Jahrtausenden jene Glückseligkeit eintreten wird, die ihr wünschet und für die Menschheit vorbereitet, habt ihr noch euer persönliches Leben, das ihr entweder im Einklange mit eurer Vernunft oder im Widerspruch mit ihr verbringen könnt; und eben für dieses euer persönliches Leben habt ihr jetzt keine Regeln, ausser denen, die von Leuten geschrieben, die ihr verachtet, und von Polizisten in Ausführung gebracht werden. Die Lehre Christi giebt euch solche Regeln, die sicher mit eurem Gesetze übereinstimmen, denn eure Gesetze des Altruismus oder des Egoismus sind nichts anderes als schlechte Umschreibungen derselben Lehre Christi.

Ihr seid ein Durchschnitts-Mensch, halb-gläubig und halb-ungläubig, der keine Zeit hat sich in die Bedeutung des menschlichen Lebens zu vertiefen; ihr habt keine bestimmte Weltanschauung und ihr thut alles, was die andern thun. Christi Lehre streitet nicht mit euch. Sie sagt: gut, ihr seid unfähig zu überlegen und die Wahrhaftigkeit der euch eingeprägten Lehre zu prüfen; es ist auch leichter den Fussstapfen andrer zu folgen; wie bescheiden ihr aber auch sein mögt, ihr fühlet dennoch in euch einen innern Richter, der eure mit allen übereinstimmenden Handlungen mitunter gutheisst und mitunter tadelt. Wie bescheiden euer Loos auch sein mag, es trifft sich dennoch, dass ihr manchmal nachdenkt und euch fragt: soll ich thun wie alle, oder nach meinem Gutdünken? Namentlich in solchen Fällen, wenn die Nothwendigkeit der Lösung einer derartigen Frage an euch herantritt, werden die Regeln Christi in ihrer ganzen Kraft vor euch erstehen. Und diese Regeln werden euch sicher Antwort auf eure Frage geben, denn sie umfassen euer ganzes Leben und antworten auch in Uebereinstimmung mit eurer Vernunft und eurem Gewissen. Wenn ihr mehr zum Glauben als zum Unglauben neigt, so handelt ihr, wenn ihr so thut, nach dem Willen Gottes; neigt ihr mehr zur Freigeisterei, so handelt ihr nach den vernünftigsten Regeln, die in der Welt existiren, wovon ihr euch selbst überzeugen werdet, – denn die Regeln Christi tragen ihre Bedeutung und ihre Rechtfertigung in sich.

Christus hat gesagt (Joh. 12, 31): »Jetzt gehet das Gericht über die Welt, nun wird der Fürst dieser Welt ausgestossen werden.«

Er hat noch gesagt (Joh. 16, 33): »Solches habe ich mit euch geredet, dass ihr in mir Frieden habt. In der Welt habt ihr Angst: aber seid getrost, ich habe die Welt überwunden.«

Und in der That ist die Welt, d. h. das Böse in ihr überwunden.

Wenn noch eine Welt des Bösen besteht, so besteht sie nur als etwas Todtes; sie lebt nur noch in Agonie, ihr fehlt bereits die Grundlage des Lebens. Sie existirt nicht für den, der an Christi Gebote glaubt, sie ist besiegt von der vernünftigen Erkenntniss des Menschen-Sohnes. Der im Gange befindliche Eisenbahnzug läuft noch in gerader Richtung fort, aber jede vernünftige Thätigkeit der Fahrenden ist längst auf den Rücklauf gerichtet.

1. Ep. Joh. 5, 4: »Denn alles was von Gott geboren ist, überwindet die Welt, und unser Glaube ist der Sieg, der die Welt überwunden hat.«

Der Glaube, der die Welt überwindet, ist der Glaube an die Lehre Christi.


# XII.


[Glaubensbekenntniss des Verfassers.]


Ich glaube an die Lehre Christi und mein Glaube besteht in Folgendem:

Ich glaube, dass meine Glückseligkeit auf Erden dann möglich ist, wenn alle Menschen die Lehre Christi erfüllen.

Ich glaube, dass die Erfüllung dieser Lehre möglich, leicht und freudebringend ist.

Ich glaube, dass auch, so lange diese Lehre nicht erfüllt wird und ich der einzige unter allen andern sie nicht Erfüllenden sein würde, ich dennoch nichts andres zur Errettung meines Lebens vom unvermeidlichen Untergange thun könnte, als diese Lehre erfüllen, gleichwie jenem nichts zu thun übrig bleibt, der in einem brennenden Hause einen rettenden Ausgang gefunden hat.

Ich glaube, dass mein Leben der Lehre der Welt nach qualvoll sein würde, und dass allein das Leben nach der Lehre Christi mir in dieser Welt jene Glückseligkeit geben wird, die mir der Vater des Lebens bestimmt hat.

Ich glaube, dass diese Lehre der ganzen Welt Glückseligkeit giebt; dass sie mich vom unvermeidlichen Untergange errettet und mir hienieden die höchste Glückseligkeit verleiht. Und weil ich das alles glaube, kann ich nicht umhin sie zu befolgen.

»Das Gesetz ist durch Moses gegeben; Freude (das griechische Wort χάρις, welches durch Gnade übersetzt wird, kann im Evangelium durchaus nicht die später ihm beigelegte theologische Bedeutung »Gnade«, *grâce,* haben und bedeutet hier einfach Freude) und Wahrheit ist durch Jesum Christum geworden (Joh. 1, 17).« Christi Lehre ist Freude und Wahrheit. Früher, als ich die Wahrheit nicht kannte, kannte ich auch die Freude nicht. Das Böse für das Gute ansehend, verfiel ich in das Böse und zweifelte an der Gesetzlichkeit meines Strebens nach Glückseligkeit. Jetzt aber habe ich die Wahrheit erkannt und glaube, dass die Glückseligkeit, nach der ich strebe, der Wille des Vaters, die gesetzlichste Grundlage meines Lebens ist.

Christus hat mir gesagt: Lebe für die Glückseligkeit; hüte dich aber vor jenen Fallen der Versuchung, welche, durch ihr Ebenbild der Glückseligkeit verlockend, dich der wahren Glückseligkeit berauben und dich in das Böse hineinziehen. Deine Glückseligkeit ist deine Einheit mit allen Menschen und das Böse ist die Störung der Einheit des Menschen-Sohnes. Beraube dich nicht selber der Freude, die dir gegeben ward.

Christus hat mir gesagt, dass die Einheit des Menschen-Sohnes die Liebe der Menschen unter einander ist; sie ist nicht das Ziel, nach dem wir streben müssen, wie ich es früher gedacht, sondern diese Einheit, diese Liebe der Menschen unter einander ist ihr natürlicher, glückseliger Zustand, derselbe Zustand, in welchem laut Christi Worten die Kinder geboren werden und in dem jeder Mensch sich befindet und lebt, so lange er nicht durch Täuschung, Verirrung und Verführung gestört wird.

Christus hat mir nicht blos das gezeigt; er hat auch klar und ohne Möglichkeit eines Irrthums in seinen Geboten alle Versuchungen aufgezählt, die mich dieses natürlichen Zustandes der Einheit, der Liebe und Glückseligkeit berauben und mich in das Böse hineinziehen können. Die Gebote Christi geben mir die Mittel der Errettung aus den Versuchungen, die mich meiner Glückseligkeit berauben, und deshalb kann ich nicht umhin an diese Gebote zu glauben.

Mir ist die Freude des Lebens verliehen, und ich vernichte sie selbst. Christus hat mich in seinen Geboten auf jene Versuchungen hingewiesen, durch die ich meine Glückseligkeit zerstöre, und deshalb vermag ich nicht das zu thun, was mich um mein Heil bringt.

Darin und darin allein besteht mein ganzer Glaube. Christus hat mir gezeigt, dass die erste Versuchung, die meine Glückseligkeit zerstört, meine Feindschaft mit den Menschen, mein Zorn gegen sie ist. Ich kann nicht umhin daran zu glauben und kann deshalb nicht mehr mit Bewusstsein in Feindschaft mit anderen Menschen leben; ich kann nicht, wie ich es früher gethan, mich meines Zornes freuen, mich seiner rühmen, ihn entflammen und ihn rechtfertigen dadurch, dass ich mich selbst für bedeutend und klug und andre für nichtig, verloren und unverständig halte; ich kann jetzt nicht mehr umhin bei dem ersten Gedanken daran, dass ich mich dem Zorne überlasse, mich für den allein Schuldigen zu halten und Versöhnung zu suchen mit denen, die mit mir verfeindet sind.

Doch dessen nicht genug. Wenn ich jetzt weiss, dass mein Zorn ein unnatürlicher, für mich schädlicher, krankhafter Zustand ist, so weiss ich auch, welche Versuchung mich dazu verleitet hat. Diese Versuchung bestand darin, dass ich mich von den andern Menschen absonderte, indem ich nur einige unter ihnen mir ebenbürtig erachtete und alle übrigen für nichtig, für Nicht-Menschen (»Raka«) oder für dumm und für ungebildet (»verrückt«) hielt. Ich sehe jetzt, dass diese Absonderung meiner selbst von den Menschen und dass ich sie für »Raka« und für »verrückt« hielt, die Hauptursache meiner Feindschaft mit den Menschen gewesen ist. Indem ich an mein früheres Leben zurückdenke, sehe ich jetzt, dass ich meinen feindseligen Gefühlen nie gestattet habe gegen Leute zu entbrennen, die über mir standen, und dass ich dieselben nie beleidigt habe; dagegen rief die geringste mir unangenehme Handlung eines Menschen, den ich für niedriger achtete als mich, Zorn und Beleidigungen meinerseits hervor, und je höher ich mich über einen solchen Menschen dünkte, um so leichter beleidigte ich ihn, mitunter sogar rief die blos eingebildete niedrige Stellung eines Menschen meinerseits Beleidigungen hervor. Jetzt aber begreife ich, dass nur der hoch über allen Menschen stehen kann, der sich vor den anderen erniedrigt und allen dient Ich begreife jetzt, weshalb das, was »hoch ist vor den Menschen, ein Gräuel ist vor Gott«, und weshalb es heisst: »wehe den Reichen und den Gepriesenen« und: »selig sind die Bettler und die Erniedrigten«. Jetzt erst begreife ich das und glaube daran, und dieser Glaube hat meine ganze Abschätzung des Guten und Hohen und des Schlechten und Niedrigen im Leben umgewandelt. Alles, was mir früher gut und erhaben erschienen war: Ehre, Ruhm, Bildung, Reichthum, die komplizirte Verfeinerung des Lebens, der Umgebung, der Nahrung, der Kleidung, der äusseren Formen – alles das ward für mich zum Schlechten und Niedrigen. Alles hingegen, was mir schlecht und niedrig erschienen: das Bäuerische, die Unwissenheit, Armuth, Roheit, die Einfachheit der Umgebung, der Nahrung, der Kleidung und der Umgangsformen – alles das ward für mich gut und erhaben. Und deshalb, wenn ich auch jetzt noch, wo ich alles das weiss, mich in einem unbewachten Augenblicke vom Zorne hinreissen lassen und den Bruder beleidigen kann, so kann ich doch bei ruhigem Gemüth nicht mehr jener Versuchung verfallen, die, indem sie mich über die Menschen erhebt, mich meiner wahren Glückseligkeit: der Einheit und der Liebe beraubt; gleichwie ein Mensch nicht im Stande ist sich selbst eine Falle zu stellen, in die er bereits früher gerathen und die ihn beinahe umgebracht hat. Jetzt kann ich mich an nichts mehr betheiligen, was mich äusserlich über die Menschen erhebt und mich von ihnen absondert; ich kann nicht, wie ich es früher gethan, an mir oder an andern irgend welchen Stand, Namen und Titel, ausser dem Stande und dem Namen eines Menschen gelten lassen; ich kann nicht Ruhm und Lobpreisungen suchen und kann nach keinen Kenntnissen streben, die mich von anderen absondern würden; ich kann nicht umhin nach Befreiung von meinem Reichthum, der mich von den Menschen absondert, zu trachten, ich kann nicht umhin in meinem Leben, in der Einrichtung desselben, in Nahrung, Kleidung und äusseren Formen, alles das zu suchen, was mich nicht absondert, sondern was mich mit der Mehrzahl der Menschen vereint.

Christus hat mir gezeigt, dass eine andere Versuchung, die meine Glückseligkeit zerstört, die buhlerische Wollust ist, d. i. die Begierde nach einem andern Weibe als dem, mit dem ich mich einmal verbunden habe. Ich kann nicht umhin daran zu glauben und kann deshalb nicht, wie ich es früher gethan, die wollüstige Begierde für eine natürliche und erhabene Eigenschaft des Menschen halten; ich kann sie nicht vor mir selbst durch meine Liebe zur Schönheit, durch Verliebtheit oder durch die Fehler meines Weibes rechtfertigen; ich kann nicht umhin bei dem blossen Gedanken daran, dass ich mich einer wollüstigen Begierde hingebe, diesen Zustand als einen krankhaften, unnatürlichen anzuerkennen und alle Mittel anzuwenden um mich von diesem Uebel zu befreien.

Ueberzeugt aber, dass die wollüstige Begierde für mich ein Uebel ist, weiss ich jetzt auch, welche Versuchung mich früher dazu verleitet hat, und kann ihr deshalb nicht mehr verfallen. Ich weiss jetzt, dass die Hauptursache der Versuchung nicht darin liegt, dass die Menschen sich der Buhlerei nicht enthalten könnten, sondern darin, dass die Mehrzahl der Männer und Weiber von denen verlassen werden, mit denen sie sich zuerst verbunden hatten. Ich weiss jetzt, dass jedes Verlassen des Mannes oder des Weibes, die sich zum erstenmale verbunden haben, eben jene Ehescheidung ist, welche Christus den Menschen verbietet, weil die von dem ersten Manne oder Weibe verlassenen Eheleute die Verderbtheit in die Welt bringen. Wenn ich zurückdenke an das, was mich zur Buhlerei veranlasst hat, sehe ich, dass, ausser jener sonderbaren Erziehung, bei welcher körperlich und geistig die wollüstige Begierde in mir erweckt und durch allen Scharfsinn des Verstandes gerechtfertigt wurde, die Hauptversuchung in meinem Verlassen, jenes Weibes lag, mit dem ich mich zuerst verbunden, und in dem

Zustande der Verlassenheit der Weiber, die mich umringten. Ich sehe jetzt, dass die Hauptmacht der Versuchung nicht in meiner Begierde lag, sondern in der Nichtbefriedigung meiner Begierde und den Begierden jener verlassenen Weiber, die mich umringten. Ich begreife jetzt die Worte Christi: Gott schuf im Anfang den Menschen als Mann und Weib, auf dass zwei eins sein sollten, und dass deshalb der Mensch das nicht trennen soll, was Gott vereint hat. Ich begreife jetzt, dass die Monogamie das natürliche Gesetz der Menschheit ist, das nicht übertreten werden darf. Ich begreife jetzt vollkommen die Worte, dass wer sich scheidet von seinem Weibe, d. i. von dem Weibe, mit dem er sich zuerst verbunden, um einer andern willen, – der veranlasst sie zur Buhlerei und bringt gegen sich selbst neues Uebel in die Welt. Ich glaube daran und dieser Glaube verändert meine ganze frühere Abschätzung des Guten und Hohen, des Schlechten und Niederen im Leben. Was mir früher als das Beste erschien – ein verfeinertes, verschönertes Leben, eine leidenschaftliche, poetische Liebe, wie Dichter und Künstler sie preisen –, erschien mir jetzt schlecht und verächtlich. Gut hingegen erschien mir ein arbeitsames, dürftiges, einfaches, die Begierden mässigendes Leben; erhaben und wichtig erschien mir nicht die menschliche Einrichtung der Ehe, die das äussere Siegel der Gesetzlichkeit einer gewissen Vereinigung zwischen Mann und Weib aufdrückt, sondern der Bund zwischen Mann und Weib der einmal geschlossen, nicht gelöst werden kann ohne den Willen Gottes zu verletzen. Wenn ich auch jetzt im Augenblicke der Selbstvergessenheit einer wollüstigen Begierde erliegen kann, so kann ich, die Versuchung kennend, die mich zu diesem Bösen verleitet hat, ihr doch nicht mehr nachgeben, wie ich es früher gethan. Ich kann nicht physischen Müssiggang wünschen und suchen und ein verweichlichtes Leben, das in mir eine übermässige Wollust anfachen würde; ich kann nicht jene die Begierden der Wollust entzündenden Vergnügungen suchen, wie Romane, Gedichte, Musik, Theater und Bälle, die mir früher nicht nur als unschädlich, sondern als sehr erhabene Vergnügungen vorgekommen waren; ich kann mein Weib nicht verlassen, wissend, dass dies die erste Versuchung für mich, für sie und für andere sein würde; ich kann nicht zu einem müssigen und behäbigen Leben anderer Menschen beitragen; kann nicht an jenen wollüstigen Vergnügungen, Romanen, Theater, Opern, Bällen u. dergl. theilnehmen oder dergleichen selbst einrichten, Vergnügungen, welche mir und andern Menschen als Fallen dienen; ich kann nicht die für die Ehe reifen zu einem ehelosen Leben anspornen; ich kann nicht zur Trennung von Mann und Weib beitragen, ich kann keinen Unterschied machen zwischen Verbindungen, die Ehen genannt werden, und denen, die nicht so genannt werden, und muss jede eheliche Verbindung, in welcher sich der Mensch einmal befindet, für heilig und verpflichtend halten.

Christus hat mir gezeigt, dass die dritte Versuchung, die meine Glückseligkeit zerstört, die Versuchung des Schwurs ist. Ich kann nicht umhin daran zu glauben und kann deshalb nicht mehr, wie ich es früher gethan, mich jemandem durch einen Schwur zu etwas verpflichten und kann auch nicht, wie ich es früher gethan, meinen Schwur dadurch rechtfertigen, dass darin nichts Böses für die Menschen läge, dass alle so denken, dass es für den Staat nothwendig sei und für mich und andre schlimmer sein würde, wenn ich mich dieser Forderung entzöge. Ich weiss jetzt, dass dies ein Uebel für mich und für die Menschen ist und kann ihr folglich nicht mehr nachgeben.

Nicht genug jedoch dass ich das weiss, ich kenne jetzt auch die Versuchung, die mich zu diesem Uebel verleitet hat, und kann ihr nicht mehr anheimfallen. Ich weiss, dass die Versuchung darin besteht, dass der Betrug durch den Namen Gottes geheiligt wird. Der Betrug aber besteht darin, dass die Leute im voraus versprechen sich dem zu unterwerfen, was der Mensch oder die Menschen befehlen, während der Mensch sich doch niemandem unterwerfen darf als Gott. Ich weiss jetzt, dass die schrecklichsten Uebel der Welt – der Todtschlag im Kriege, Kerkerhaft, Hinrichtungen, Foltern – nur dank dieser Versuchung bestehen, im Namen derer die Menschen, die solches Uebel begehen, von aller Verantwortlichkeit freigesprochen werden. Wenn ich an das vielfache Böse gedenke, das mich veranlasst hat die Menschen zu tadeln anstatt sie zu lieben, sehe ich jetzt, dass all' dies Böse durch den Eid, durch das Geständniss der Nothwendigkeit sich selbst dem Willen anderer Menschen zu unterwerfen, hervorgerufen worden ist. Ich begreife jetzt die Bedeutung der Worte: alles, was über die einfache Bestätigung oder Verneinung: ja und nein, hinausgeht, alles, was darüber ist, jedes im voraus gegebene Versprechen, ist ein Uebel. Dieses begreifend, glaube ich, dass der Eid meine Glückseligkeit und die Glückseligkeit anderer zerstört, und dieser Glaube verändert meine Abschätzung des Guten und Bösen, des Hohen und Niedrigen. Alles, was mir früher gut und erhaben erschienen: die Pflicht der durch den Eid befestigten Treue gegen die Regierung, das Erpressen dieses Eidschwure durch die Menschen und alle dem Gewissen widersprechenden, im Namen dieses Eides vollbrachten Handlungen, – alles dies erschien mir jetzt schlecht und niedrig. Und deshalb kann ich jetzt nicht mehr von dem Gebote Christi, das den Schwur verbietet, abweichen; ich kann nicht mehr einem andern schwören, noch andere zum Schwur veranlassen, und kann nicht dazu beitragen, dass die Menschen schwören und andere Menschen zum Schwure zwingen und den Schwur für etwas Wichtiges oder Notwendiges oder auch nur Unschädliches halten, wie es so viele thun.

Christus hat mir kundgethan, dass die vierte Versuchung, die mich meiner Glückseligkeit beraubt, das Widerstreben dem Uebel durch Gewalt ist; ich kann nicht umhin zu glauben, dass dies ein Uebel für mich und für andre Menschen ist, und kann es deshalb nicht mit Bewusstsein thun; ich kann nicht, wie ich es früher gethan, dieses Böse dadurch rechtfertigen, dass es nothwendig sei zur Vertheidigung meiner selbst und andrer Menschen, um mein und andrer Leute Eigenthum zu schützen; ich kann nicht mehr bei dem ersten Gedanken daran, dass ich eine Gewaltthat vollbringe, auf ihr beharren, sondern muss sie unterlassen.

Nicht genug jedoch dass ich das alles weiss, ich kenne jetzt auch die Versuchung, die mich zu diesem Uebel verleitet hat. Ich weiss jetzt, dass diese Versuchung in dem Irrthum bestand, dass mein Leben durch die Vertheidigung meiner selbst und meines Eigenthums gegen andere Menschen gesichert werden könne. Ich weiss jetzt, dass ein grosser Theil des Bösen dadurch entsteht, dass die Menschen, anstatt ihre Arbeit andern hinzugeben, sie nicht nur nicht hingeben, sondern sich selbst jeder Arbeit enthalten und die Arbeit andrer mit Gewalt an sich reissen. Wenn ich jetzt an all' das Böse gedenke, das ich mir und andern Menschen zugefügt, und an all das Böse, das andre gethan haben, sehe ich, dass der grösste Theil des Uebels daher kam, dass wir es für möglich hielten unser Leben durch Vertheidigung zu sichern und zu verbessern. Ich begreife jetzt die Bedeutung der Worte: »der Mensch ist nicht geboren, dass man für ihn arbeite, sondern dass er selbst arbeite für andre«, und die Bedeutung der Worte: »der Arbeiter ist seines Lohnes werth«. Ich glaube jetzt daran, dass meine und der Menschen Glückseligkeit nur dann möglich ist, wenn jeder arbeiten wird nicht für sich, sondern für einen andern und nicht nur seine Arbeit den andern nicht vorenthalten, sondern sie jedem hingeben wird, der ihrer bedarf. Dieser Glaube verändert meine Abschätzung des Guten wie des Bösen und Niedrigen. Alles, was mir früher gut und erhaben erschienen: Reichthum, Eigenthum jeder Art, Ehre, Bewusstsein des eignen Werthes, Rechte, alles das ward jetzt schlecht und niedrig; alles hingegen, was mir schlecht und niedrig erschienen: die Arbeit für andere, die Armuth, Erniedrigung, das Sichlossagen von jeglichem Eigenthum und von allen Rechten – ward gut und erhaben in meinen Augen. Wenn ich jetzt auch in einem Momente der Selbstvergessenheit mich zur Gewalt hinreissen lassen kann behufs Vertheidigung meiner selbst oder andrer, oder zum Schutze meines oder fremden Eigenthums, so kann ich doch nicht ruhig und mit Bewusstsein jener Versuchung dienen, die mich und die Menschen zu Grunde richtet; ich kann nicht Eigenthum erwerben, kann gegen niemand Gewalt brauchen, ich kann mich an keinerlei Thätigkeit der Macht betheiligen, die den Schutz der Menschen und ihres Eigenthums mittels Gewalt zum Ziele hat; ich kann weder Richter, noch am Gerichte Betheiligter, noch Vorgesetzter, noch Mitglied irgend einer

Obrigkeit sein, kann auch nicht mitwirken, dass andere sich am Gerichte oder an der Obrigkeit betheiligen.

Christus hat mir offenbart, dass die fünfte Versuchung, die mich der Glückseligkeit beraubt, der Unterschied ist, den wir zwischen unserem Volke und fremden Völkern machen. Ich kann nicht umhin daran zu glauben, und deshalb, wenn auch im Augenblick der Selbstvergessenheit in mir ein feindseliges Gefühl gegen einen Menschen aus einer andern Nation aufkommen kann, so kann ich doch nicht umhin ruhig geworden dieses Gefühl als ein falsches anzuerkennen; ich kann mich nicht, wie ich es früher gethan, durch das Eingeständniss der Vorzüge des eigenen Volks vor den Verirrungen, der Grausamkeit oder der Barbarei des andern Volks rechtfertigen; ich kann nicht umhin bei dem ersten Gedanken daran mich freundschaftlicherer Gesinnungen gegen Menschen der fremden Nation zu befleissigen, als zum Landsmanne selbst.

Nicht genug aber dass ich jetzt weiss, dass meine Trennung von andern Völkern ein Uebel ist, das mein Wohl zerstört, ich kenne nunmehr auch die Versuchung, die mich zu diesem Uebel verleitet, und kann nicht mehr, wie ich es früher gethan, ruhig und mit Bewusstsein ihr dienen. Ich weiss, dass diese Versuchung in dem Irrthum besteht, dass dieses Wohl nur mit dem Wohle meines Volkes verbunden ist, nicht aber mit dem Wohle aller Menschen der Welt. Ich weiss jetzt, dass meine Einheit mit andern Menschen nicht durch den Grenzstrich und durch Verordnungen der Staaten über meine Angehörigkeit zu diesem oder jenem Volke zerstört werden kann. Ich weiss jetzt, dass alle Menschen überall gleich und Brüder sind. Wenn ich jetzt an all' das Böse gedenke, das ich gethan, das ich erfahren und gesehen in Folge der Feindschaften der Nationen, wird es mir klar, dass die Ursache alles dessen jene grobe Täuschung war, die man »Patriotismus« und »Liebe zum Vaterlande« nennt. Wenn ich an meine Erziehung zurückdenke, sehe ich jetzt, dass ein Gefühl der Feindseligkeit gegen andre Völker, ein Gefühl der Absonderung meiner von ihnen nie in mir bestanden hat; dass alle diese bösen Gefühle mir künstlich durch eine unvernünftige Erziehung eingeimpft worden sind.

Ich begreife jetzt die Bedeutung der Worte: thut Gutes euren Feinden, thut ihnen dasselbe, was ihr euren Brüdern thut. Wir seid alle Kinder eines Vaters und müsst so sein wie der Vater ist, d. h. machet keinen Unterschied zwischen eurem und dem fremden Volke, seid gleich mit allen. Ich begreife jetzt, dass für mich die Glückseligkeit nur möglich ist beim Bekennen meiner Einheit mit allen Menschen der Welt ohne Ausnahme. Und dieser Glaube hat meine ganze Abschätzung des Guten und Bösen, des Hohen und Niederen verändert. Das, was mir gut und erhaben erschienen: die Liebe zum Vaterlande, zu meinem Volke, meinem Staate, der Dienst desselben auf Kosten des Wohls andrer Menschen, die kriegerischen Thaten der Menschen, alles erschien mir abscheulich und kleinlich. Das, was mir böse und schimpflich erschienen war: das Sichlossagen vom Vaterlande, der Kosmopolitismus erschien mir im Gegentheil gut und erhaben. Wenn ich auch jetzt im Momente der Selbstvergessenheit im Stande bin dem russischen Volke mehr beizustehen als einem fremden, dem russischen Staate oder Volke mehr Erfolg zu wünschen als einem andern, so kann ich doch bei ruhiger Besinnung nicht jener Versuchung dienen, die mich und andre zu Grunde richtet. Ich kann keine Staaten oder Völker aufrufen und kann mich an keinen Streitigkeiten zwischen Völkern und Staaten beteiligen, weder mit Reden, noch mit Schriften; noch weniger kann ich mich dem Dienste eines Staates widmen. Ich kann mich an allen jenen Beziehungen nicht betheiligen, die sich auf den Unterschied der Staaten gründen, weder am Zollamt und an Zolleinnahmen, noch an Waffen- oder Kriegszurüstungen oder an einer darauf bezüglichen Thätigkeit, weder am Militärdienste, um wie viel weniger am Kriege gegen andre Völker; und ich kann nicht dazu beitragen, dass andere das thun.

Ich habe begriffen worin mein Wohl besteht; ich glaube daran und kann deshalb nicht das thun, was mich unzweifelhaft meines Wohles beraubt.

Nicht genug jedoch dass ich glaube so leben zu müssen; ich glaube auch weiter, dass, wenn ich so und nur so leben werde, mein Leben die für mich einzig mögliche, vernünftige, erfreuliche, durch den Tod nicht zu vernichtende Bedeutung erhalten wird.

Ich glaube, dass mein vernünftiges Leben, mein Licht, mir nur darum gegeben ist um vor den Menschen zu leuchten, nicht in Worten, sondern in guten Werken, auf dass die Menschen den Vater im Himmel preisen (Matth. 5, 16). Ich glaube, dass mein Leben und meine Erkenntniss der Wahrheit eine Gabe ist, die mir verliehen ward zur Arbeit über derselben; dass diese Gabe ein Feuer ist, welches nur dann Feuer ist, wenn es brennt. Ich glaube, dass ich den Ninivern gleich bin in Beziehung zu Propheten gleich Jonas, von denen ich die Erkenntniss der Wahrheit erworben; dass ich aber auch Jonas gleich bin in Beziehung zu andern Ninivem, denen ich die Wahrheit verkünden muss. Ich glaube, dass die einzige Bedeutung meines Lebens darin liegt, dass ich lebe in jenem Lichte, das in mir ist, und es nicht unter den Scheffel stelle, sondern hoch vor den Leuten erhebe und es so stelle, dass alle es sehen. Und dieser Glaube giebt mir neue Kraft in der Erfüllung der Lehre Christi und zerstört alle jene Hindernisse, die früher sich vor mir erhoben.

Das, was früher für mich die Wahrhaftigkeit und Ausführbarkeit der Lehre Christi verdunkelte, das, was mich von ihr abstiess: die Möglichkeit der Entbehrungen, der Leiden und des Todes durch Menschen, die Christi Lehre nicht anerkennen und befolgen, dieses gerade bestätigte mir die Wahrhaftigkeit der Lehre und zog mich zu ihr hin.

Christus hat gesagt: »wenn ihr des Menschen Sohn erhöhet, werdet ihr alle zu mir herkommen«, und ich fühlte mich unwiderstehlich zu ihm hingezogen. Er hat noch gesagt: »die Wahrheit wird euch befreien«, und ich fühlte mich vollkommen frei.

Sollte der kriegerische Feind über mich kommen oder sollten böse Menschen mich überfallen – dachte ich früher – und ich werde mich nicht vertheidigen, so werden sie uns berauben, beschimpfen, zu Tode quälen und mich und meinen Nächsten umbringen; und dies erschien mir fürchterlich. – Jetzt aber erscheint mir alles, was mich früher entsetzte, freudenvoll und bestätigte mir die Wahrheit. Ich weiss jetzt, dass auch Feinde und sogenannte Bösewichte und Räuber Menschen sind, eben solche Menschen-Söhne wie ich; dass sie ebenso das Gute lieben und das Böse hassen, ebenso am Vorabende des Todes stehen und ebenso wie ich Errettung suchen und sie nur in der Lehre Christi finden werden. Alles Böse, das sie mir zufügen werden, wird böse sein für sie selbst und deshalb müssen sie mir Gutes thun. Wenn ihnen jedoch auch die Wahrheit unbekannt ist und sie Böses thun, indem sie es für das Gute halten, so ward mir die Erkenntniss der Wahrheit nur darum kund, auf dass ich sie denen Offenbare, die sie nicht kennen. Ich kann sie ihnen aber nicht anders offenbaren, als indem ich mich lossage von der Theilnahme am Bösen und der Offenbarung der Wahrheit durch die That. – Es kommt ein Feind: Deutsche, Türken, Wilde, und wenn ihr nicht kämpfen werdet, werden sie euch alle umbringen! – Das ist nicht wahr. Wenn eine Gemeinde Christen bestände, die keinem Böses zufügte und allen Ueberfluss ihrer Arbeit anderen Menschen gäbe, würde kein Feind, weder der Deutsche, noch der Türke, noch der Wilde solche Menschen tödten oder quälen. Sie würden das für sich nehmen, was ihnen jene Leute ohnehin geben würden, für die es keinen Unterschied giebt zwischen Russen, Deutschen, Türken und Wilden. – Wenn aber die Christen sich in einer nicht-christlichen Gemeinde befinden, die sich durch den Krieg vertheidigt, und der Christ zur Betheiligung am Kriege aufgerufen wird, so ist hier gerade dem Christen die Möglichkeit gegeben Menschen zu helfen, welche die Wahrheit nicht kennen. Der Christ kennt die Wahrheit blos darum, um sie vor denen zu bezeugen, die sie nicht kennen. Bezeugen aber kann er die Wahrheit nicht anders als durch die That. Und seine That ist: sich vom Kriege lossagen und Gutes thun allen Menschen ohne Unterschied, dem sogenannten Feinde sowohl wie den Seinigen.

Wenn nun aber nicht der Feind, sondern böse Menschen aus dem eigenen Volke den Christen überfallen, und wenn er sich nicht vertheidigt, ihn und die Seinigen berauben, martern und tödten? Wenn alle Glieder der Familie Christen sind und deshalb annehmen, ihr Leben sei dazu da um andern zu dienen, so wird sich kein Mensch finden, der so thöricht wäre Menschen, die ihm dienen, ihres Unterhaltes zu berauben oder sie zu tödten. Miklucho Maclay liess sich unter den rohesten, wie man sagt »wilden« Menschen nieder, und er wurde nicht nur nicht getödtet, sondern man liebte ihn und unterwarf sich ihm, blos deshalb, weil er sie nicht fürchtete, nichts von ihnen verlangte und ihnen Gutes that. – Wenn aber der Christ in einer nicht-christlichen, sich und ihr Eigenthum durch Gewalt vertheidigenden Familie lebt, und der Christ zur Theilnahme an dieser Verteidigung aufgerufen wird, so ist dies für den Christen nur eine Berufung zur Erfüllung seiner Lebenspflicht. Der Christ besitzt blos darum die Erkenntniss der Wahrheit um sie andern und namentlich den nächsten, mit ihm durch Familien- oder Freundschaftsbande verknüpften Menschen kundzuthun; und die Wahrheit kundthun kann der Christ nicht anders, als indem er nicht in jenen Irrthum verfällt, dem die andern verfallen sind, und sich weder auf die Seite der Angreifer, noch auf die Seite der Vertheidiger stellt, sondern alles den anderen fortgiebt und somit durch sein Leben beweist, dass er nichts wünscht als die Erfüllung des Willens Gottes und nichts fürchtet als den Abfall von demselben.

Die Regierung kann jedoch nicht zulassen, dass ein Glied der Gesellschaft die Grundlage der Staatsordnung nicht anerkennt und sich der Erfüllung der Pflichten aller Bürger entzieht. Die Regierung wird vom Christen den Eid, die Betheiligung am Gericht und am Kriegsdienst verlangen und wird ihn für seine Weigerung der Strafe der Verbannung, der Gefängnishaft und selbst der Todesstrafe unterwerfen. Und abermals wird diese Forderung der Regierung für den Christen blos eine Berufung zur Erfüllung der Pflicht seines Lebens sein. Für den Christen ist die Forderung der Regierung nur eine Forderung, gestellt von Menschen, denen die Wahrheit unbekannt ist. Und darum kann der Christ, der die Wahrheit kennt, nicht umhin diese Wahrheit allen denen zu bezeugen, die sie nicht kennen. Gewalt, Gefängniss, Todesstrafe, denen sich der Christ in Folge dessen aussetzt, alles giebt ihm die Möglichkeit, nicht in Worten, sondern durch die That die Wahrheit zu bezeugen. Alle Gewalttaten – Krieg, Plünderung, Hinrichtungen – entstehen nicht in Folge unvernünftiger Naturkräfte, sondern werden durch verirrte, die Wahrheit nicht kennende Menschen vollbracht. Und darum, je grösseres Uebel diese Menschen dem Christen zufügen, um so entfernter sind sie von der Wahrheit, um so unglücklicher und um so bedürftiger sind sie der Erkenntniss der Wahrheit. Den Menschen aber die Erkenntniss der Wahrheit mittheilen kann der Christ nicht anders als durch die Enthaltung von jener Verirrung, in der sich die Menschen befinden, die ihm Böses zufügen, durch Vergeltung des Bösen mit

Gutem. Und darin allein besteht die ganze Pflicht des Christen und die ganze Bedeutung seines Lebens, die selbst durch den Tod nicht vernichtet werden kann.

Die durch Betrug mit einander verbundenen Menschen bilden gleichsam eine zusammenhängende Masse. Die Zusammenhängigkeit dieser Masse ist eben das Böse der Welt. Die ganze vernünftige Thätigkeit des Menschen ist auf die Zerstörung dieses Zusammenhangs des Betruges gerichtet.

Alle Revolutionen sind Versuche einer gewaltsamen Auseinandertreibung dieser Masse. Die Leute meinen durch Auseinanderbringung dieser Masse die Masse selbst zu vernichten und schlagen auf sie los; in der Bemühung aber sie zu zerschlagen, schmieden sie sie nur noch fester zusammen.

Wie viel sie aber auch schlagen mögen, der Zusammenhang der einzelnen Theile wird nicht zerstört, so lange nicht die innere Kraft sich den kleinsten Theilchen der Masse mittheilt und sie zwingt sich von ihr loszutrennen.

Die Kraft des Zusammenhanges der Menschen ist die Lüge, der Betrug. Die Kraft, die jedes Theilchen dieses menschlichen Zusammenhanges befreit, ist die Wahrheit. Die Wahrheit theilt sich aber den Menschen nur durch Thaten der Wahrheit mit. Nur Thaten der Wahrheit, indem sie das Licht in das Bewusstsein jedes Menschen bringen, zerstören den Zusammenhang des Betrugs und reissen die Menschen, einen nach dem andern, von der Masse los, die durch den Zusammenhang des Betrags verbunden ist

Und nun sind es bereits über 1800 Jahre, dass dieses Werk vor sich geht

Seit die Gebote Christi vor der Menschheit aufgestellt wurden, hat dieses Werk begonnen und wird nicht früher beendet sein, »bis dass es altes geschehe«, wie Christus gesagt hat (Matth. 5, 18).

Die Kirche, die aus denen bestand, die da glaubten die Menschen dadurch zu einem Ganzen zu vereinigen, dass sie betheuerten und beschworen selbst in der Wahrheit zu sein, ist längst todt.

Die Kirche aber, die aus Menschen besteht, die nicht durch Versprechungen und Salbungen, sondern durch Werke der Wahrheit und Liebe zu einem Ganzen vereinigt sind, – diese Kirche hat immer gelebt und wird ewig leben. Diese Kirche besteht, wie früher so auch jetzt, nicht aus Menschen, die da rufen: »Herr, Herr!« und Gesetzlosigkeiten verrichten, sondern aus Menschen, die »auf meine Worte hören und sie erfüllen.« (Matth. 7, 21–24.)

Die Menschen dieser Kirche wissen, dass ihr Leben eine »Freude« ist, wenn sie die Einheit des Menschen-Sohnes nicht zerstören und dass diese »Freude« nur durch die Nichterfüllung der Gebote Christi vernichtet wird. Und deshalb können die Menschen dieser Kirche nicht umhin diese Gebote zu erfüllen und anderen die Erfüllung derselben zu lehren.

Ob wenige, ob viele solcher Menschen jetzt sind, so ist doch das *die* Kirche, die durch nichts besiegt werden kann und zu der alle Menschen sich vereinigen.

»Fürchte dich nicht, du kleine Heerde; denn es ist eures Vaters Wohlgefallen, euch das Reich zu geben.« (Luk. 12, 32.)

# Inhalt